사회복지사를 위한

SPSS

이윤로 · 유시순 공저

학지사

사회복지사를 위한

SPSS

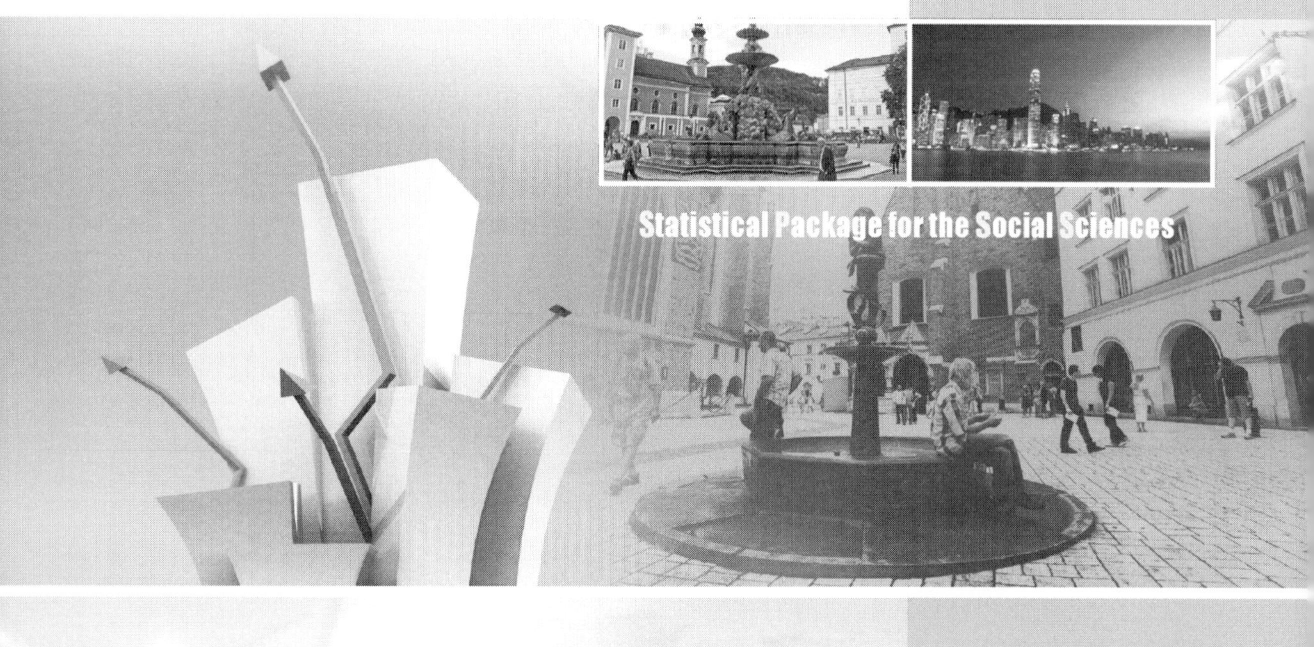

자료분석을 위한 연습용 파일은

학지사 홈페이지(hakjisa.co.kr)의 자료실에서 다운로드 하세요.

머리말

필자는 지금까지 13년에 걸쳐 사회복지 조사방법론을 강의해 왔다. 그동안 느낀 것은 많은 학생이 자료 분석이나 통계에 대해 막연한 두려움과 불안을 가지고 있다는 것이다. 필자는 어떻게 하면 쉽게 학생들이 자료 분석방법을 이해하고 현장에서 적용할 수 있을지를 늘 고민해 왔다. 이 책은 그 고민의 산물로서, 학생들이 이 책을 읽게 됨으로써 자료 분석방법을 쉽게 정복할 수 있으리라 확신한다.

그동안 SPSS에 대한 저서가 여럿 출판된 바 있지만 사회복지 분야에서는 많이 출간되지 않았다. 이 책은 사회복지사들이 기관이나 학교에서 논문 작성을 위해 유용하게 활용할 수 있는 통계적 방법을 소개하는 데 그 목적이 있다. 기존의 저서들과 차별하여 사회복지 분야에서 주로 활용되는 자료의 성격에 따른 분석방법을 소개하고, 사회복지사들이 자주 접하고 필요로 하는 분석과정을 자세하게 다루었다. 특히, 박사학위 논문에서 자주 활용되는 매개변인 검증이나 조절변인 검증 및 실험설계에 대해 자세히 소개하고 있다.

이 책을 통해 사회복지사들이 사회복지기관이나 대학원에서 필요로 하는 자료 분석방법을 정복하여 사회복지의 지식 생산에 기여할 수 있기를 기대한다.

2008년 10월

대표저자 이윤로

차 례

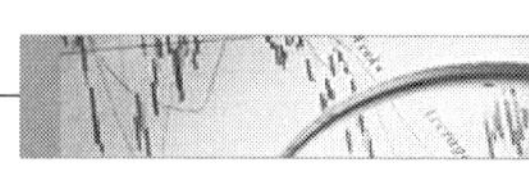

사회복지사를 위한 SPSS

제1장
자료 입력

1 자료 수집에 사용된 설문과 연구모형

통계분석 연습을 위해 우리가 활용하는 연구 주제는 '기혼노인의 결혼만족도에 영향을 미치는 요인에 관한 연구'이며, 연구모형은 다음과 같습니다.

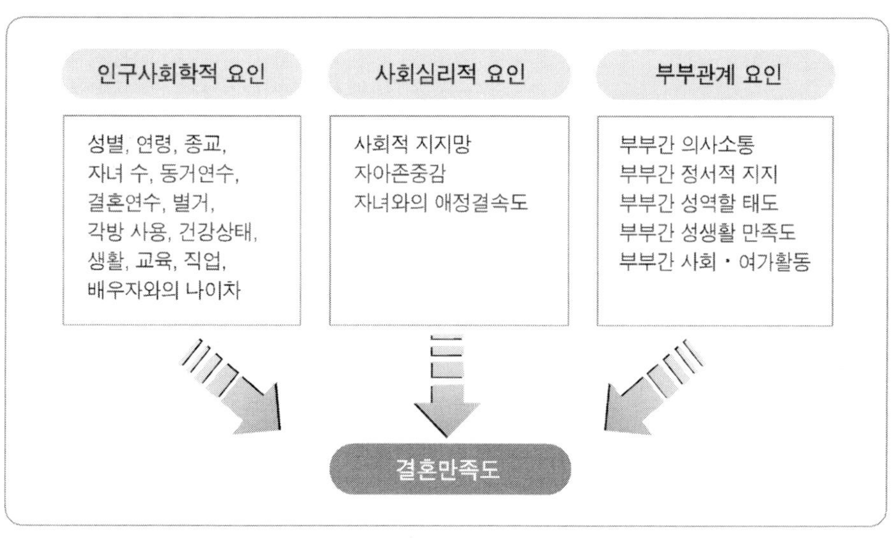

[그림 1-1] 결혼만족도에 영향을 주는 요인

앞의 연구모형을 검증하기 위해 활용한 설문지 구성과 내용을 소개하면 <표 1-1>과 같습니다.

<표 1-1> 조사도구의 구성 내용 및 변인별 척도

변인	영역	하위영역	해당문항
독립변인	인구사회학적 요인	성별, 연령, 종교유무, 자녀 수, 동거연수, 결혼지속연수, 별거유무, 각방유무, 건강상태, 생활수준, 교육수준, 직업유무, 배우자와의 나이차	Ⅰ-1~16
	사회심리적 요인	사회적 지지망	Ⅱ-1~3
		자아존중감	Ⅱ-4~7
		자녀와의 애정결속도	Ⅱ-8~10
	부부관계 요인	부부간 의사소통	Ⅲ-1~4
		부부간 정서적 지지	Ⅲ-5~8
		부부간 성역할 태도	Ⅳ-1~5
		부부간 성생활	Ⅳ-6~7
		부부간 사회 · 여가활동	Ⅴ-1~2
종속변인	결혼만족도	결혼만족도	Ⅵ-1~18

자료 수집을 위해 직접 사용된 설문지를 소개하면 다음과 같습니다. 여러분이 직접 설문지에 응답해 보시고 자료 입력을 연습해 보기 바랍니다.

설 문 지

Ⅰ. 어르신의 일반적 사항에 대한 질문입니다.

■ 다음은 어르신의 일반적 사항에 대한 질문입니다. 문항을 읽고 해당되는 한 곳에 V 표시를 하거나 글로 써 주시기 바랍니다.

1. 어르신의 성별은 어떻게 되십니까?
   ( ) ① 남자 ( ) ② 여자

2. 어르신은 올해 연세가 어떻게 되십니까? 만 ______세

3. 어르신은 어떤 종교를 가지고 계십니까?
   ( ) ① 종교 없음 ( ) ② 기독교 ( ) ③ 천주교
   ( ) ④ 불교 ( ) ⑤ 유교 ( ) ⑥ 기타 종교: __________

4. 어르신의 생존해 있는 자녀는 모두 몇 명입니까? ( )명

5. 현재 어르신과 같이 살고 있는 가족은 어르신을 포함하여 모두 몇 명입니까? ( )명

6. 어르신은 현재 배우자와 몇 년 동안 결혼생활을 하셨습니까? ( )년

7. 어르신은 현재 배우자와 별거(別居) 중이십니까?
   ( ) ① 아니다. ( ) ② 그렇다. 별거 중이신 이유: ______________

8. 어르신은 현재 배우자와 각방(각자의 방)을 사용하십니까?
   ( ) ① 아니다. ( ) ② 그렇다. 각방을 사용하는 이유: __________

9. 어르신의 건강은 어떠하십니까?
   ( ) ① 매우 건강하지 못하다. ( ) ② 건강하지 못하다.
   ( ) ③ 건강한 편이다. ( ) ④ 매우 건강하다.

10. 어르신의 생활수준은 어떠하다고 생각하십니까?
( ) ① 매우 어려운 편이다.
( ) ② 어려운 편이다.
( ) ③ 그럭저럭 지낼 만하다.
( ) ④ 매우 여유가 있다.

11. 어르신은 학교를 어디까지 다니셨습니까?
( ) ① 무학(無學)
( ) ② 서당 또는 초등학교(중퇴/졸업)
( ) ③ 중학교(중퇴/졸업)
( ) ④ 고등학교(중퇴/졸업)
( ) ⑤ 전문대학 이상(중퇴/졸업)

12. 어르신은 현재 직업을 갖고 계십니까?
( ) ① 없다. ( ) ② 있다.

13. 배우자와의 나이 차이는 몇 년입니까?
( ) ① 동갑이다. ( ) ② 1~3년
( ) ③ 4~6년 ( ) ④ 7~10년
( ) ⑤ 11년 이상

14. 희망하는 동거형태는 무엇입니까?
( ) ① 부부만 살고 싶다.
( ) ② 자녀 가족과 함께 살고 싶다.
( ) ③ 상관없다.

15. 어르신께서 선호하는 여가생활은 무엇입니까?
( ) ① 사회봉사활동
( ) ② 종교활동
( ) ③ 노인모임 참여(경로당 등)
( ) ④ 교육활동(복지관, 노인대학 등)

16. 어르신의 수입원은 무엇입니까? (2개 선택)

( ) ① 본인이나 배우자

( ) ② 자녀나 친족

( ) ③ 정부 보조

( ) ④ 기타: ______________________

Ⅱ. 다음은 사회적 지지망, 자아존중감, 자녀와의 애정결속도에 대한 질문입니다.

▪ 다음 문항에 대해서 어르신 스스로가 마음으로 느끼시는 대로 해당되는 한 곳에 V 표시를 해 주시기 바랍니다.

내 용	전혀 그렇지 않다 ①	그렇지 않다 ②	그저 그렇다 ③	약간 그렇다 ④	정말 그렇다 ⑤
1. 나에게는 믿고 의지할 만한 사람이 있다.					
2. 나에게는 내 속사정을 마음 편히 터놓고 말할 수 있는 사람이 있다.					
3. 내가 몸져누워 있을 때 병수발을 해 줄 사람이 있다.					
4. 나는 자랑할 것이 별로 없는 사람이라고 생각한다.					
5. 나는 가끔 쓸모없는 사람이라고 생각한다.					
6. 나는 좋은 성품을 많이 가졌다고 생각한다.					
7. 나는 내 자신에 대하여 소중한 사람이라고 생각한다.					
8. 나의 자녀들은 내가 어려울 때 적극적으로 도와준다.					
9. 내 자녀들은 나와 매우 친하다고 느낀다.					
10. 우리 집에서는 가족행사가 있으면 자녀들이 반드시 모두 참여한다.					

Ⅲ. 다음은 부부간의 의사소통, 정서적 지지에 대한 질문입니다.

■ 다음은 배우자와의 관계에 관한 질문입니다. 다음 문항에 대해서 어르신 스스로가 마음으로 느끼시는 대로 해당되는 한 곳에 V 표시를 해 주시기 바랍니다.

내 용	전혀 그렇지 않다 ①	대체로 그렇지 않다 ②	가끔 그렇다 ③	항상 그렇다 ④
1. 남편(부인)과 얘기를 나눌 때 대화가 잘 통한다고 생각한다.				
2. 남편(부인)이 말끝마다 화내는 게 두려워서 남편(부인)에게 반대 의견을 이야기하지 못한다.				
3. 나의 솔직한 감정을 남편(부인)에게 표현하기가 힘들다.				
4. 남편(부인)과 얘기하다보면 언성이 높아져서 의논하기가 망설여진다.				
5. 내가 속상한 일이 생겼을 때 남편(부인)은 나를 위로해준다.				
6. 남편(부인)은 나의 의견을 존중해 주고 내 의견을 대체로 받아들여 준다.				
7. 나는 남편(부인)을 믿고 의지한다.				
8. 기분이 좋을 때 그 기분을 남편(부인)과 함께 나눈다.				

Ⅳ. 다음은 성역할 태도와 성생활에 대한 질문입니다.

■ 다음 문항에 대해서 어르신 스스로가 마음으로 느끼시는 대로 해당되는 한 곳에 V 표시를 해 주시기 바랍니다.

내 용	전혀 그렇지 않다 ①	그렇지 않다 ②	그저 그렇다 ③	그런 편이다 ④	정말 그렇다 ⑤
1. 의견 충돌이 있을 경우, 남편의 의견을 따라야 한다고 생각한다.					
2. 부인이 자기 일을 갖는 것보다 남편 일을 내조하는 것이 더욱 중요하다고 생각한다.					
3. 집안의 중요한 결정은 남편이 해야 한다고 생각한다.					
4. 가정살림은 전적으로 아내의 몫이라고 생각한다.					
5. 여성은 여러 사람 앞에서 자기를 내세워서는 안 된다고 생각한다.					
6. 성생활은 부부생활에 꼭 필요하다.					
7. 나는 남편(부인)과의 성생활에 만족하고 있다.					

V. 배우자와의 사회활동 및 여가활동에 대한 질문입니다.

■ 다음 문항에 대해서 어르신 스스로가 마음으로 느끼시는 대로 해당되는 한 곳에 V 표시를 해 주시기 바랍니다.

〈여가활동의 예〉

- TV 시청, 라디오 청취
- 산책, 쇼핑
- 게임, 화투, 장기, 바둑
- 등산, 여행
- 문화활동 참가(음악회, 전시회, 영화관람 등)

1. 위와 같은 여가활동을 배우자와 함께 얼마나 자주 하십니까?
   ( ) ① 전혀 함께하지 않고 있다.
   ( ) ② 어쩌다 같이 한다.
   ( ) ③ 자주 하는 편이다.
   ( ) ④ 거의 늘 같이 한다.

〈사회활동의 예〉

- 사회봉사활동 참가, 스포츠활동 참가
- 종교활동 참가(교회, 성당, 절 등)
- 교양학습활동 참가(사회복지관, 강습회, 노인대학 등)
- 사교모임활동 참가(계, 동창회, 친목회 등)
- 노인모임활동 참가(노인정, 노인회관 등)

2. 위와 같은 사회활동을 주로 배우자와 함께 얼마나 자주 하십니까?
   ( ) ① 전혀 함께하지 않고 있다.
   ( ) ② 어쩌다 같이 한다.
   ( ) ③ 자주 하는 편이다.
   ( ) ④ 거의 늘 같이 한다.

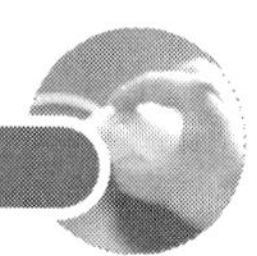

Ⅵ. 결혼만족도에 대한 질문입니다.

■ 다음은 지금까지의 결혼생활에 대한 어르신의 생각을 여쭙고자 합니다. 느끼시는 대로 적절한 곳에 V 표시를 해 주시기 바랍니다.

내 용	전혀 그렇지 않다 ①	그렇지 않다 ②	그저 그렇다 ③	그런 편이다 ④	정말 그렇다 ⑤
1. 나는 결혼생활에 대해 근심, 걱정이 많다.					
2. 나는 결혼생활에서 일어나는 일 때문에 화가 나고 짜증스럽다.					
3. 나는 결혼생활을 잘 해 보려고 노력하는 데 지쳤다.					
4. 나는 나의 결혼생활이 따분하게 느껴진다.					
5. 남편(부인)은 나를 매우 신경질나게 한다.					
6. 남편(부인)과 별거(別居)하고 싶다.					
7. 남편(부인)과 법적으로 이혼(離婚)하고 싶다.					
8. 지금까지 나의 결혼생활은 성공적이었다.					
9. 내가 결혼을 하지 않았더라면 나의 인생은 매우 공허하고 외로웠을 것이다.					
10. 나는 지금의 결혼생활이 영원히 지속되기를 원한다.					
11. 나는 남편(부인)과 사이가 좋다.					
12. 나는 남편(부인)과 대화를 즐겁게 자주 나눈다.					
13. 만약 내가 다시 결혼한다면 지금의 남편(부인)을 다시 선택하겠다.					
14. 나에 대한 남편(부인)의 사랑과 관심 정도에 대해 나는 만족한다.					
15. 남편(부인)은 나에게 무슨 일이든지 최선을 다하도록 용기를 북돋아 준다.					
16. 우리 부부는 애정표현을 많이 하고 산다.					
17. 남들은 우리 부부의 금실이 좋다고 생각한다.					
18. 나는 확실히 나의 결혼생활에 만족한다.					

–설문에 응해 주셔서 감사합니다!!–

<표 1-2> 변인별 척도에 대한 소개

변인	변인별 척도	척도 소개
독립 변인	사회적 지지망	이영자(1999)의 연구에서 본 조사로 사용된 문항을 참고로 하여 친족(배우자, 자녀)을 대상으로 한 지지를 3개 문항으로 측정하였다.
	자아존중감	전병재(1974)가 번역한 로젠버그(Rosenberg)의 자아존중감 측정도구를 수정 · 보완하여 사용하였다.
	자녀와의 애정결속도	올슨(Olson), 폴트너(Poltner)와 라비(Lavee)(1985)가 개발한 가족응집성 및 적응성 척도Ⅲ(the Family Cohesion and Adaptablility Evaluation ScaleⅢ: FACESⅢ)를 연구 목적에 맞게 번안 · 수정하여 사용하였다.
	부부간 의사소통	비엔베누(Bienvenu, 1970)의 Marital Communication Inventory (MCI)의 48개 항목 중에서 효과적으로 의사소통하는 부부와 그렇지 못한 부부에 대한 판별 능력이 높은 4문항을 선별하여 측정하였다.
	부부간 정서적 지지	조혜진(2001)의 연구에서 사용된 문항을 참고로 하여 배우자 를 대상으로 한 지지를 4개 문항으로 측정하였다.
	부부간 성역할 태도	오스몬드(Osmond)와 마틴(Martin)(1975)의 Sex Role Attitude (SRA) Scale을 기초로 하여 가장 적절하다고 생각되는 문항과 Argyle과 Furnham이 1983년에 만든 척도를 김양호가 우리나라 연구 대상자에게 적합하게 번안 · 수정한 문항을 참조하여, 노인의 특성에 맞게 본 연구자가 5개 문항으로 작성하였다.
	부부간 성생활	연구자가 직접 만들었다.
	부부간 사회 · 여가활동	연구자가 직접 만들었다.
종속 변인	결혼만족도	로치(Roach), 프레이저(Frazier), 바우든(Bowden)(1981)에 의해 개발된 Marital Satisfaction Scale(M.S.S.)을 본 연구의 목적에 맞도록 수정하여 사용하였다.

2 자료 입력과정: 코딩(coding) 자료 입력

앞에 소개된 설문에 직접 응답해 보고 그 결과를 입력해 보는 연습을 해 보겠습니다.

여러분의 컴퓨터 화면에 보면 SPSS 프로그램 아이콘이 있습니다. 클릭하여 SPSS 창을 띄워 보세요.

파일(F) 편집(E) 보기(V) 데이터(D) 변환(T) 분석(A) 그래프(G) 유틸리티(U) 창(W) 도움말(H)

	변수	변수	변수	변수	변수	변수	변수
1							
2							
3							
4							
5							
6							
7							
8							
9							
10							
11							
12							
13							

화면 아래를 보면 '데이터 보기'와 '변수 보기'가 있습니다. 우선, '데이터 보기'를 클릭하세요. 그러면 다음과 같은 창이 열립니다.

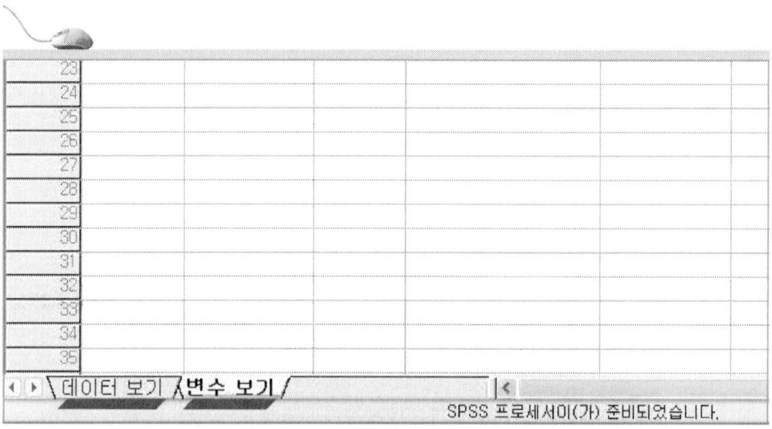

설문을 수거한 후에 '데이터 보기' 창에 자료를 입력하게 됩니다. 그러면 여러분이 응답한 설문자료를 컴퓨터에 입력해 보겠습니다.

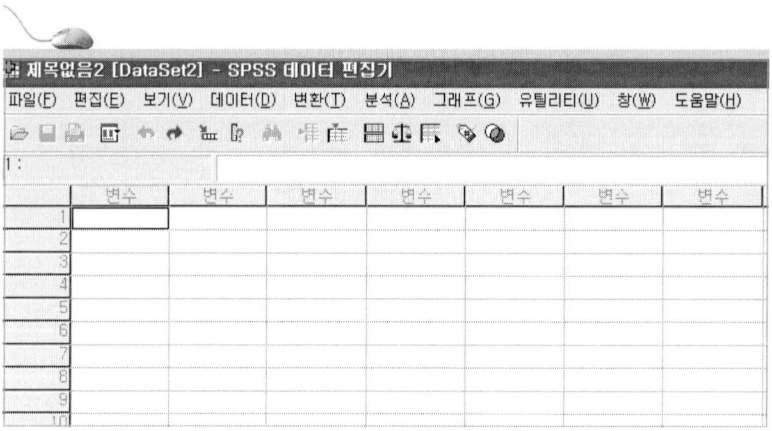

화면의 제일 처음 칸에는 id를 넣습니다. 첫 번째 수거한 설문을 1번으로 간주하고 1번을 입력하였습니다.

다음은 설문지의 첫 번째 설문인 '어르신의 성별은 어떻게 되십니까?' 남자에 표시했느냐, 여자에 표시했느냐에 따라서 남자는 1번, 여자는 2번으로 표시되겠죠? 표기응답이 여자라면 2번으로 표시하겠습니다. '어르신의 연세는 어떻게 되십니까?' 연령을 입력하면 됩니다. 3번 설문은 종교입니다. 종교는 몇 번에 표시되었죠? 기독교라면 몇 번이죠? 2번입니다. 그리고 '생존해 있는 자녀 수는?' 생존해 있는 자녀 수를 입력하면 됩니다. 다음에 '현재 어르신과 같이 살고 있는 가족은 어르신을 포함하여 모두 몇 명입니까?' 그다음에 '배우자와 몇 년 동안 결혼생활을 하셨습니까?' 30년을 살았다면 30이라고 입력하면 됩니다. 그다음에 '건강상태'를, 그다음에 '생활수준'을 입력하세요.

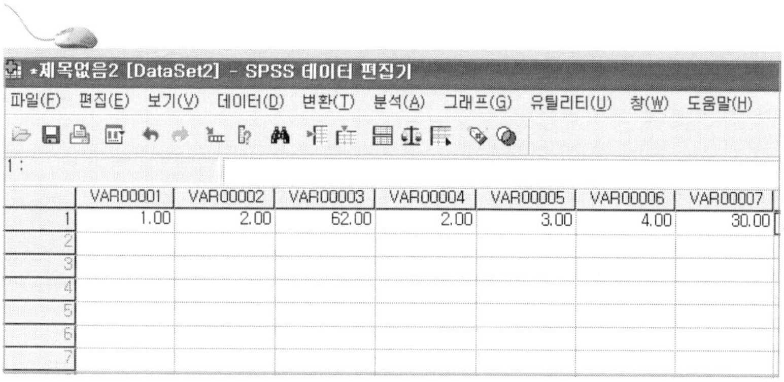

*제목없음2 [DataSet2] - SPSS 데이터 편집기

파일(F) 편집(E) 보기(V) 데이터(D) 변환(T) 분석(A) 그래프(G) 유틸리티(U) 창(W) 도움말(H)

1 :

	VAR00001	VAR00002	VAR00003	VAR00004	VAR00005	VAR00006	VAR00007
1	1.00	2.00	62.00	2.00	3.00	4.00	30.00
2							
3							
4							
5							
6							
7							

〈긍정문항과 부정문항의 순서〉

설문지를 만들 때 항상 각 설문의 응답보기에 부정문이 먼저 오도록 만들어 주세요. 건강상태 설문을 보면 부정문이 먼저 오고 있죠? 생활수준도 응답보기에 부정문이 먼저 오고 있죠? 이런 식으로 해 주셔야 나중에 해석이 쉬워집니다.

만약 설문에 무응답이 있으면 그 칸은 빈칸으로 놔두고 건너뛰면 됩니다. 건강수준이 무응답이면 빈칸으로 놔두고 다음 칸에 다음 변수인 생활수준 값을 입력하면 됩니다.

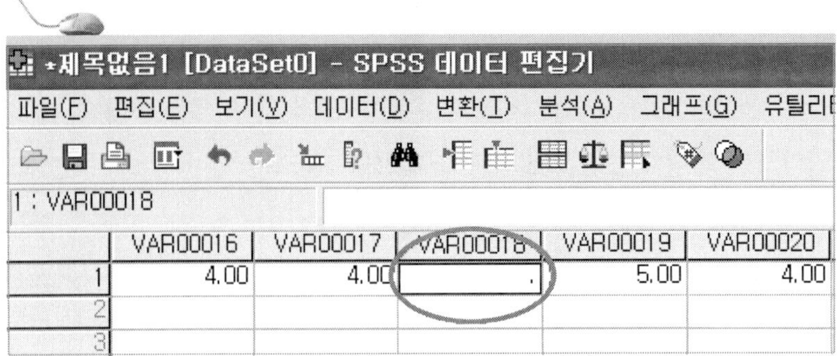

〈복수응답 입력방법〉

다음은 설문에 있는 복수응답을 입력하는 방법을 알아보겠습니다.

16. 어르신의 수입원은 무엇입니까? (2개 선택)
( ) ① 본인이나 배우자
( ) ② 자녀나 친족
( ) ③ 정부 보조
( ) ④ 기타: ______________

2개를 선택하는 복수응답이므로 칸을 2개 할당해야 합니다. 다음 그림처럼 n16.1과 n16.2, 2개의 칸을 할당합니다. 그리고 각 칸에 응답한 번호를 하나씩 입력해 주세요. 만일 하나만 선택했다면 한 칸만 입력하고 나머지 한 칸은 빈 공간으로 남겨두세요.

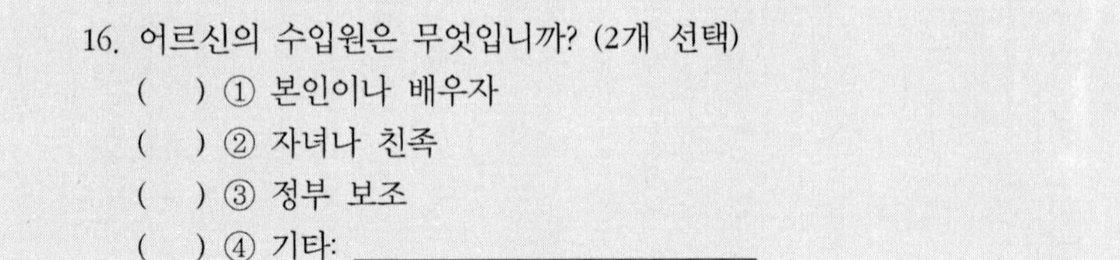

다음은 리커트 형식으로 만들어진 표준화된 측정도구가 나오고 있습니다. 표준화된 측정도구에서 보면 '전혀 그렇지 않다'가 1번으로 되어 있죠? 그런 다음에 '정말 그렇다'가 5점으로 되어 있죠? 자, 그러면 연이어서 입력하겠습니다. '나에게는 믿고 의지할 만한 사람이 있다.'라는 설문에 '그저 그렇다'로 응답이 되었다면 3점이 되는 것이죠. '그런 편이다'면 4점이 입력되는 것이겠죠?

그다음에 '속사정을 마음 편히 터놓고 말할 수 있다.'는 '정말 그렇다'이면 5점을 입력하면 되고, 그다음에 '내가 몸져누워 있을 때 병수발을 해 줄 사람이 있다.'에서 '그런 편이다'이면 4점이 되겠죠? 표시된 대로 입력해 주면 됩니다. '나는 자랑할 것이 별로 없다.'에도 표시해 주고요. '쓸모없는 사람이라고 생각한다.' 그리고 '좋은 성품을 많이 가졌다고 생각한다.' 각각의 설문에 대한 응답을 입력해 주면 됩니다. 그래서 표준화된 측정도구의 10번 문항까지 입력해 주세요.

지금까지 아이디와 배경질문 일부 그리고 표준화된 설문 10개를 입력하였습니다. 그럼, 수거한 설문지 중 두 번째 설문지의 응답값을 입력하겠습니다. 친구에게 설문에 응답할 것을 부탁하고 그것을 두 번째 설문이라 가정하도록 하죠. 두 번째 설문지는 아이디가 2번이 되는 것입니다. 앞에서 한 것처럼 입력하기 바랍니다. 결과적으로 두 번째 설문지도 첫 번째 설문지와 같은 칸에서 끝나야 합니다. 서로 다른 칸에서 끝나면 무엇인가 잘못 입력된 것이죠. 그래서 지금 2명의 설문자료까지 입력이 끝난 상태입니다. 만약 30명에게 설문을 수거했다면 30명까지 자료를 다 입력하고 저장하면 됩니다.

〈파일 저장하기〉

여러분이 입력한 것을 바탕화면에 저장해 보세요.

메뉴에서 저장을 클릭하시고 내리시고 파일이름을 붙이세요.

여러분이 원하는 이름으로…… 뭐라고 넣을까요? '코딩연습'이라고 붙일까요? 바탕화면에 저장해 보세요. 저장하였으면, '코딩연습'이라고 바탕화면에 뜨는지 보세요. '코딩연습'이라고 바탕화면에 떴죠?

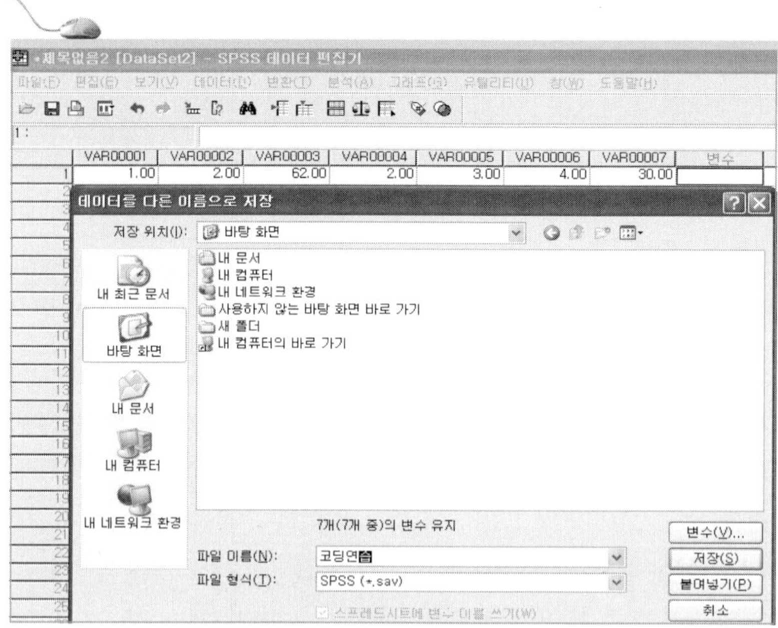

처음부터 여기까지 다시 한 번 설명해 보겠습니다. 바탕화면에서 SPSS 아이콘을 눌러 보세요. 그럼 새로운 창이 뜨죠? 창이 뜨면 설문지를 입력하기 시작하는 겁니다. 여러분이 수거한 설문지를 입력하세요. 입력할 때 제일 먼저 뭘 써야 하죠? 아이디(id)를 써야 하죠? 아이디 1번을 쓰고, 설문에 응답한 것을 쭉 입력해 나가면 되는 겁니다. 성별은 여자이면 2번, 연세는 56세, 종교는 4번……, 이렇게 쭉 입력하면 됩니다. 그다음에 두 번째 설문지의 아이디 2번을 쓰고, 성별은 남자이면 1번, 연세 54세, 종교는 기독교 2번 등…… 이렇게 쭉 자료를 입력하면 되는 것입니다.

이제 우리가 할 것은 '변수 보기'에서 변수이름, 변수설명, 값에 대한 설명(label)을 붙이는 것입니다. '변수 보기'에서 값에 대한 설명을 붙이는 경우, 반복되는 값은 '복사하기'를 이용하는 것이 편리합니다.

자료를 입력한 후에는 자료에 이름과 설명을 붙여 주는 작업을 해야 합니다. 데이터 보기 창의 맨 아래를 보면 '변수 보기'가 있어요. '변수 보기'를 클릭해 보세요. 그럼 다음과 같은 창이 뜹니다.

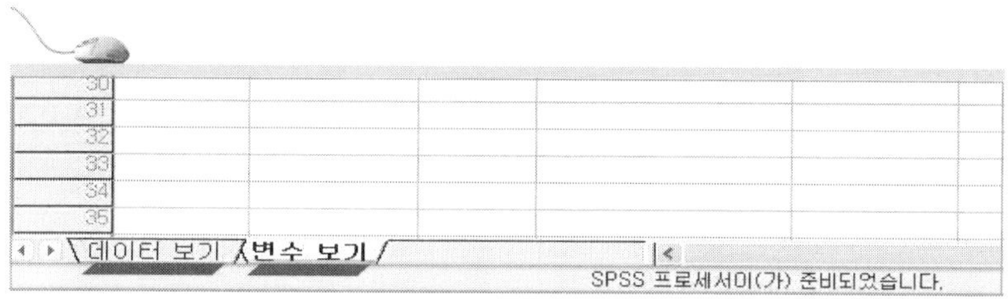

다음 그림을 보면 총 27개의 변수(Var00027)가 입력되어 있죠?

*제목없음2 [DataSet2] - SPSS 데이터 편집기

파일(F) 편집(E) 보기(V) 데이터(D) 변환(T) 분석(A) 그래프(G) 유틸리티(U) 창(W) 도움말(H)

	이름	유형	자리수	소수점이하자리	설명	값
1	VAR00001	숫자	8	2		없음
2	VAR00002	숫자	8	2		없음
3	VAR00003	숫자	8	2		없음
4	VAR00004	숫자	8	2		없음
5	VAR00005	숫자	8	2		없음
6	VAR00006	숫자	8	2		없음
7	VAR00007	숫자	8	2		없음
8	VAR00008	숫자	8	2		없음
9	VAR00009	숫자	8	2		없음
10	VAR00010	숫자	8	2		없음
11	VAR00011	숫자	8	2		없음
12	VAR00012	숫자	8	2		없음
13	VAR00013	숫자	8	2		없음
14	VAR00014	숫자	8	2		없음
15	VAR00015	숫자	8	2		없음
16	VAR00016	숫자	8	2		없음
17	VAR00017	숫자	8	2		없음
18	VAR00018	숫자	8	2		없음
19	VAR00019	숫자	8	2		없음
20	VAR00020	숫자	8	2		없음
21	VAR00021	숫자	8	2		없음
22	VAR00022	숫자	8	2		없음
23	VAR00023	숫자	8	2		없음
24	VAR00024	숫자	8	2		없음
25	VAR00025	숫자	8	2		없음
26	VAR00026	숫자	8	2		없음
27	VAR00027	숫자	8	2		없음

〈변수명 만들기〉

그럼 먼저 변수에 대한 이름을 붙여 주어야 합니다. 자료를 입력할 때 제일 먼저 id를 입력했으므로 첫 번째 변수의 이름을 id라고 붙이고 설명 칸에 id라고 쓰면 됩니다.

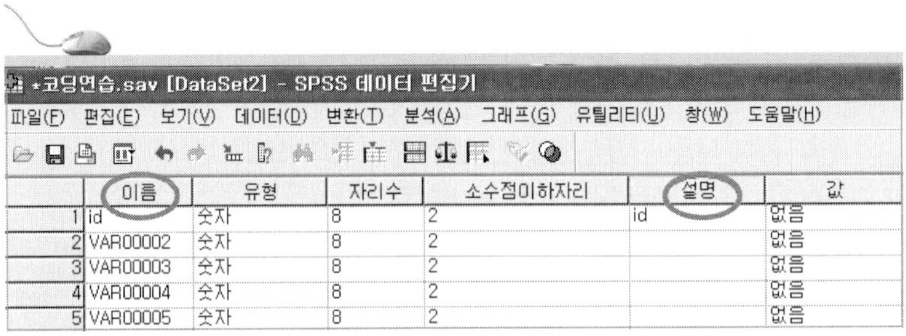

*코딩연습.sav [DataSet2] - SPSS 데이터 편집기

파일(F) 편집(E) 보기(V) 데이터(D) 변환(T) 분석(A) 그래프(G) 유틸리티(U) 창(W) 도움말(H)

	이름	유형	자리수	소수점이하자리	설명	값
1	id	숫자	8	2	id	없음
2	VAR00002	숫자	8	2		없음
3	VAR00003	숫자	8	2		없음
4	VAR00004	숫자	8	2		없음
5	VAR00005	숫자	8	2		없음

두 번째 변수 이름은 뭐였죠? 성별이었죠. 성별이라고 쓸 수도 있지만 편의상 n1이라고 쓰겠습니다. 두 번째 변수에 대해 n1이라고 이름을 붙이고, 설명에 성별이라고 쓰세요. 세 번째 변수는 n2라고 이름을 붙이고 설명에 연세라고 쓰세요. 그다음에 n3이라고 이름을 붙이고 종교라고 설명을 붙여 주어야 합니다. 그러면 n4는 생존자녀, n5는 결혼연수, n6은 가족 수, n7은 별거중, n8은 각방사용, n9 건강, n10 생활수준, n11 학력, n12 직업, n13 배우자와의 나이 차이까지 이름을 붙여 주었습니다.

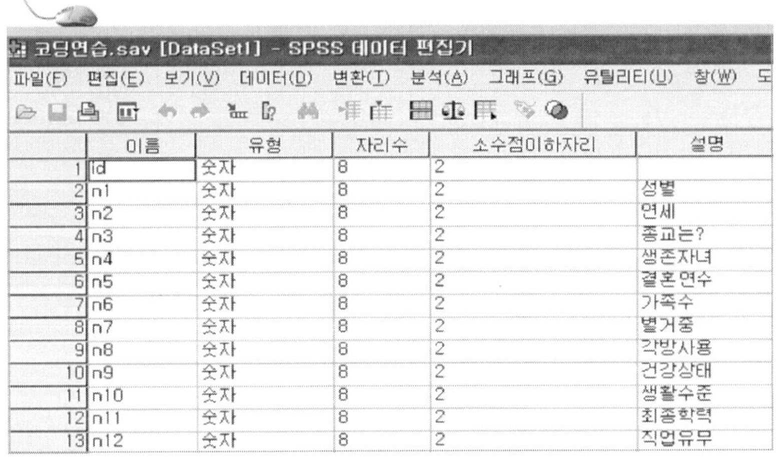

코딩연습.sav [DataSet1] - SPSS 데이터 편집기

파일(F) 편집(E) 보기(V) 데이터(D) 변환(T) 분석(A) 그래프(G) 유틸리티(U) 창(W) 도

	이름	유형	자리수	소수점이하자리	설명
1	id	숫자	8	2	
2	n1	숫자	8	2	성별
3	n2	숫자	8	2	연세
4	n3	숫자	8	2	종교는?
5	n4	숫자	8	2	생존자녀
6	n5	숫자	8	2	결혼연수
7	n6	숫자	8	2	가족수
8	n7	숫자	8	2	별거중
9	n8	숫자	8	2	각방사용
10	n9	숫자	8	2	건강상태
11	n10	숫자	8	2	생활수준
12	n11	숫자	8	2	최종학력
13	n12	숫자	8	2	직업유무

〈표준화된 척도 입력방법〉

다음은 표준화된 척도의 변수에 변수 이름과 변수 설명을 붙여 보겠습니다. 첫 번째 변수는 a1로 변수 이름을 붙였는데, 설문 내용이 '나에게는 믿고 의지할 만한 사람이 있다.'이므로 '믿고 의지'로 간략히 설명을 붙이겠습니다. 그다음에 a2는 '나에게는 내 속사정을 마음 편히 터놓고 말할 수 있는 사람이 있다.'이므로 '속사정'으로 설명을 간략히 붙이겠습니다. 그리고 a3은 '몸져누워 있을 때 병수발을 해 줄 사람이 있다.'이므로 '병수발'로 하죠. 그다음에 s1은 '자랑할 것이 별로 없다고 생각한다.'이므로 '자랑없음'이라고 하죠. s2는 '쓸모없는 사람이라고 생각한다.'이니까 '쓸모없음'이라고 하죠. 그다음에 s3은 '좋은성품', s4는 '긍정태도', p1은 '적극도와'로 하죠. p2는 '친밀감'으로 하고, 마지막으로 p3은 '가족행사'라고 설명을 붙였습니다. 여기까지 변수의 이름과 설명까지 다 붙여 준 것입니다.

코딩연습.sav [DataSet1] - SPSS 데이터 편집기

파일(F) 편집(E) 보기(V) 데이터(D) 변환(T) 분석(A) 그래프(G) 유틸리티(U) 창(W) 도

	이름	유형	자리수	소수점이	설명
22	a1	숫자	8	2	믿고의지
23	a2	숫자	8	2	고민조언
24	a3	숫자	8	2	병수발
25	s1	숫자	8	2	자랑없음
26	s2	숫자	8	2	쓸모없음
27	s3	숫자	8	2	좋은성품
28	s4	숫자	8	2	긍정태도
29	p1	숫자	8	2	적극도와
30	p2	숫자	8	2	친밀감
31	p3	숫자	8	2	가족행사

주의할 사항이 있다면 자료를 입력할 때 아이디(id)를 꼭 넣어야 한다는 것입니다. 나중에 자료를 제거해야 할 경우가 생기면 아이디를 가지고 선별해야 하기 때문입니다. 제일 처음 설문에 있는 변수부터 입력하지 말고 항상 아이디부터 넣고 시작해야 합니다.

지금까지 변수에 이름을 붙였고 변수에 대한 설명을 붙였습니다. 다음에는 변수의 응답보기에 값을 붙여 주어야 합니다. 성별의 응답보기는 무엇입니까? '남자'와 '여자'입니다. 그러면 그 값에 대한 이름을 붙여 주어야 하는 것입니다.

성별에서 남자는 1이었고 여자는 2였어요. 그럼 1이 남자고 2가 여자라는 것을 컴퓨터에게 알려 주어야 합니다. 그래야 컴퓨터가 이해를 합니다. 화면에 '값'이라는 칸으로 가서 오른쪽 어두운 부분(화면에 ◯로 체크된 부분)을 클릭하세요. 그럼 다음과 같은 '변수값 설명'이라는 창이 뜹니다.

창이 떴으면 '변수값'에 1이라고 쓰고 '변수값 설명'에 '남자'라고 씁니다. 그다음에 '추가'를 누르세요. 다시 '변수값'에 2라고 쓰고 '변수값 설명'에 여자라고 쓰세요. 그리고 '추가'를 누르고, '확인'을 눌러 주면 됩니다.

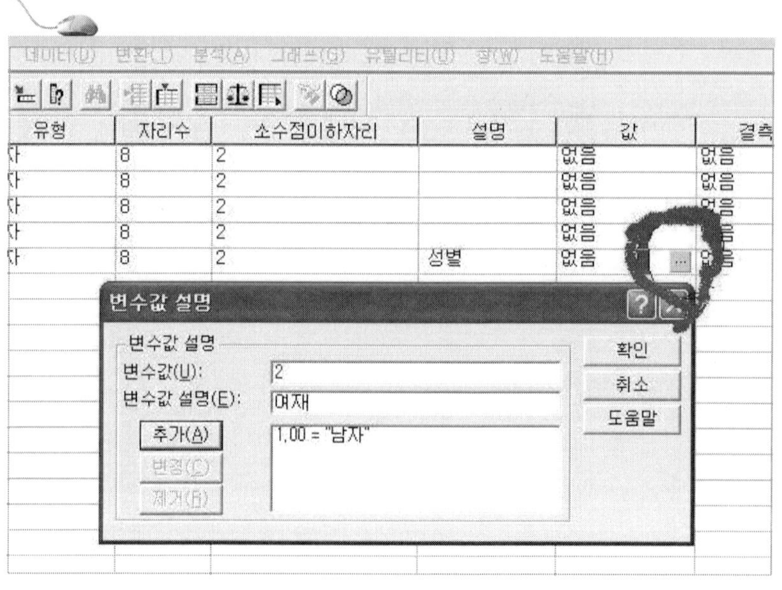

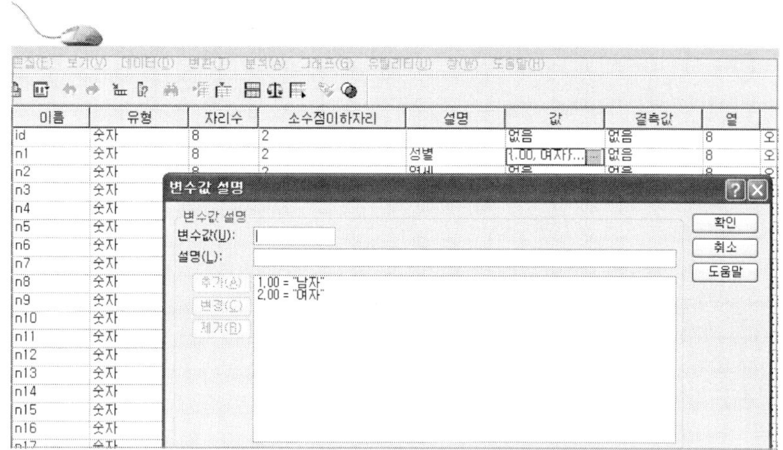

두 번째 변수인 연령은 개방형 질문이었기에 넘어갑니다. 개방형 질문에는 변수값을 넣지 않습니다. 다음 변수인 종교를 보죠. '종교없음'은 변수값에 1번이라고 쓰고 변수값 설명에 '종교없음'이라고 쓰면 됩니다. 그다음에 '추가'를 누르세요. 그다음 변수값에 2번, 변수값 설명에 '기독교'라고 쓰고 '추가'를 누르세요. 3번은 '천주교', 추가 누르시고, 그다음 4번은 '불교', 추가 누르시고, 5번은 '유교', 추가 누르시고, 그다음에 6번은 '기타'라고 쓰고 추가 누르고, 마지막으로 '확인'을 눌러 주면 됩니다.

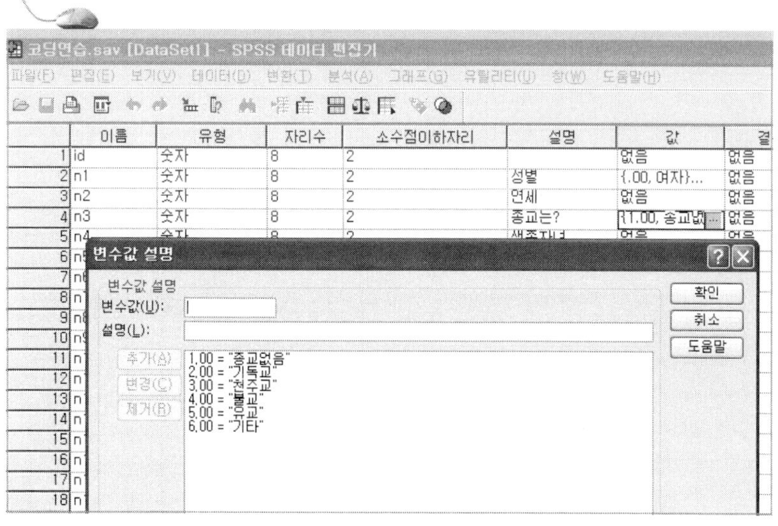

그다음 개방형 질문은 넘어가고, 별거 여부로 가겠습니다. 별거 여부 변수에 해당되는 '값'으로 가서 오른쪽을 클릭한 후에 '변수값 설명'이라는 창이 뜨면 변수값에 1번을 넣고, 설명에 '아니다', 그다음 '추가', 변수값에 2번을 넣고, 설명에 '그렇다', 그다음 '추가' 누르고 '확인'을 눌러 주면 됩니다.

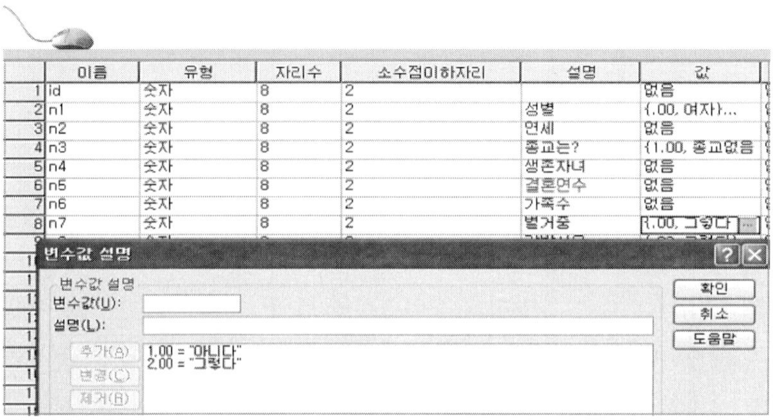

다음에는 건강변수의 값에 설명을 붙여 보겠습니다. 1은 '매우 건강하지 못하다' 입력하고 '추가', 2는 '건강하지 못하다' 입력하고 '추가', 3은 '건강한 편이다' 입력하고 '추가', 그다음 4는 '매우 건강하다' 입력하고 '추가' 후 '확인'을 눌러 주면 됩니다.

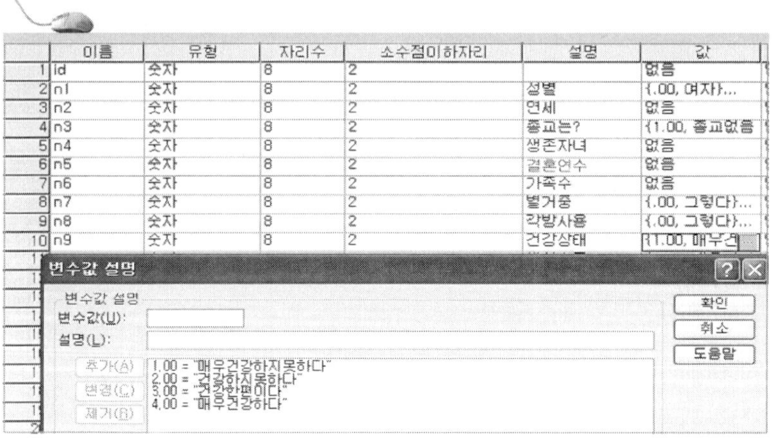

다음은 표준화된 척도로 넘어가 보겠습니다. a1번부터 표준화된 척도의 항목이 나오고 있습니다. a1은 '나에게는 믿고 의지할 만한 사람이 있다.'인데, 여기부터 10개 문항의 응답보기가 모두 같습니다. 변수값이 다 똑같습니다. 그럼 먼저 a1에 대해 '변수값'과 '변수값 설명'을 입력하겠습니다. 1은 '전혀 그렇지 않다' 입력하고 '추가', 2는 '그렇지 않다' 입력하고 '추가', 3은 '그저 그렇다' 입력하고 '추가', 4는 '그런 편이다' 입력하고 '추가', 5는 '정말 그렇다'를 입력하고 '추가' 눌러 주고 '확인'을 눌러 주면 됩니다.

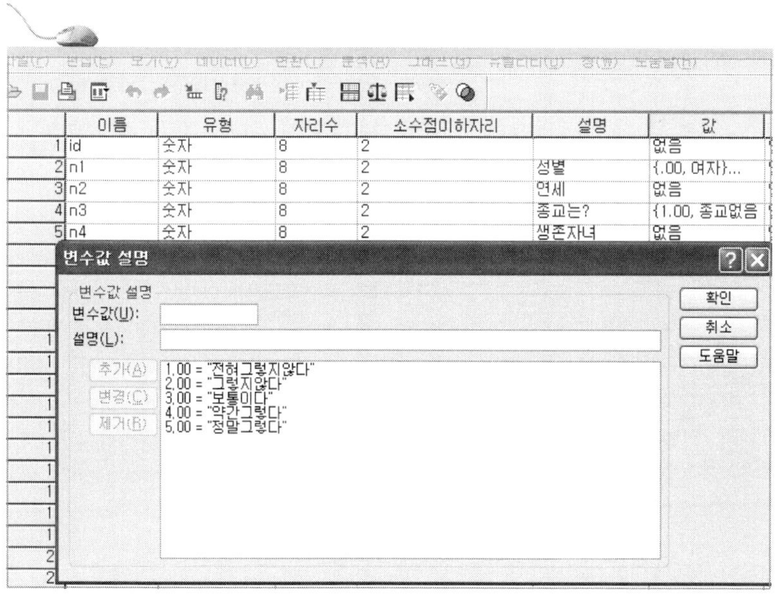

〈동일한 변수값 복사하기〉

그다음 남은 9개는 응답보기가 모두 똑같으므로 복사해서 한꺼번에 옮기면 됩니다. 그럼 복사를 해 보겠습니다. a1의 변수값에 마우스를 대고 마우스 오른쪽을 클릭해 보세요.

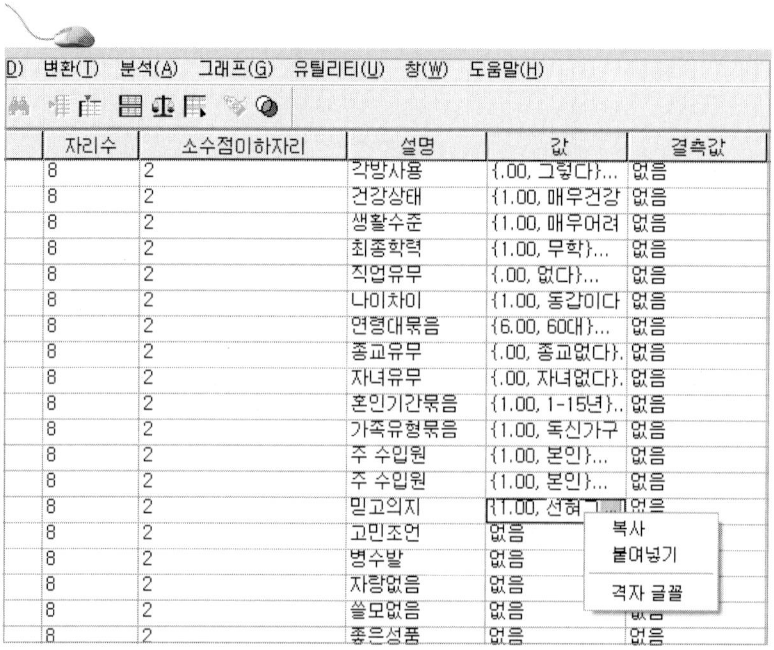

D) 변환(T) 분석(A) 그래프(G) 유틸리티(U) 창(W) 도움말(H)

자리수	소수점이하자리	설명	값	결측값
8	2	각방사용	{.00, 그렇다}...	없음
8	2	건강상태	{1.00, 매우건강	없음
8	2	생활수준	{1.00, 매우어려	없음
8	2	최종학력	{1.00, 무학}...	없음
8	2	직업유무	{.00, 없다}...	없음
8	2	나이차이	{1.00, 동갑이다	없음
8	2	연령대묶음	{6.00, 60대}...	없음
8	2	종교유무	{.00, 종교없다}.	없음
8	2	자녀유무	{.00, 자녀없다}.	없음
8	2	혼인기간묶음	{1.00, 1-15년}..	없음
8	2	가족유형묶음	{1.00, 독신가구	없음
8	2	주 수입원	{1.00, 본인}...	없음
8	2	주 수입원	{1.00, 본인}...	없음
8	2	믿고의지	{1.00, 선혀 그...	없음
8	2	고민조언	없음	
8	2	병수발	없음	
8	2	자랑없음	없음	
8	2	쓸모없음	없음	없음
8	2	좋은성품	없음	없음

복사
붙여넣기
격자 글꼴

그런 다음 '복사'를 클릭하고 복사해 붙일 칸만큼 쭉 아래로 끌어내리세요. 그럼 이런 모양이 나오죠.

SPSS 데이터 편집기

D) 변환(T) 분석(A) 그래프(G) 유틸리티(U) 창(W) 도움말(H)

	자리수	소수점이하자리	설명	값	
	8	2	각방사용	{.00, 그렇다}...	없
	8	2	건강상태	{1.00, 매우건강	없
	8	2	생활수준	{1.00, 매우어려	없
	8	2	최종학력	{1.00, 무학}...	없
	8	2	직업유무	{.00, 없다}...	없
	8	2	나이차이	{1.00, 동갑이다	없
	8	2	연령대묶음	{6.00, 60대}...	없
	8	2	종교유무	{.00, 종교없다}.	없
	8	2	자녀유무	{.00, 자녀없다}.	없
	8	2	혼인기간묶음	{1.00, 1-15년}..	없
	8	2	가족유형묶음	{1.00, 독신가구	없
	8	2	주 수입원	{1.00, 본인}...	없
	8	2	주 수입원	{1.00, 본인}...	없
	8	2	믿고의지	{1.00, 전혀그렇	없
	8	2	고민조언	없음	없
	8	2	병수발	없음	없
	8	2	자랑없음	없음	없
	8	2	쓸모없음	없음	없
	8	2	좋은성품	없음	없
	8	2	긍정태도	없음	없
	8	2	적극도와	없음	없
	8	2	친밀감	없음	없
	8	2	가족행사	없음	없
	8	2	대화통함	없음	없
	8	2	반대의견	없음	없
	8	2	진실표현	없음	없
	8	2	의논망설	없음	없

그다음에 마우스 오른쪽을 클릭하셔서 '붙여넣기'를 선택하면 됩니다.

SPSS 데이터 편집기

D) 변환(T) 분석(A) 그래프(G) 유틸리티(U) 창(W) 도움말(H)

자리수	소수점이하자리	설명	값	결측값
8	2	각방사용	{.00, 그렇다}...	없음
8	2	건강상태	{1.00, 매우건강	없음
8	2	생활수준	{1.00, 매우어려	없음
8	2	최종학력	{1.00, 무학}...	없음
8	2	직업유무	{.00, 없다}...	없음
8	2	나이차이	{1.00, 동갑이다	없음
8	2	연령대묶음	{6.00, 60대}...	없음
8	2	종교유무	{.00, 종교없다}.	없음
8	2	자녀유무	{.00, 자녀없다}.	없음
8	2	혼인기간묶음	{1.00, 1-15년}..	없음
8	2	가족유형묶음	{1.00, 독신가구	없음
8	2	주 수입원	{1.00, 본인}...	없음
8	2	주 수입원	{1.00, 본인}...	없음
8	2	믿고의지	{1.00, 전혀그렇	없음
8	2	고민조언	없음	없음
8	2	병수발	없음	없음
8	2	자랑없음	없음	없음
8	2	쓸모없음	없음	없음
8	2	좋은성품	없음	없음
8	2	긍정태도	없음	없음
8	2	적극도와	없음	
8	2	친밀감	없음	
8	2	가족행사	없음	
8	2	대화통합	없음	
8	2	반대의견	없음	없음
8	2	진실표현	없음	없음
8	2	의논망설	없음	없음
8	2	속상위로	없음	없음

복사
붙여넣기
격자 글꼴

여기까지 하면 기본적인 자료의 입력이 완성되는 것입니다.

이 상태에서 다시 한 번 저장하겠습니다. 저장을 하면 언제든지 불러와서 분석에 사용할 수 있습니다.

일(F) 편집(E) 보기(V) 데이터(D) 변환(T) 분석(A) 그래프(G) 유틸리티(U) 창

	이름	유형	자리수	소수점이하	설명	값
22	a1	숫자	8	2	믿고의지	{1.00, 전혀그렇지않
23	a2	숫자	8	2	고민조언	{1.00, 전혀그렇지않
24	a3	숫자	8	2	병수발	{1.00, 전혀그렇지않
25	s1	숫자	8	2	자랑없음	{1.00, 정말그렇다}
26	s2	숫자	8	2	쓸모없음	{1.00, 정말그렇다}
27	s3	숫자	8	2	좋은성품	{1.00, 전혀그렇지않
28	s4	숫자	8	2	긍정태도	{1.00, 전혀그렇지않
29	p1	숫자	8	2	적극도와	{1.00, 전혀그렇지않
30	p2	숫자	8	2	친밀감	{1.00, 전혀그렇지않
31	p3	숫자	8	2	가족행사	{1.00, 전혀그렇지않
32	c1	숫자	8	2	대화통함	{1.00, 전혀그렇지않
33	c2	숫자	8	2	반대의견	{1.00, 항상그렇다}
34	c3	숫자	8	2	진실표현	{1.00, 항상그렇다}
35	c4	숫자	8	2	의논망설	{1.00, 항상그렇다}
36	e1	숫자	8	2	속상위로	{1.00, 전혀그렇지않
37	e2	숫자	8	2	의견존중	{1.00, 전혀그렇지않
38	e3	숫자	8	2	믿음의지	{1.00, 전혀그렇지않
39	e4	숫자	8	2	기분나눔	{1.00, 전혀그렇지않
40	r1	숫자	8	2	의견충돌	{1.00, 전혀그렇지않
41	r2	숫자	8	2	남편내조	{1.00, 전혀그렇지않
42	r3	숫자	8	2	중요결정	{1.00, 전혀그렇지않
43	r4	숫자	8	2	아내책임	{1.00, 전혀그렇지않
44	r5	숫자	8	2	내세움	{1.00, 전혀그렇지않
45	t1	숫자	8	2	성필요	{1.00, 전혀그렇지않
46	t2	숫자	8	2	성만족	{1.00, 전혀그렇지않
47	t3	숫자	8	2	성횟수	{1.00, 거의안한다}
48	y1	숫자	8	2	여가활동	{1.00, 전혀함께하지
49	y2	숫자	8	2	사회활동	{1.00, 전혀함께하지
50	m1	숫자	8	2	걱정근심	{1.00, 항상그렇다}

제2장
자료 변환

1 코딩변경

자료 분석에 들어갈 때 먼저 자료를 변환해 놓고 분석해야 되는 경우가 있습니다. 지금부터 자료 변환에 대해 연습해 보겠습니다. 'Coding(원자료)' 파일을 불러와 주세요.

1) 각각의 숫자를 범위로 만들기

ex. 20세부터 29세의 연령을 '20대'라는 범위로 묶기, 용돈을 '10만 원 이상 20만 원 미만'과 같은 범위로 묶기 등

그럼 먼저 연령을 가지고 자료를 변환해 보겠습니다. 연령의 경우는 개방형 질문으로 된 연속척도이기 때문에 그대로 사용해도 좋은데, 분석할 때, 예를 들어 60대, 70대, 80대, 90대 이상의 연령대로 구분해서 어떤 분석을 하고 싶은 경우가 있습니다. 그러면 자료를 변환해야 합니다. 이제 자료를 연령대로 묶는 것을 해 보도록 하겠습니다. '변환'에 들어가서 '코딩변경'을 선택하고, '새로운 변수로'에 들어가면 됩니다.

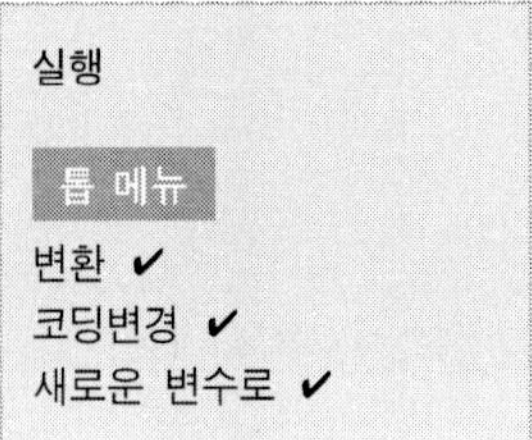

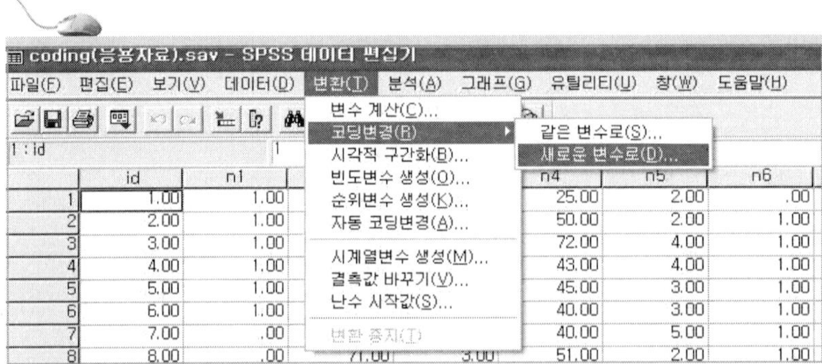

그럼 새로운 창이 뜨죠? 그러면 왼쪽 칸에 있는 연령(n2)을 가운데 칸으로 화살표를 이용해서 옮겨 주면 됩니다. 그리고 새로운 변수 이름을 붙여 주면 됩니다. 연령을 60대, 70대, 80대, 90대 이상으로 묶어서 분석하기 때문에 '연령대'라고 이름을 붙여 주겠습니다. 출력변수라고 된 빈칸에 '연령대'라고 쓰세요.

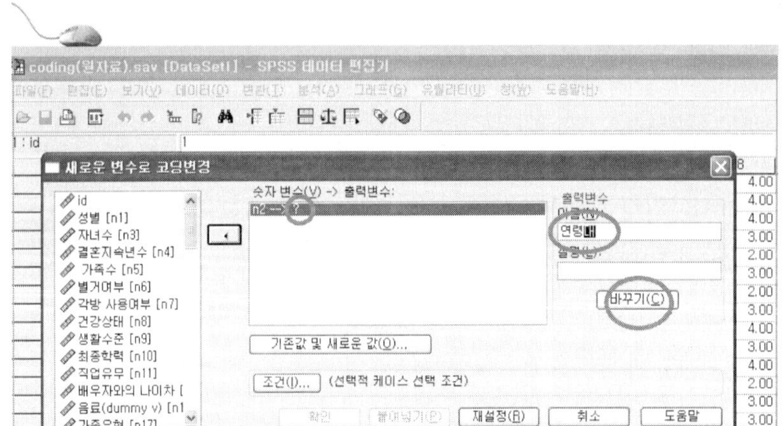

그다음에 '바꾸기'를 눌러 주면 됩니다. 그럼 연령이 연령대로 바뀌게 됩니다.

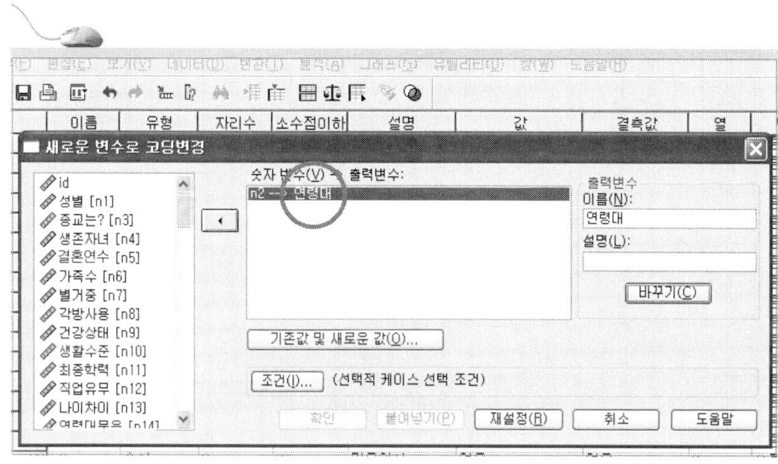

다음은 '기존값 및 새로운 값'을 클릭하세요. 그럼 다음과 같은 창이 뜹니다.

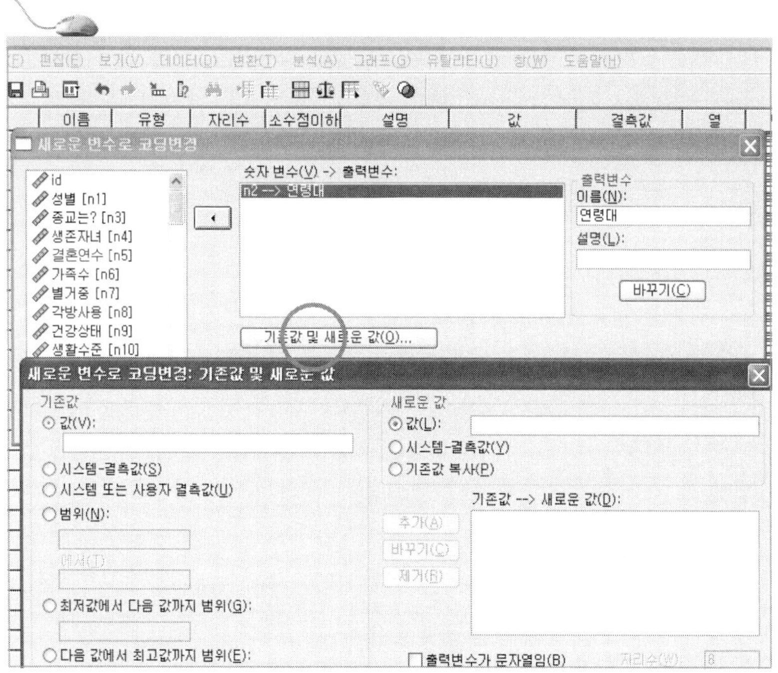

60세에서 69세까지는 60대로 묶고, 70세에서 79세까지는 70대로 묶기 때문에 '범위'를 활용해서 묶어 보겠습니다. 60세에서 69세까지는 새로운 값에 1로 할당하겠습니다. 그럼 60대는 1이라는 새로운 값을 갖게 되는 것입니다. 다시 말해서 '범위'를 선택하고, 60에서 69까지로 쓴 뒤 '새로운 값'에 1이라고 쓰면 됩니다. 그리고 '추가'를 누르세요.

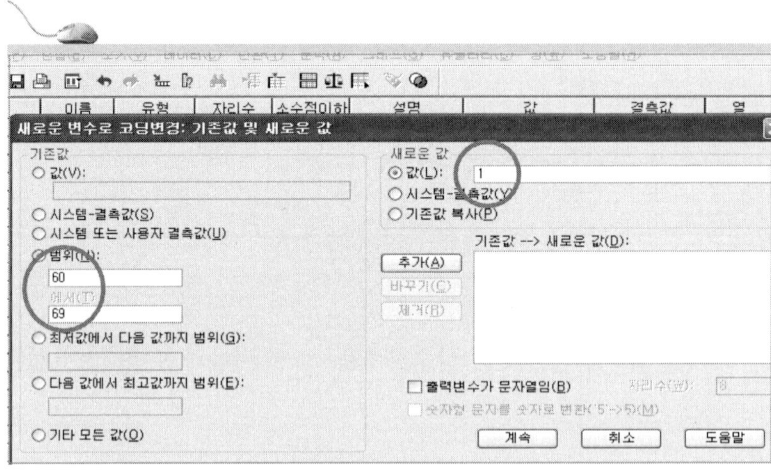

다음은 아래 화면에서처럼 70에서 79세를 2로 묶겠습니다. 그리고 '추가'를 누르세요.

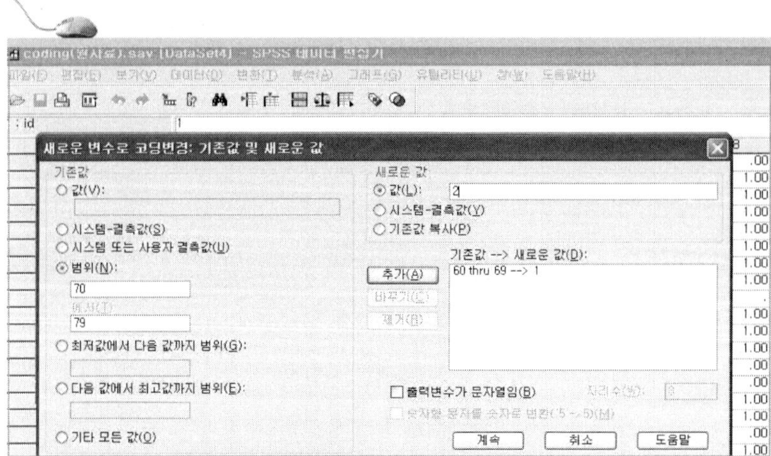

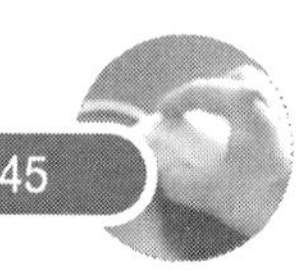

그다음 80에서 89까지는 3, 90세 이상부터는 4를 할당해 주면 60대, 70대, 80대, 90대라는 네 집단이 만들어지는 것입니다.

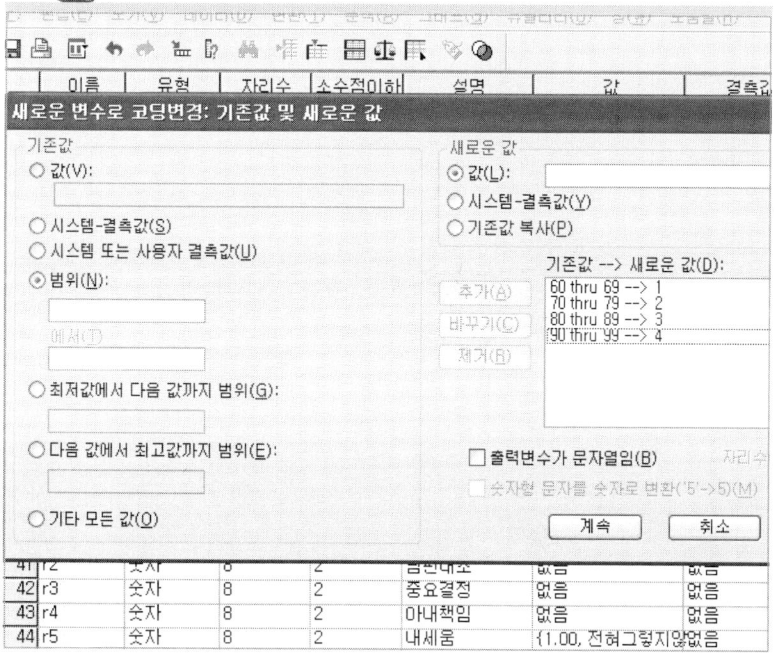

2) 더미변수 만들기

이번에는 더미변수를 만들어 보겠습니다. 성별을 가지고 한번 변경해 보겠습니다. 성별은 명목척도입니다. 명목척도는 나중에 고급분석에 가게 되면 그대로 쓸 수가 없습니다. 항상 0과 1의 변수를 갖는 더미변수로 바꾸어야 합니다. 지금 성별에서 남자는 1, 여자는 2로 입력이 되어 있습니다. 그러면 메뉴의 '변환'에서 '코딩변경' 그리고 '새로운 변수로'에 가면 됩니다.

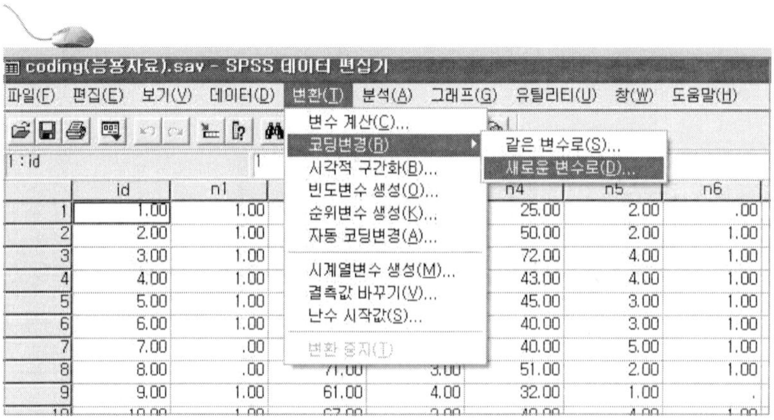

왼쪽 칸에서 가운데 칸으로 '성별(n1)'을 화살표를 통해 옮겨 주세요. '출력변수' 칸에 '성별2'로 넣은 후에 '바꾸기'를 눌러 주고, '기존값 및 새로운 값'을 눌러 주세요. 이것은 명목척도이기 때문에 '범위'를 사용하지 않고 '값'을 가지고 바꾸겠습니다.

남자 1은 그대로 1로 주고, '추가'를 누릅니다. 이제 여자는 0으로 새로운 값을 주어야 합니다. 따라서 기존값 2는 0으로 새로운 값을 줍니다. '추가'를 눌러 주고, 그다음에 '계속'을 눌러 주세요. 그리고 '확인'을 눌러 주세요. 이렇게 해서 1과 0으로 변환되는 것입니다. 그럼 만들어졌는지 확인을 해 보겠습니다.

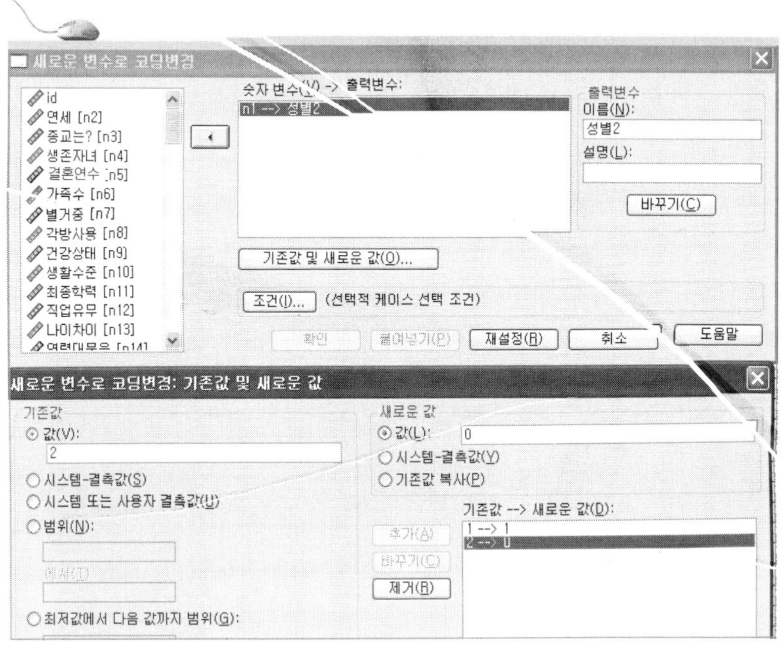

'데이터 보기'를 클릭해서 데이터 창 오른쪽 끝을 보면 1과 0의 값만 갖는 더미변수인 '성별2'가 만들어져 있을 것입니다. 이렇게 명목척도는 고급분석에서는 더미변수로 바꾸어서 분석해야 합니다. 더미로 바꾸지 않고 성별에서 1은 남자, 2는 여자일 때 컴퓨터는 여자를 더 높은 값으로 인식합니다. 그런데 남녀는 순서가 없는 것이죠. 그렇기 때문에 0과 1의 값을 갖는 더미변수로 바꿔야 하는 것입니다.

*coding(원자료).sav [DataSet3] - SPSS 데이터 편집기

파일(F) 편집(E) 보기(V) 데이터(D) 변환(T) 분석(A) 그래프(G) 유틸리티(U)

: 성별2 1

	i15	i16	i17	i18	성별2
1	1.00	1.00	1.00	1.00	1.00
2	5.00	4.00	4.00	5.00	1.00
3	3.00	1.00	3.00	3.00	1.00
4	3.00	2.00	2.00	4.00	1.00
5	3.00	2.00	4.00	4.00	1.00
6	3.00	1.00	5.00	5.00	1.00
7	3.00	3.00	3.00	4.00	.00
8	4.00	4.00	4.00	5.00	.00
9	3.00	3.00	5.00	5.00	1.00
10	1.00	1.00	3.00	3.00	1.00
11	2.00	3.00	3.00	3.00	1.00
12	4.00	2.00	4.00	3.00	1.00
13	3.00	1.00	2.00	4.00	1.00
14	2.00	1.00	4.00	3.00	1.00
15	5.00	5.00	5.00	5.00	1.00
16	5.00	5.00	5.00	5.00	1.00
17	2.00	1.00	3.00	3.00	.00
18	1.00	1.00	3.00	3.00	1.00
19	2.00	2.00	4.00	4.00	1.00
20	1.00	1.00	2.00	2.00	1.00
21	2.00	2.00	3.00	4.00	1.00
22	2.00	1.00	3.00	3.00	1.00
23	5.00	5.00	3.00	5.00	1.00
24	4.00	4.00	4.00	4.00	1.00
25	4.00	4.00	5.00	4.00	1.00
26	3.00	2.00	5.00	5.00	1.00
27	3.00	3.00	3.00	3.00	1.00
28	2.00	1.00	5.00	4.00	1.00

코딩변경에서 범위를 활용할 것인지 아니면 값을 활용할 것인지를 결정하기 위한 기준은 다음과 같습니다. 연속변수는 주로 범위를 활용하면 되고, 명목척도나 서열척도는 주로 값으로 활용하면 됩니다.

3) 개별범주를 상위범주로 묶기

이번에는 학력변수를 이용하여 각각의 범주를 상위범주로 묶는 연습을 해 보겠습니다. 설문에 보면, 학력이 1점은 무학, 2점은 서당 또는 초등학교, 3점은 중학교, 4점은 고등학교, 5점은 전문대학 이상으로 되어 있습니다. 즉, 5개의 집단이 있는 것입니다. 이때 연구자는 중졸 이하 집단과 고졸 이상 집단을 비교하고자 합니다. 어떻게 하면 될까요? 그럴 때는 무학, 서당 또는 초등학교, 중학교를 하나로 묶고, 고등학교와 전문대학 이상을 하나로 묶어야 합니다. 그러면 '코딩변경'에서 '새로운 변수로'로 간 후, 최종학력(n11)을 가운데 칸으로 옮겨, '학력2'라는 새로운 변수를 만들어야 합니다.

coding(응용자료).sav - SPSS 데이터 편집기

파일(F) 편집(E) 보기(V) 데이터(D) 변환(T) 분석(A) 그래프(G) 유틸리티(U) 창(W) 도움말(H)

변수 계산(C)...
코딩변경(R) ▸ 같은 변수로(S)... / 새로운 변수로(D)...
시각적 구간화(B)...
빈도변수 생성(O)...
순위변수 생성(K)...
자동 코딩변경(A)...
시계열변수 생성(M)...
결측값 바꾸기(V)...
난수 시작값(S)...
변환 중지(T)

1 : id 1

	id	n1			n4	n5	n6
1	1.00	1.00			25.00	2.00	.00
2	2.00	1.00			50.00	2.00	1.00
3	3.00	1.00			72.00	4.00	1.00
4	4.00	1.00			43.00	4.00	1.00
5	5.00	1.00			45.00	3.00	1.00
6	6.00	1.00			40.00	3.00	1.00
7	7.00	.00			40.00	5.00	1.00
8	8.00	.00	71.00	3.00	51.00	2.00	1.00
9	9.00	1.00	61.00	4.00	32.00	1.00	.

그런 다음 '기존값 및 새로운 값'을 클릭합니다. 학력도 서열척도이기 때문에 '값'을 활용해서 변경하겠습니다. 무학(1점)은 중졸(3점)로 보내야 하므로 기존값에 1을 쓰고 새로운 값에 3을 쓴 뒤 추가를 누릅니다. 같은 방식으로, 초등학교 졸인 2도

3으로 가고, 중학교인 3도 그대로 3으로 가면 됩니다. 그다음에 고등학교 졸인 4는 그대로 4로 가고, 대학교졸업 이상인 5는 4로 가서 묶여지는 것입니다. 이렇게 하면 1, 2, 3이 3으로 묶이는 것이고 4, 5가 4로 묶여서 두 집단으로 나뉘게 됩니다. 이렇게 해서 두 집단, 즉 중학교 이하와 고등학교 이상으로 묶어지는 것입니다.

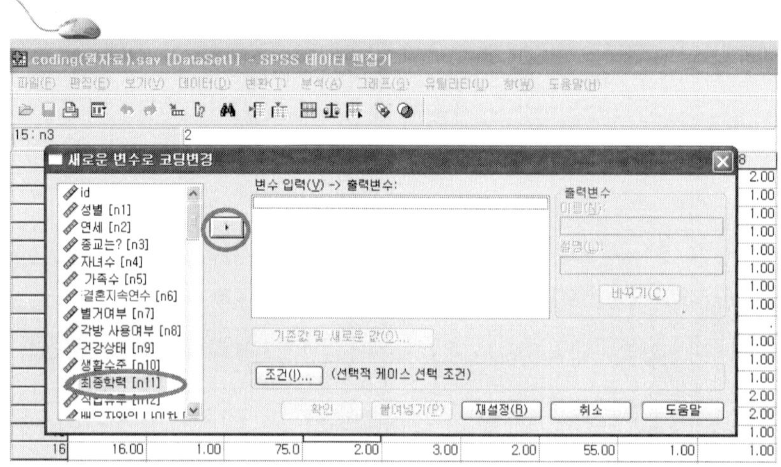

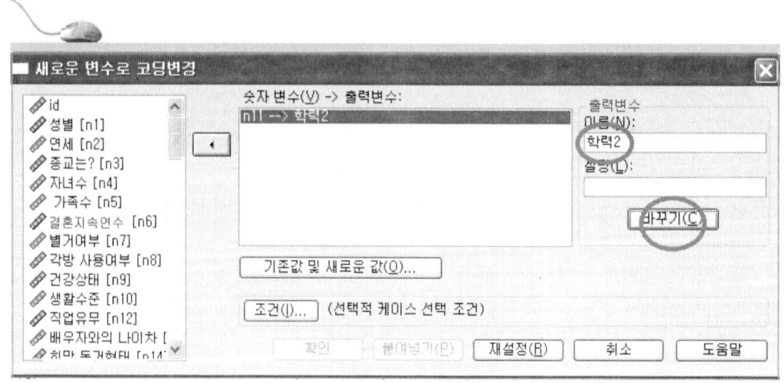

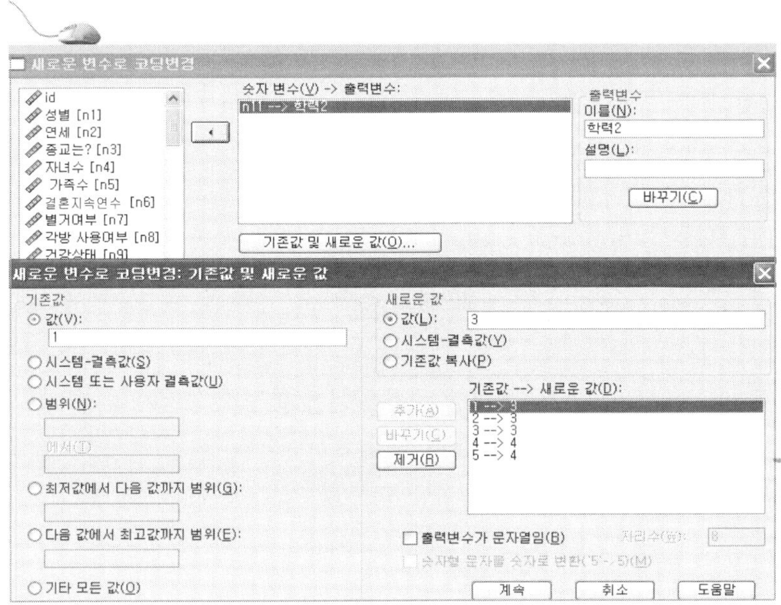

그럼 데이터 창에서 한번 확인해 보세요. '학력2'가 2와 4로 구성된 두 집단만 있죠?

1 : 학력2 4

	i16	i17	i18	성별2	학력2
1	1.00	1.00	1.00	1.00	4.00
2	4.00	4.00	5.00	1.00	4.00
3	1.00	3.00	3.00	1.00	2.00
4	2.00	2.00	4.00	1.00	4.00
5	2.00	4.00	4.00	1.00	4.00
6	1.00	5.00	5.00	1.00	4.00
7	3.00	3.00	4.00	.00	2.00
8	4.00	4.00	5.00	.00	2.00
9	3.00	5.00	5.00	1.00	2.00
10	1.00	3.00	3.00	1.00	4.00
11	3.00	3.00	3.00	1.00	2.00
12	2.00	4.00	3.00	1.00	2.00
13	1.00	2.00	4.00	1.00	2.00
14	1.00	4.00	3.00	1.00	2.00
15	5.00	5.00	5.00	1.00	2.00
16	5.00	5.00	5.00	1.00	4.00
17	1.00	3.00	3.00	.00	2.00
18	1.00	3.00	3.00	1.00	2.00
19	2.00	4.00	4.00	1.00	2.00
20	1.00	2.00	2.00	1.00	4.00
21	2.00	3.00	4.00	1.00	2.00

4) 역점수로 바꾸기(1점을 5점으로, 5점을 1점으로)

이번에는 역점수 주는 것을 해 보겠습니다. 설문지의 표준화된 척도를 보세요. 설문 10개 중 긍정적으로 나오는 설문이 있고 부정적으로 나오는 설문이 있습니다. 표준화된 척도의 1번은 긍정적입니다. 2번, 3번도 긍정적이고, 4번, 5번은 부정적입니다. 다시 6번은 긍정적입니다. 여기서 4번과 5번이 부정적이기 때문에 긍정적으로 바꿔야 됩니다. 기억해 두어야 할 것은 표준화된 척도에 긍정문과 부정문이 혼용되어 있을 경우에 부정문은 항상 긍정문으로 바꿔야 한다는 것입니다. 표준화된 척도는 각 문항을 모두 묶어서 총점을 내기 때문에 부정과 긍정이 혼용되어 있으면 정확한 총점을 내기가 어렵기 때문입니다. 따라서 4번과 5번을 긍정문으로 바꿔야 합니다. 그러면 4번과 5번을 긍정문으로 바꾸는 연습을 해 보도록 하겠습니다.

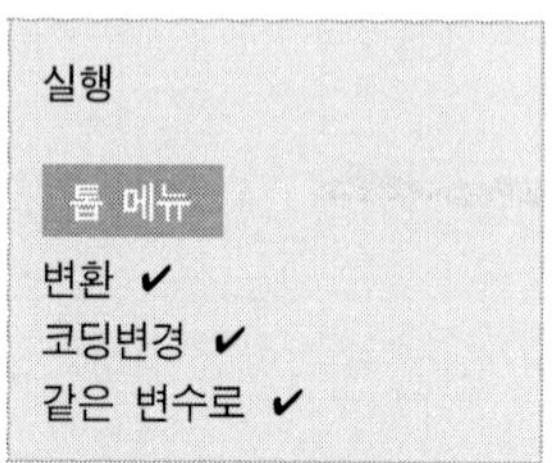

coding(응용자료).sav [DataSet1] - SPSS 데이터 편집기

파일(F) 편집(E) 보기(V) 데이터(D) 변환(T) 분석(A) 그래프(G) 유틸리티(U) 창(W) 도움말(H)

변수 계산(C)...
코딩변경(R) ▸ 같은 변수로(S)... / 새로운 변수로(D)...
시각적 구간화(B)...
빈도변수 생성(O)...
순위변수 생성(K)...
자동 코딩변경(A)...
날짜/시간(D)...
시계열변수 생성(M)...
결측값 대체(V)...
난수 생성기(G)...
변환 중지(T)

1 : id 1

	id	n1			n4	n5	n6
1	1.00	1.00			25.00	2.00	.00
2	2.00	1.00			50.00	2.00	1.00
3	3.00	1.00			72.00	4.00	1.00
4	4.00	1.00			43.00	4.00	1.00
5	5.00	1.00			45.00	3.00	1.00
6	6.00	1.00			40.00	3.00	1.00
7	7.00	.00			40.00	5.00	1.00
8	8.00	.00			51.00	2.00	1.00
9	9.00	1.00	61.00	4.00	32.00	1.00	.
10	10.00	1.00	67.00	3.00	40.00	4.00	1.00

표준화된 척도의 값에 역점수를 주려면 '코딩변경'으로 가서 '같은 변수로'로 가야 합니다. '같은 변수'로 간다는 것을 기억해 두세요. 그럼 두 문항을 긍정문으로 바꾸겠습니다. 두 변수(b1, b2)를 가운데 칸으로 옮겨 주세요. 다음은 '기존값 및 새로운 값'을 눌러 주세요. 기존값 1점은 새로운 값 5점이 되는 것입니다. 기존값 2점은 새로운 값 4점이 되고요. 3점은 그대로 3점, 4점은 2점, 1점은 5점이 되는 것입니다.

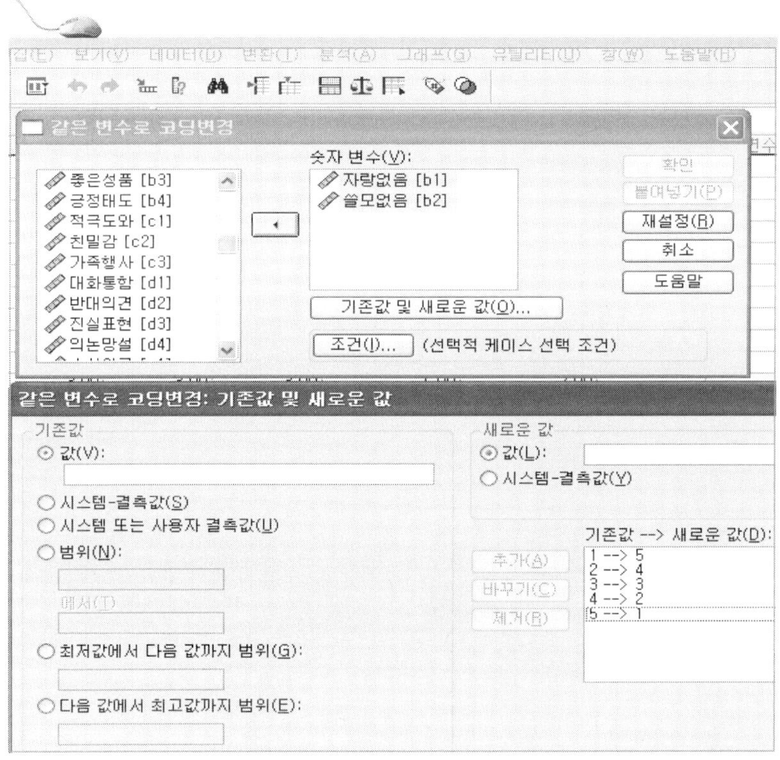

이렇게 되면 부정문이 긍정문의 역할을 하는 것으로 바뀌게 됩니다. 이처럼 표준화된 척도는 긍정이든 부정이든 항상 일관되도록 해야 합니다. 항상 표준화된 척도에서 부정문이 섞여 있는지 따져 보아야 하는 것입니다. 그런데 이때는 '새로운 변수'가 아니고 '같은 변수로'로 바꿔 주어야 합니다. 그러면 데이터 자체 내에서 바뀌게 되는 것입니다. 새로운 변수가 만들어지는 것이 아니고 같은 변수 내에서 바뀝니다. 표준화된 척도에서는 '같은 변수로'를 활용해 주세요.

5) 표준화된 척도의 문항 묶기(mean 또는 sum 등의 함수 이용)

다음에는 표준화된 척도를 사용하였을 때 그 항목들을 하나로 묶는 연습을 해 보겠습니다. 예를 들어, 결혼만족도를 묻는 18개 문항으로 이루어진 결혼만족도 척도를 활용하고 있다면 그 18개를 묶어 결혼만족도 총점을 내야 합니다. 표준화된 척도를 쓸 때에는 각 개별문항 하나하나 쓰는 것이 아니고 모든 문항을 합쳐서 하나의 변수로 만들어 사용해야 합니다. 그러면 결혼만족도를 묶어 보겠습니다.

'변환'에서 '변수 계산'을 클릭하고 대상변수 칸에 '결혼만족도'라는 변수를 써 넣으세요.

실행

툴 메뉴

변환 ✔

변수 계산 ✔

직접 덧셈, 나눗셈으로 계산 또는 함수 이용 ✔

coding(응용자료).sav [DataSet1] - SPSS 데이터 편집기

파일(F) 편집(E) 보기(V) 데이터(D) 변환(T) 분석(A) 그래프(G) 유틸리티(U) 창(W) 도움말(H)

변수 계산(C)...
코딩변경(R)
시각적 구간화(B)...
빈도변수 생성(O)...
순위변수 생성(K)...
자동 코딩변경(A)...
날짜/시간(D)...
시계열변수 생성(M)...
결측값 대체(V)...
난수 생성기(G)...
변환 중지(T)

1 : id 1

	id	n1			n4	n5	n6
1	1.00	1.00			25.00	2.00	.00
2	2.00	1.00			50.00	2.00	1.00
3	3.00	1.00			72.00	4.00	1.00
4	4.00	1.00			43.00	4.00	1.00
5	5.00	1.00			45.00	3.00	1.00
6	6.00	1.00			40.00	3.00	1.00
7	7.00	.00			40.00	5.00	1.00
8	8.00	.00			51.00	2.00	1.00
9	9.00	1.00	61.00	4.00	32.00	1.00	.
10	10.00	1.00	67.00	3.00	40.00	4.00	1.00
11	11.00	1.00	80.00	6.00	56.00	4.00	1.00
12	12.00	1.00	72.00	3.00	45.00	8.00	1.00

〈문항을 묶는 첫 번째 방법〉

다음은 결혼만족도에 해당하는 각각의 문항을 모두 더해 보겠습니다. 화면에 있는 것처럼 각각의 변수를 하나씩 옮기면서 '+'를 이용해 더해 나가세요. 걱정근심(m1)+화남짜증(m2)+…… 이런 식으로 18번까지 옮기면 됩니다. 18문항을 하나씩 더해 주면서 옮겨 주는 것은 가장 기초적으로 할 수 있는 방법입니다.

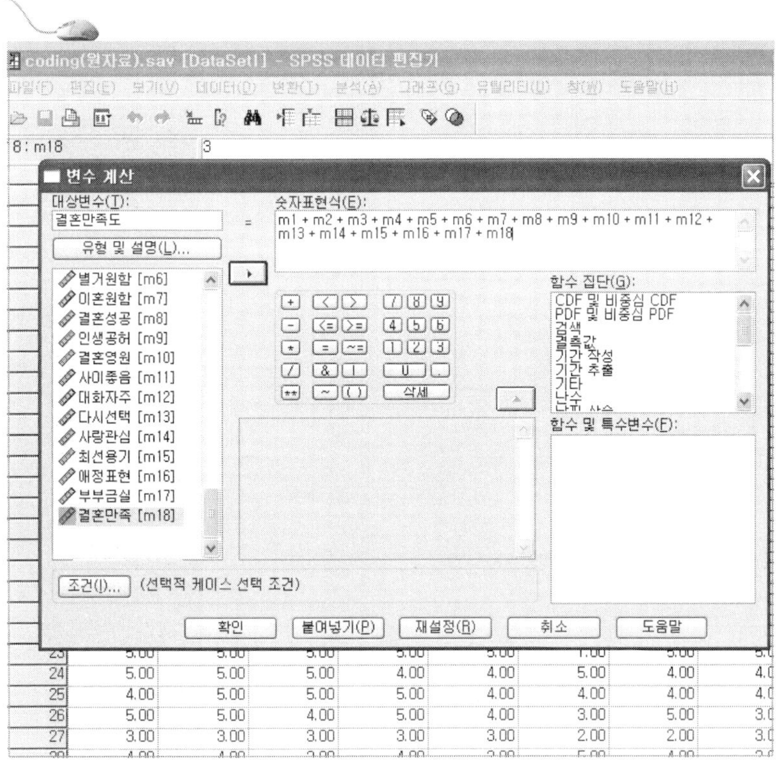

'확인'을 누르면 '결혼만족도'라는 변수가 나오게 됩니다.

데이터 보기 창의 오른쪽 제일 끝을 보면 결혼만족도 총점이 나와 있습니다.

*coding(원자료).sav [DataSet1] - SPSS 데이터 편집기

파일(F) 편집(E) 보기(V) 데이터(D) 변환(T) 분석(A) 그래프(G) 유틸리티(U)

1 : 결혼만족도 21

	m15	m16	m17	m18	결혼만족도
1	1.00	1.00	[illegible]	1.00	21.00
2	5.00	4.00	4.00	5.00	88.00
3	3.00	1.00	3.00	3.00	70.00
4	3.00	2.00	2.00	4.00	58.00
5	3.00	2.00	4.00	4.00	69.00
6	3.00	1.00	5.00	5.00	82.00
7	3.00	3.00	3.00	4.00	69.00
8	4.00	4.00	4.00	5.00	77.00
9	3.00	3.00	5.00	5.00	82.00
10	1.00	1.00	3.00	3.00	53.00
11	2.00	3.00	3.00	3.00	60.00
12	4.00	2.00	4.00	3.00	67.00
13	3.00	1.00	2.00	4.00	66.00
14	2.00	1.00	4.00	3.00	64.00
15	5.00	5.00	5.00	5.00	89.00
16	5.00	5.00	5.00	5.00	87.00
17	2.00	1.00	3.00	3.00	60.00
18	1.00	1.00	3.00	3.00	49.00
19	2.00	2.00	4.00	4.00	68.00
20	1.00	1.00	2.00	2.00	49.00
21	2.00	2.00	3.00	4.00	67.00
22	2.00	1.00	3.00	3.00	60.00
23	5.00	5.00	3.00	5.00	81.00
24	4.00	4.00	4.00	4.00	77.00
25	4.00	4.00	5.00	4.00	78.00
26	3.00	2.00	5.00	5.00	79.00
27	3.00	3.00	3.00	3.00	59.00
28	2.00	1.00	5.00	4.00	69.00

〈문항을 묶는 두 번째 방법〉

이번에는 다른 방법으로 해 보겠습니다. 좀 더 편리한 방법인데, 이렇게 일일이 다 옮기기 힘드시죠? 그러면 '결혼만족도2'라는 변수를 함수 창에 있는 SUM이라는 명령어를 사용해서 한꺼번에 묶어 보겠습니다.

함수 집단 칸에서 '통계'를 클릭하고 함수 및 특수변수 칸에 있는 'SUM'을 선택하여 화살표(▲)를 이용해 위로 올리면 다음과 같은 창이 됩니다.

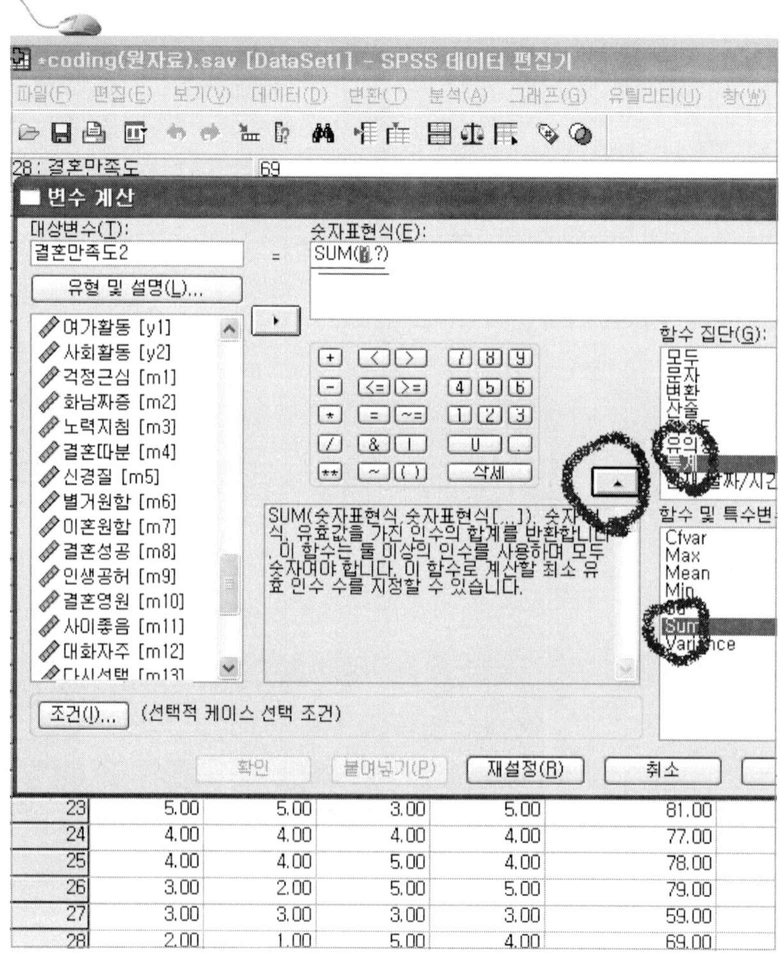

그럼 괄호 안에 첫 번째 물음표에 결혼만족도 첫 번째 문항인 m1을 옮기세요. 그리고 한 칸 띄고 'to'를 넣으세요. 다시 한 칸 띄고 마지막 문항 m18을 옮기세요. 즉, 'SUM(m1 to m18)'의 형태로 만들어 주면 되는 것입니다.

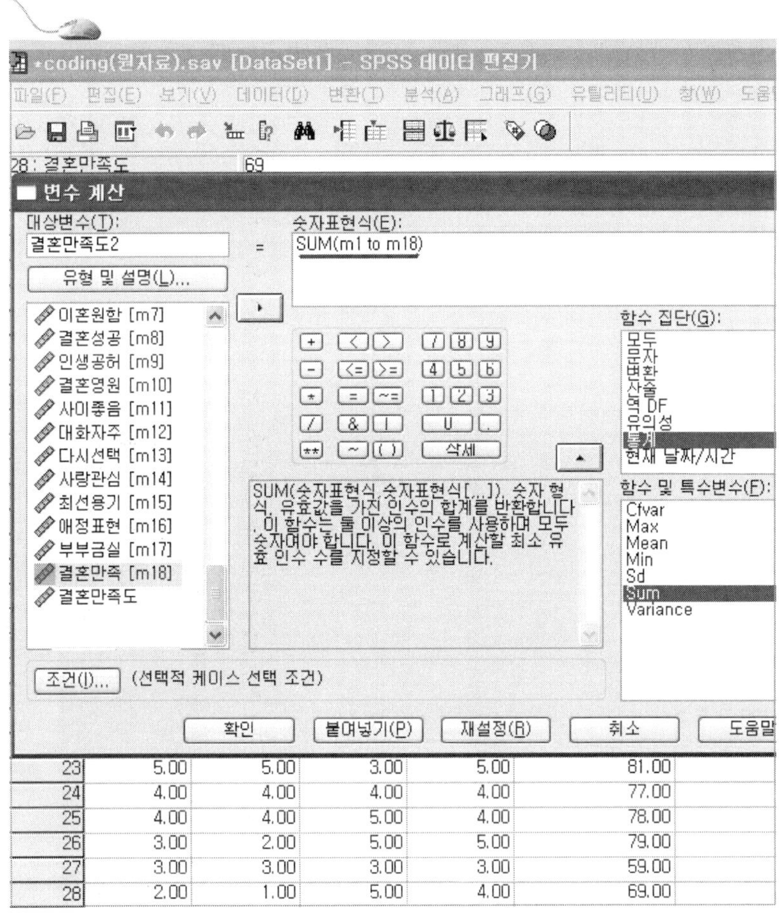

이렇게 하면 '결혼만족도2'의 총점이 나오게 됩니다.

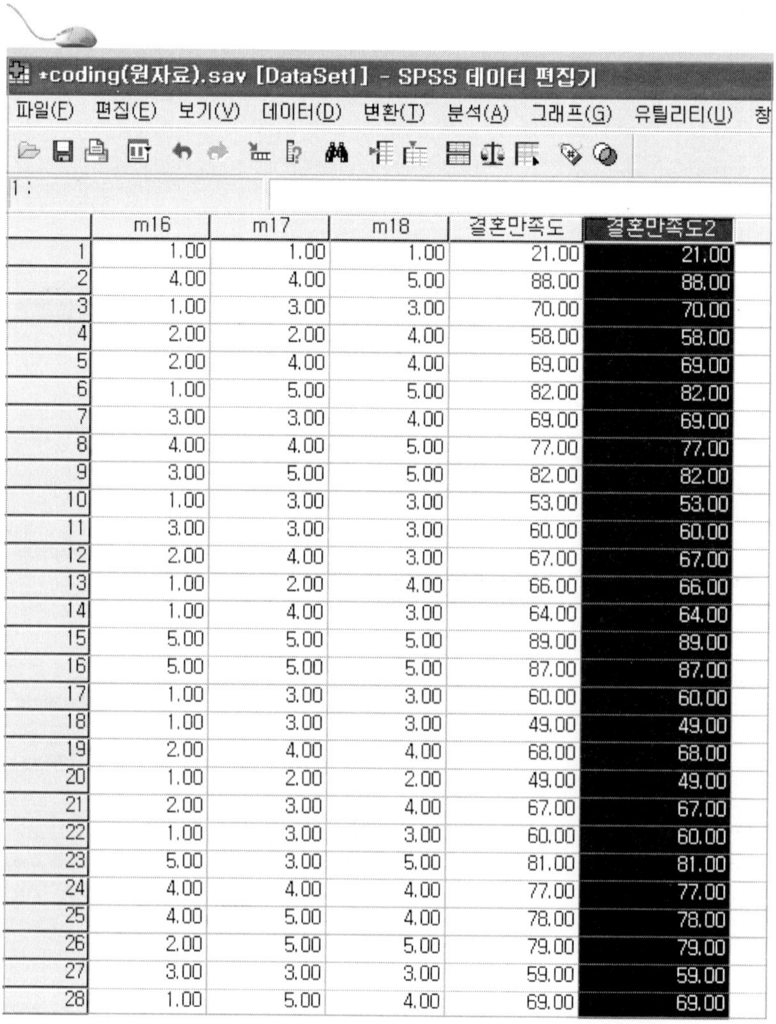

*coding(원자료).sav [DataSet1] - SPSS 데이터 편집기

파일(F) 편집(E) 보기(V) 데이터(D) 변환(T) 분석(A) 그래프(G) 유틸리티(U) 창

	m16	m17	m18	결혼만족도	결혼만족도2
1	1.00	1.00	1.00	21.00	21.00
2	4.00	4.00	5.00	88.00	88.00
3	1.00	3.00	3.00	70.00	70.00
4	2.00	2.00	4.00	58.00	58.00
5	2.00	4.00	4.00	69.00	69.00
6	1.00	5.00	5.00	82.00	82.00
7	3.00	3.00	4.00	69.00	69.00
8	4.00	4.00	5.00	77.00	77.00
9	3.00	5.00	5.00	82.00	82.00
10	1.00	3.00	3.00	53.00	53.00
11	3.00	3.00	3.00	60.00	60.00
12	2.00	4.00	3.00	67.00	67.00
13	1.00	2.00	4.00	66.00	66.00
14	1.00	4.00	3.00	64.00	64.00
15	5.00	5.00	5.00	89.00	89.00
16	5.00	5.00	5.00	87.00	87.00
17	1.00	3.00	3.00	60.00	60.00
18	1.00	3.00	3.00	49.00	49.00
19	2.00	4.00	4.00	68.00	68.00
20	1.00	2.00	2.00	49.00	49.00
21	2.00	3.00	4.00	67.00	67.00
22	1.00	3.00	3.00	60.00	60.00
23	5.00	3.00	5.00	81.00	81.00
24	4.00	4.00	4.00	77.00	77.00
25	4.00	5.00	4.00	78.00	78.00
26	2.00	5.00	5.00	79.00	79.00
27	3.00	3.00	3.00	59.00	59.00
28	1.00	5.00	4.00	69.00	69.00

이번에는 다른 변수를 묶어 보겠습니다. 사회적 지지를 묶어 보겠습니다.

사회적 지지는 세 항목으로 구성되어 있습니다. 이 세 문항을 한번 묶어 보겠습니다.

그럼 '변수 계산'을 클릭하고 대상변수에 '사회지지'를 입력하세요.

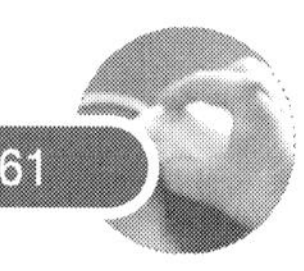

coding(응용자료).sav [DataSet1] - SPSS 데이터 편집기
파일(F) 편집(E) 보기(V) 데이터(D) 변환(T) 분석(A) 그래프(G) 유틸리티(U) 창(W) 도움말(H)
변수 계산(C)...
코딩변경(R)
시각적 구간화(B)...
빈도변수 생성(O)...
순위변수 생성(K)...
자동 코딩변경(A)...
날짜/시간(D)...
시계열변수 생성(M)...
결측값 대체(V)...
난수 생성기(G)...
변환 중지(T)

	id	n1	n4	n5	n6
1	1.00	1.00	25.00	2.00	.00
2	2.00	1.00	50.00	2.00	1.00
3	3.00	1.00	72.00	4.00	1.00
4	4.00	1.00	43.00	4.00	1.00
5	5.00	1.00	45.00	3.00	1.00
6	6.00	1.00	40.00	3.00	1.00
7	7.00	.00	40.00	5.00	1.00
8	8.00	.00	51.00	2.00	1.00
9	9.00	1.00	32.00	1.00	.
10	10.00	1.00	40.00	4.00	1.00

SUM을 위로 올린 다음 괄호 안에 사회적 지지의 첫 번째 문항인 a1을 넣고 한 칸 띄고 to를, 마지막으로 a3을 넣으면 됩니다. 그러면 사회적 지지가 만들어집니다. 이렇게 표준화된 척도는 묶어서 활용하는 것입니다.

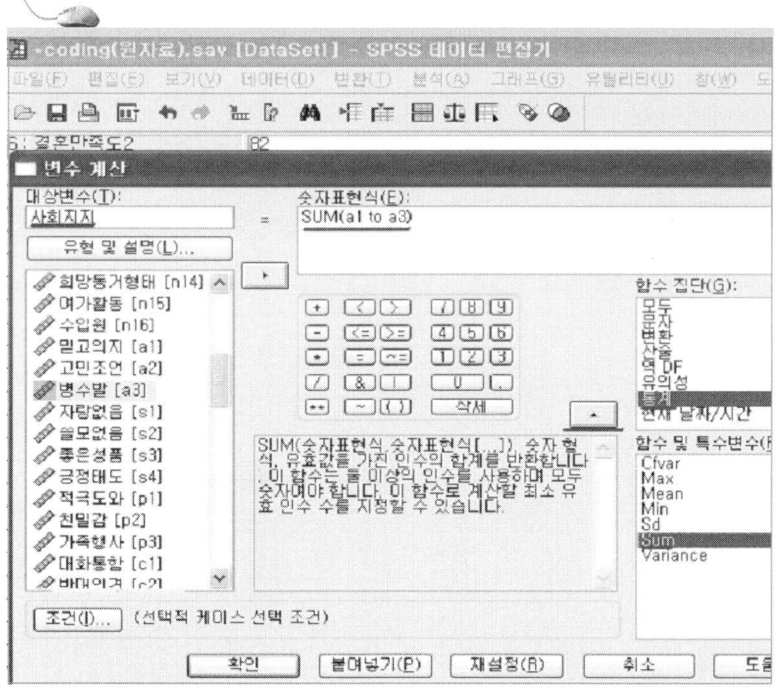

2 케이스 선택하기

이번에는 케이스 선택(case selection)에 대해 연습해 보겠습니다. 예를 들어, 연구자가 남자만 뽑아서 분석하겠다든지 여자만 뽑아서 분석하겠다는 경우가 있을 수 있습니다. 그럼, 어떻게 하는지 한번 해 보겠습니다. 남자만 뽑아서 분석하려면 메뉴의 '데이터'로 가서 '케이스 선택'을 클릭하면 됩니다.

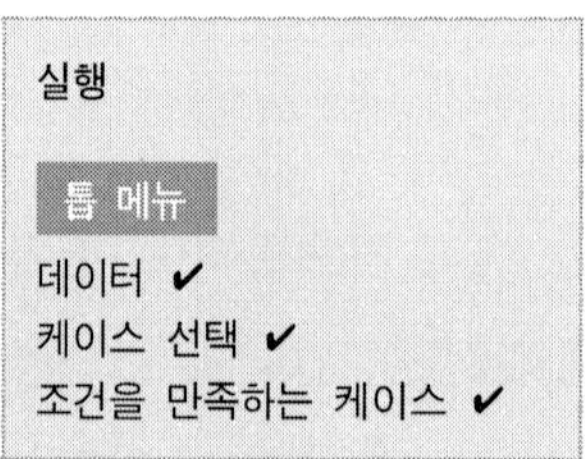

다음은 '조건을 만족하는 케이스'를 선택하고 '조건'을 클릭하세요. 그다음 성별(n1)을 오른쪽 칸으로 옮겨 주고 남자에 해당되는 1을 써 넣어 'n1=1'이라고 만들어 주세요. 그리고 '계속'을 누르고 '확인'을 눌러 보세요.

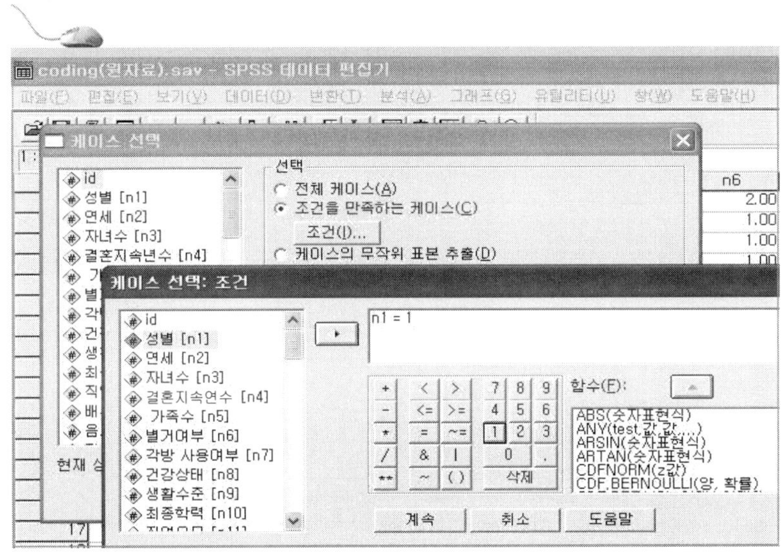

그러면 빗금 친 부분이 나오는데, 이는 여성이고 여성은 분석에서 빠진다는 뜻입니다. 즉, 남자만 선택된 상태에서 분석을 하게 되는 것입니다.

*coding(원자료).sav [DataSet1] - SPSS 데이터 편집기

파일(F) 편집(E) 보기(V) 데이터(D) 변환(T) 분석(A) 그래프(G)

6 : id 6

	id	n1	n2	n3
1	1.00	1.00	67.00	2.00
2	2.00	1.00	67.00	2.00
3	3.00	1.00	93.00	1.00
4	4.00	1.00	71.00	2.00
5	5.00	1.00	76.00	4.00
6	6.00	1.00	73.00	2.00
7	7.00	2.00	67.00	3.00
8	8.00	2.00	71.00	4.00
9	9.00	1.00	61.00	2.00
10	10.00	1.00	67.00	1.00

다음에는 여자만 선택해서 분석하고 싶다면, 먼저 '재설정'을 눌러서 이전 조건을 다 풀어 주세요.

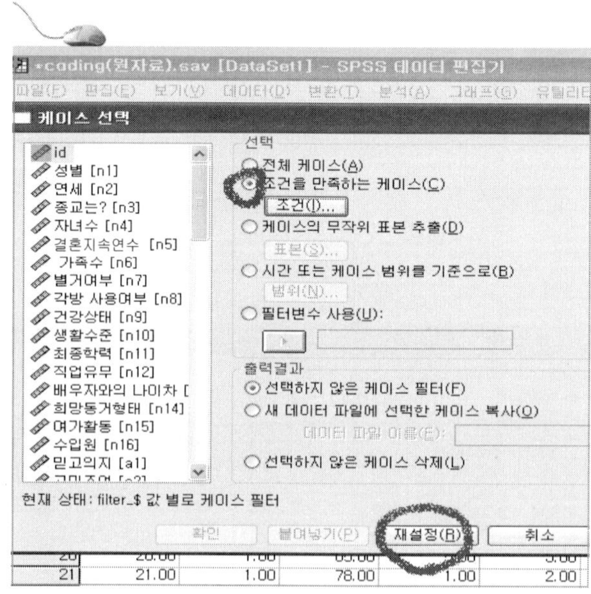

그리고 다시 메뉴의 '데이터'로 가서 '케이스 선택', '조건을 만족하는 케이스'를 선택한 뒤 '조건'을 누르고 n1=2라고 넣어 주세요.

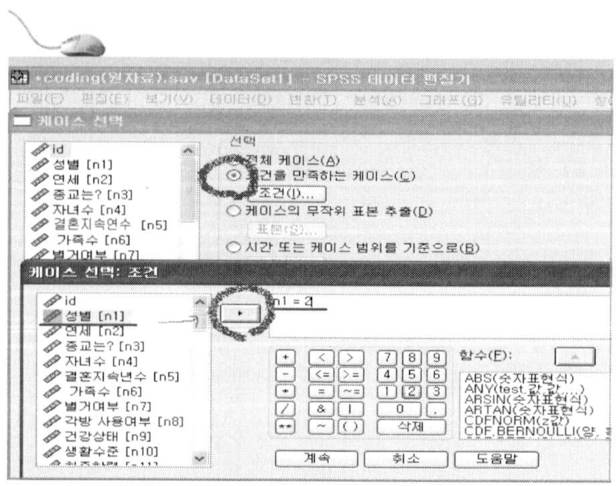

이번에는 학력이 전문대 이상인 사람만 뽑아 보도록 하죠. '데이터', '케이스 선택', '조건을 만족하는 케이스'로 간 다음 '조건'을 누르세요. 최종학력(n11)은 전문대 이상이 5점이므로 n11=5라고 써 넣으면 됩니다. '계속'을 누른 뒤 '확인'을 눌러 주면 전문대 이상인 사람만 뽑히게 되는 것입니다.

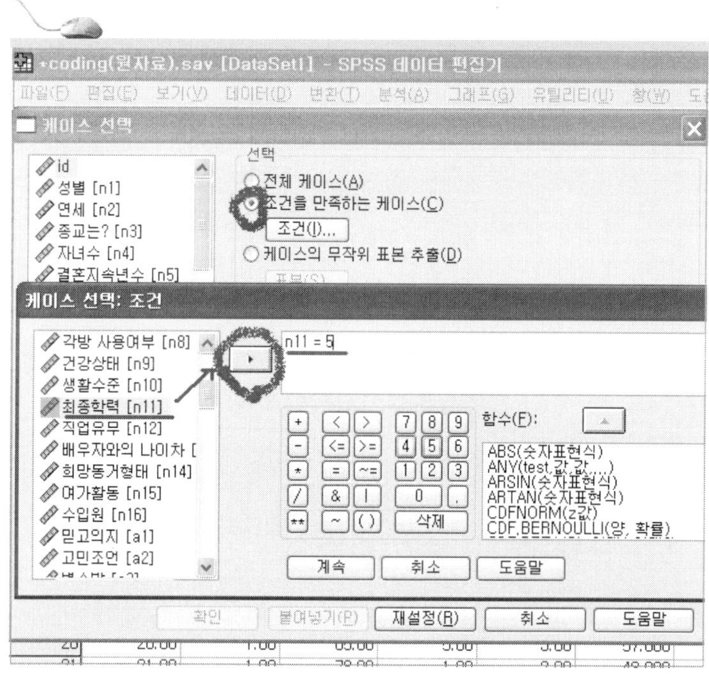

이렇게 연구자가 원하는 케이스만 뽑아서 분석할 수 있습니다. 새로운 케이스를 뽑고자 할 때는 항상 '재설정'을 눌러서 이전의 조건을 풀어 주어야 합니다.

〈여러 개의 조건을 선택하는 방법〉

그렇다면 성별은 여자이고 동시에 학력은 중졸인 케이스만 선택할 수도 있을까요? 가능합니다. '데이터', '케이스 선택', '조건을 만족하는 케이스'로 가서 '조건'을 선택하고 다음처럼 명령문을 써 주면 됩니다. 성별(n1)이 여자인 2이고, 학력(n11)이 중졸인 3이므로 '(n1=2) & (n11=3)'이라고 입력해 주면 됩니다.

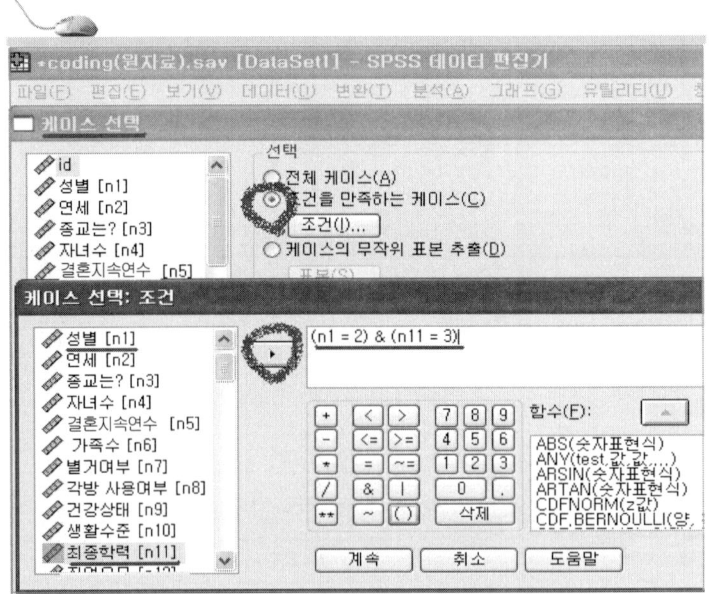

우리가 지금까지 배운 것을 다시 한 번 정리해 보면, 설문을 수집해서 데이터 창에서 자료를 입력한 다음 '변수 보기'에 가서 변수 이름을 모두 붙여 줍니다. 'id'부터 시작해서, 변수 이름을 붙여 주었어요. 그다음에 각 변수에 대해서 설명을 달아 주었습니다. 그러고 나서 그 변수의 응답값에 대해서 설명을 모두 붙여 주었습니다.

다음에 우리가 한 것이 바로 자료 변환입니다. 때로는 각각의 자료를 범위를 사용하여 묶어 주기도 하고, 상위범주로 묶어 주기도 했습니다. 또한 더미변수를 만들어 주어야 하고, 역점수를 주어야 하고, 표준화된 척도의 경우는 척도를 구성하는 여러 문항을 묶어 하나의 변수로 만들어 주는 자료 변환을 해 보았습니다.

이제 분석을 할 준비가 된 것이므로 본격적으로 분석에 들어가 보겠습니다.

3 측정수준과 분석방법

기본적으로 여러분이 알아야 하는 분석에 대한 핵심 개념을 이해하고 넘어가도록 합시다. 설문을 만들 때는 측정의 수준, 즉 명목척도, 서열척도, 등간척도, 비율척도라는 네 가지 척도를 활용해서 설문을 만듭니다. 우리가 활용한 설문에 보면 명목척도를 활용해서 설문을 만든 것도 있고, 서열척도를 활용해서 설문을 만든 것도 있으며, 등간척도를 활용해서 설문을 만든 것도 있습니다. 명목척도를 활용해서 만든 설문에는 무엇이 있습니까? '귀하의 성별을 무엇입니까? 1 남, 2 여' 이렇게 설문이 나왔죠? 이런 것은 순서가 없는 상호 배타적인 범주이므로 명목척도입니다. 종교라는 변수도 순서가 없고 상호 배타적 범주이므로 역시 명목척도입니다. 그다음에 서열척도의 예가 나와 있습니다. 학력이죠. '귀하의 학력은 무엇입니까?' 무학부터 전문대 이상까지 서열입니다.

그런데 서열 중에 특별히 유의해야 할 것이 있습니다. 건강상태를 보죠. 건강상태는 1번 '매우 건강하지 못하다'부터 2번 '건강하지 못하다', 3번 '그저 그렇다', 4번 '건강한 편이다', 5번 '매우 건강하다' 이렇게 되어 있죠. 이런 것이 한 문항으로 된 평정척도인데, 어떠한 상태를 평가하는 질문입니다. 한 문항으로 개별화된 평정척도는 서열이지만, 사회과학에서는 등간으로 간주해서 분석할 수 있는 것입니다. 유용성이라는 목적하에 우리는 등간으로 간주해서 평균을 구할 수 있고, 고급분석에서 사용할 수 있다는 것입니다. 그래서 빈도와 퍼센트를 보고해 주어도 좋고, 평균과 표준편차를 구해 주어도 좋습니다.

다음으로 등간척도에 해당되는 것은 표준화된 척도입니다.

설문지에서 표준화된 척도는 결혼만족도, 자존감, 사회적 지지 등입니다. 그리고 '귀하의 수입은 무엇입니까?', '귀하의 자녀 수는 몇 명입니까?'처럼 개방형 질문을 주고 답을 쓰게 하면 등간척도가 되는데, 이런 경우에는 '절대 0점'을 가지고 있기에 비율척도라고 말할 수 있습니다. 우리는 분석할 때 굳이 등간이나 비율척도를 구분할 필요는 없습니다.

설문을 만들 때 명목척도 혹은 서열척도를 활용할 수 있고, 등간/비율척도를 활용할 수 있습니다. 그런데 중요한 것은 어느 것을 쓰느냐에 따라서 분석방법이 달라진다는 것입니다. 명목척도를 썼다면 그에 맞는 분석방법을 써야 합니다. 척도에 따라서 분석방법이 달라지기 때문입니다. 그러므로 설문지를 만들 때는 무슨 분석을 활용할 것인지를 계획하면서 설문을 만들어야 합니다.

그러면 척도에 따라서 어떤 분석이 가능한지를 간단히 알아보겠습니다. 연구자가 독립변수를 측정할 때 어떤 것을 썼느냐, 종속변수를 측정할 때 어떤 것을 썼느냐는 모두 중요합니다. 연구자가 독립변수를 측정할 때 명목척도를 썼고, 종속변수를 측정할 때 명목척도를 썼다면 사용할 수 있는 분석은 단 한 가지, 카이스퀘어 분석입니다. 그다음 독립변수를 명목척도로, 종속변수를 서열척도로 썼다면 역시 카이스퀘어 분석입니다. 독립변수를 서열척도로, 종속변수를 명목척도로 썼을 때 역시 카이스퀘어 분석입니다. 독립과 종속변수가 모두 서열척도였다면 이때도 카이스퀘어 분석입니다. 특별히 서열과 서열일 때는 다른 방법이 있는데, 바로 감마와 켄달의 타우가 가능합니다. 다음의 〈표 2-1〉을 참고해 보시기 바랍니다.

<표 2-1>

독립 \ 종속	명 목	서 열	등간/비율
명 목	카이스퀘어, Lambda, 파이[1], 크래머의 V[2]	카이스퀘어	eta, t-검정, ANOVA
서 열	카이스퀘어	켄달의 타우, 스피어만의 rho, 감마	ANOVA
등간/비율	Point-biserial[3], 로지스틱 회귀분석, 판별분석	Ordinal 로지스틱 회귀분석[4]	피어슨의 r, 회귀분석

출처: 사회복지 조사방법의 이해(이익섭, 이윤로, 2007, 학지사)

1) 2 by 2 table
2) 2 by 2 이외의 경우
3) 종속변수의 범주가 2일 경우
4) 종속변수의 범주가 3이상

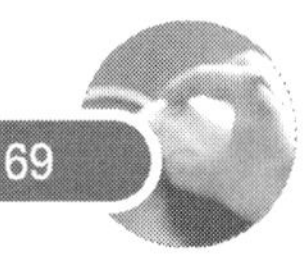

카이스퀘어 분석은 단점이 하나 있는데, 독립변수와 종속변수의 관계가 있다 또는 없다만 이야기해 줍니다. 강도는 이야기하지 않습니다. 우리는 보통 누구와 친구관계에 있다 없다뿐만 아니라 어느 정도 친한가를 따집니다. 마찬가지로 관계도 그 정도가 있어야 하는데, 카이스퀘어는 이를 말해 주지 않습니다. 그렇기 때문에 추가적으로 보아야 하는 통계량이 있는데, 이것이 바로 '파이', 그리고 '크래머의 V' 값입니다.

파이는 독립과 종속변수의 범주가 각각 두 개일 때, 어느 한쪽이라도 범주가 3개 이상이면 크래머의 V를 보게 됩니다. 그러면 변수의 강도까지 볼 수 있습니다. 파이나 크래머의 V를 해석하는 방법을 간단히 설명하겠습니다. 사회과학에서 해석하는 방법으로서, 자연과학에서 해석하는 방법과는 다릅니다. 파이나 크래머의 V 값은 보통 0에서 1 사이의 값을 갖는데, .1이면 약한 관계, .3이면 중간이나 보통의 강도, .5면 높은 강도라고 해석하게 됩니다. 즉, 사회과학에서는 .1, .3, .5를 기준으로 합니다. 자연과학에서는 이보다 훨씬 높아야 하지만, 사회과학에서는 그렇게 높게 나오는 경우가 거의 없습니다.

독립변수가 명목이나 서열변수이고 종속변수가 등간이었다면 그때 할 수 있는 방법은 t-검정과 분산분석(ANOVA)의 두 가지가 있습니다.

독립변수의 범주가 둘이면 t-검정, 셋 이상이면 분산분석을 합니다. 독립변수가 등간/비율이고 종속변수도 등간/비율이면 피어슨의 r 분석과 회귀분석이 가능합니다. 독립변수가 등간/비율이고 종속변수가 명목이면 로지스틱 회귀분석과 판별분석이 여기 해당됩니다. 요즘은 판별분석 대신 더 간편한 로지스틱 회귀분석을 많이 활용하기 때문에 이에 대해 알아볼 것입니다.

제 3 장
기술통계

기술통계는 설문결과에 대한 방대한 정보를 가장 간편하게 요약해 주며, 중요한 기초정보를 알려 줍니다.

1 기술통계의 특성

- 빈도분석은 척도의 종류에 관계없이 모든 변수에 사용할 수 있는 가장 기본이 되는 분석이다. 주로 명목척도, 서열척도와 같은 이산적(discrete) 데이터일 경우 각 범주에 해당되는 빈도수를 나타내 준다. 명목척도와 서열척도는 평균을 구하지 않고 빈도와 퍼센트를 구한다. 등간척도와 비율척도로 구성된 변수의 경우 적절한 구간으로 코딩변경(Recording)을 한 후에 사용하면 좋다.
- 빈도분석의 유효 퍼센트는 결측값을 제외한 후의 퍼센트다.
- SPSS에서 기술통계(descriptives) 명령을 사용하면 등간척도, 비율척도와 같은 연속적(continuous) 데이터의 분석을 용이하게 할 수 있다. 기술통계 명령은 표준화된 척도나 개방형 질문으로 얻은 연속변수의 평균(연령, 수입 등)과 표준편차를 구할 때 유용하다.

- 건강, 생활수준, 생활만족도 등 어떤 상태를 평가하는 척도로서, 의미가 있는 순서로 된 범주(매우 그렇다, 그런 편이다, 그저 그렇다, 그렇지 않은 편이다, 전혀 그렇지 않다 등)를 가지고 있는 한 문항의 척도를 평정척도(rating scale)라 한다. 이러한 평정척도는 엄격하게 보면 서열이나 유용성 때문에 사회과학에서는 등간으로 간주하여 분석할 수 있어 빈도와 평균 모두 구하는 것이 가능하다.
- 빈도분석은 데이터 입력 시 오류가 있었는지를 확인하는 방법으로도 많이 활용된다. 설문의 응답범주 값 외의 다른 값이 들어가 있다면 데이터 입력에 오류가 있는 것이다.

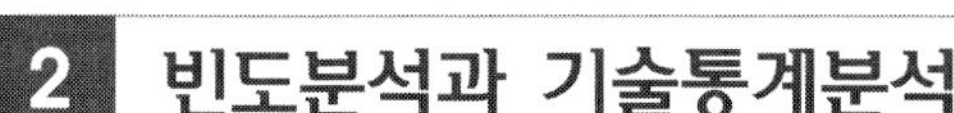

2 빈도분석과 기술통계분석

그럼 먼저 빈도분석을 해 봅시다. 각 변수의 값의 빈도가 어떻게 되는지 빈도분석을 간단히 해 보겠습니다. 이전과 마찬가지로 'Coding(원자료)' 파일을 불러와 주세요.

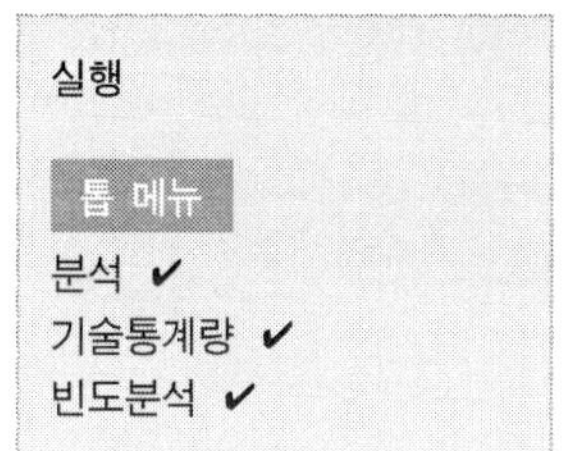

메뉴에서 '분석'의 '기술통계량'으로 가서 '빈도분석'을 클릭해 보세요. 빈도분석하는 변수가 성별이기 때문에 이 변수를 선택해서 오른쪽 창으로 옮겨 주면 됩니다. 그리고 '확인'을 눌러 주세요.

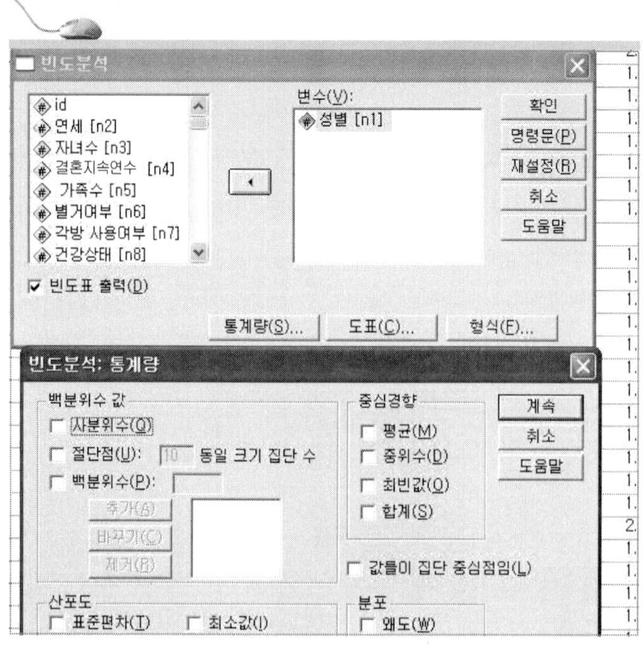
빈도분석
id
연세 [n2]
자녀수 [n3]
결혼지속연수 [n4]
가족수 [n5]
별거여부 [n6]
각방 사용여부 [n7]
건강상태 [n8]
변수(V):
성별 [n1]
확인
명령문(P)
재설정(R)
취소
도움말
빈도표 출력(D)
통계량(S)...
도표(C)...
형식(F)...
빈도분석: 통계량
백분위수 값
사분위수(Q)
절단점(U): 10 동일 크기 집단 수
백분위수(P):
추가(A)
바꾸기(C)
제거(R)
중심경향
평균(M)
중위수(D)
최빈값(O)
합계(S)
계속
취소
도움말
값들이 집단 중심점임(L)
산포도
표준편차(T)
최소값(I)
분포
왜도(W)

빈도분석 실습결과

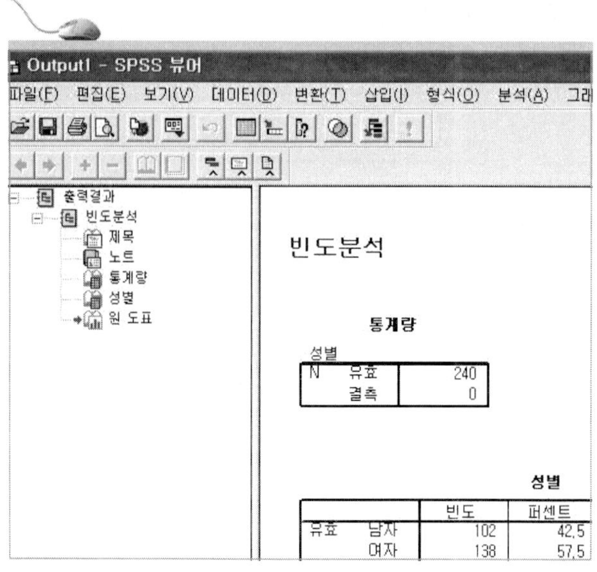
Output1 - SPSS 뷰어
파일(F) 편집(E) 보기(V) 데이터(D) 변환(T) 삽입(I) 형식(O) 분석(A) 그래
출력결과
빈도분석
제목
노트
통계량
성별
원 도표
빈도분석
통계량
성별
N 유효 240
결측 0
성별
빈도 퍼센트
유효 남자 102 42.5
여자 138 57.5

남자는 102명, 여자는 138명이라는 결과를 볼 수 있습니다. 그리고 유효 퍼센트라는 것이 있습니다. 이것은 결측값을 빼고 계산해 내는 것입니다. 여기서는 결측값이 없으므로 앞의 퍼센트와 같은 값이 나오고 있습니다. 명목척도는 빈도와 퍼센트로 보고합니다. 성별 같은 명목척도를 평균을 구해서 보고하는 경우가 있는데, 절대로 평균을 구하면 안 된다는 것 잊지 마세요.

그러면 연속척도로 된 변수일 때는 어떻게 할까요? '기술통계량'으로 가서 '기술통계'를 클릭하면 됩니다. 여기에서는 연령을 분석해 보도록 하죠. '연세'를 선택하고, '확인' 버튼을 클릭해 보세요.

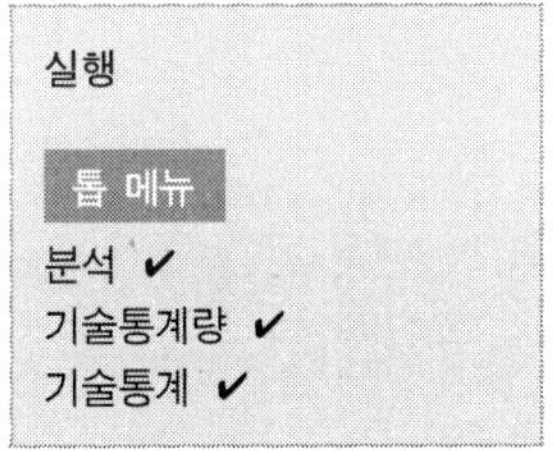

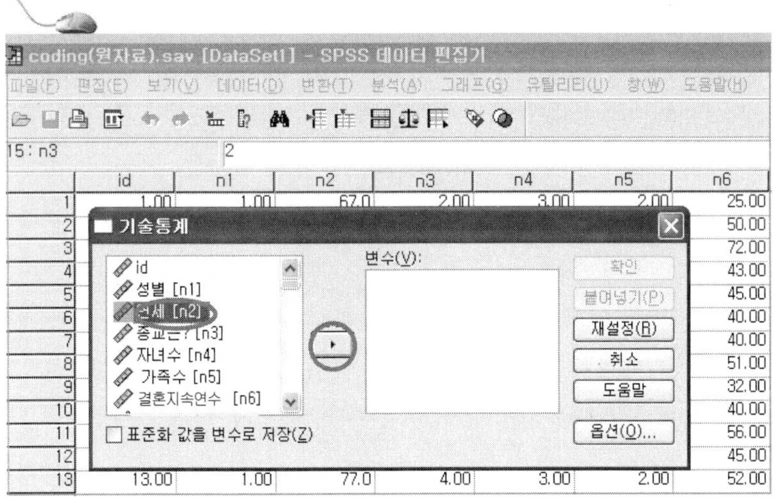

기술통계분석 실습결과

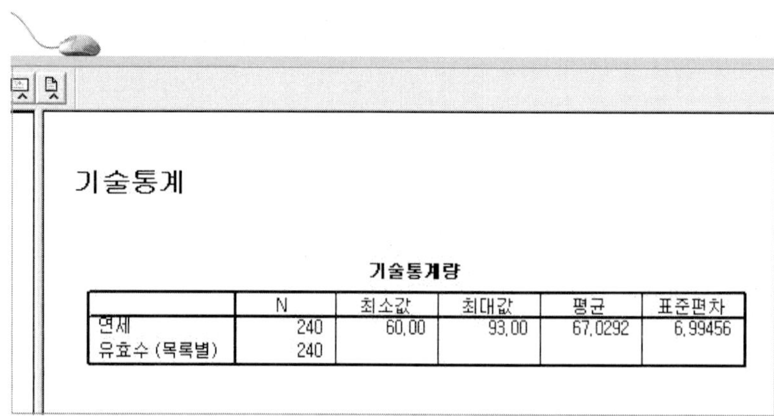
기술통계

기술통계량

	N	최소값	최대값	평균	표준편차
연세	240	60,00	93,00	67,0292	6,99456
유효수 (목록별)	240				

그러면 N(사람 수), 최소값, 최대값, 평균, 표준편차가 나옵니다. 연속척도일 때는 평균과 표준편차를 보는 것이 중요합니다. 연속척도는 평균과 표준편차를 구하게 되고 명목·서열척도는 빈도와 퍼센트를 구한다는 것은 기본입니다.

그럼 빈도와 평균 두 가지를 모두 구할 수 있는 것이 있을까요? 있습니다. 서열척도 중에 개별화된 평정척도(individualized rating scale), 즉 한 문항으로 구성된 평정척도는 빈도와 평균을 모두 구할 수 있습니다. 예를 들어, '귀하의 생활수준에 대한 만족도는 어떻습니까? ① 매우 불만족한다, ② 불만족한다, ③ 그저 그렇다, ④ 만족한다, ⑤ 매우 만족한다'처럼 어떤 상황을 평가하는 질문은 평균도 구할 수 있고 빈도도 구할 수 있는 것입니다. 이런 설문은 엄격하게는 서열이지만 사회과학에서는 유용성이라는 이유로 등간으로 간주하여 분석하는 것을 허용합니다. 다른 예로 '어르신의 생활수준은 어떠하다고 생각하십니까?'와 같은 것은 한 문항으로 구성된 평정척도로서, 이렇게 한 문항으로 이루어진 평정척도는 빈도와 평균을 모두 구할 수 있습니다. 그럼 '건강상태' 변수에 대해서 두 가지를 다 구해 보겠습니다. '기술통계량'으로 가서 '빈도분석', 건강상태(n9) 변수를 선택합니다. '통계량'을 클릭하고 중심경향 칸에 있는 '평균'을 선택합니다.

'계속'을 눌러 주고, 다시 '확인'을 눌러 주세요. 그러면 건강상태에 대해서 빈도가 나오고 평균도 나오게 됩니다.

만일 도표를 그리고 싶다면 '도표'를 클릭하세요. 여기서는 '원도표'를 그려 보겠습니다.

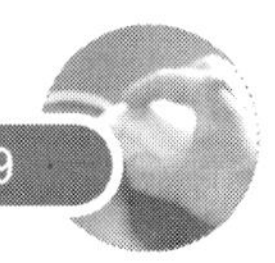

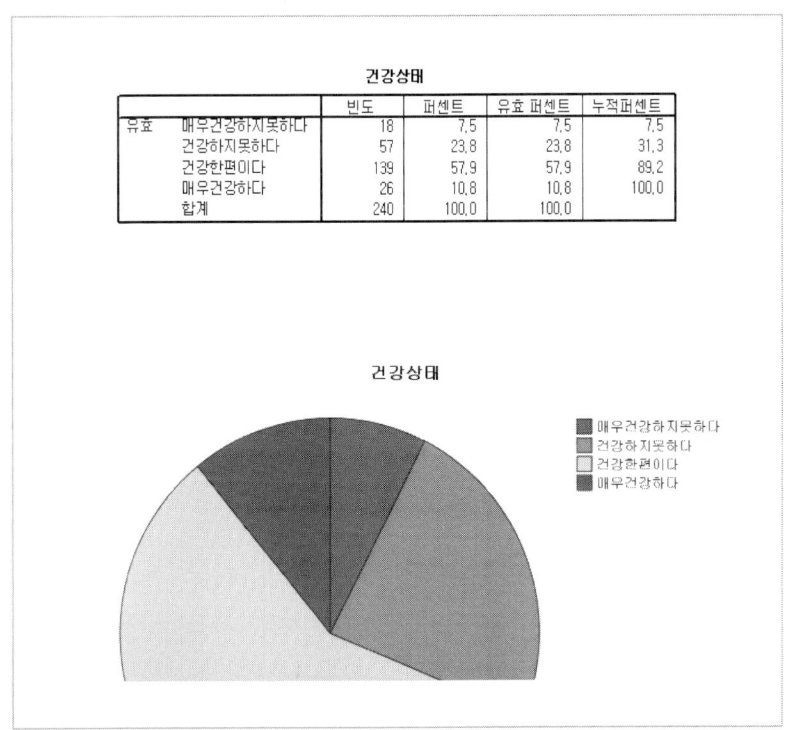

건강상태

		빈도	퍼센트	유효 퍼센트	누적퍼센트
유효	매우건강하지못하다	18	7.5	7.5	7.5
	건강하지못하다	57	23.8	23.8	31.3
	건강한편이다	139	57.9	57.9	89.2
	매우건강하다	26	10.8	10.8	100.0
	합계	240	100.0	100.0	

여러분이 기억해 두면 좋은 것은 보고서를 쓸 때, 항상 평균과 표준편차를 같이 보고하고 빈도와 퍼센트를 같이 보고해 주세요. 이렇게 해야 독자들이 이해하기 편합니다. 명목척도는 빈도만 구해야지 평균을 구해서는 안 되고, 학력 같은 것도 서열이기에 평균을 구하는 것이 아닙니다. 학력의 경우 빈도분석을 해야 합니다. 학력에서는 빈도와 퍼센트만 구해야 합니다. 서열이지만 평균을 구하는 것은 한 문항으로 구성된 평정척도만 가능하다는 것을 기억해 두세요.

3 다중응답(복수응답) 실행하기

16. 어르신의 수입원은 무엇입니까? (2개 선택)
( ) ① 본인이나 배우자
( ) ② 자녀나 친족
( ) ③ 정부 보조
( ) ④ 기타: ____________________

이 설문문항은 2개만 선택 가능하다고 요구하고 있습니다. 다중응답의 경우 '2가지만 선택하세요.', '해당되는 것을 모두 선택하세요.', '우선순위로 선택하세요.' 등 연구내용에 맞게 질문할 수 있습니다. 따라서 어떤 질문이냐에 따라 다양한 방법으로 코딩하여 분석할 수 있습니다.

〈'2가지만 선택하세요.' 다중응답인 경우〉

우리가 설문지의 16번 물음에 2개를 선정하도록 요청했고, 입력할 때 2칸을 할당했습니다. 그러면 복수응답의 빈도를 계산하는 방법을 연습해 보겠습니다.

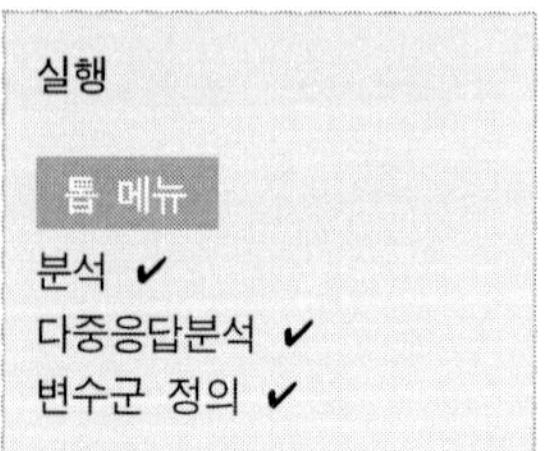

'분석'에서 '다중응답분석'으로 가서 '변수군 정의'를 클릭하세요. 다음은 변수목록으로부터 수입원 2개를 오른쪽으로 옮겨 주세요. 그런 다음 '범주형'을 선택하시고

범위에 '1'과 '4'를 입력하세요. 범주형을 활용하는 경우, 1~5, 1~3 등 범주의 범위를 쓰면 되는데, 우리는 응답범주가 1과 4이므로 1과 4를 넣어 줍니다.

coding(응용자료).sav [DataSet1] - SPSS 데이터 편집기

파일(F) 편집(E) 보기(V) 데이터(D) 변환(T) 분석(A) 그래프(G) 유틸리티(U) 창(W) 도움말(H)

18 : n6 | 1

분석(A): 보고서(P) ▸ / 기술통계량(E) ▸ / 표(T) ▸ / 평균 비교(M) ▸ / 일반선형모형(G) ▸ / 혼합 모형(X) ▸ / 상관분석(C) ▸ / 회귀분석(R) ▸ / 로그선형분석(O) ▸ / 분류분석(Y) ▸ / 데이터 축소(D) ▸ / 척도화분석(A) ▸ / 비모수 검정(N) ▸ / 시계열 분석(I) ▸ / 생존분석(S) ▸ / 다중응답(U) ▸ / 결측값 분석(V)... / 복합 표본(L) ▸

다중응답(U) ▸ 변수군 정의(D)... / 빈도분석(F)... / 교차분석(C)...

	id	n1	n2		n5	n6
1	1.00	1.00	67.0	25.00	2.00	.00
2	2.00	1.00	67.0	0.00	2.00	1.00
3	3.00	1.00	93.0	2.00	4.00	1.00
4	4.00	1.00	71.0	3.00	4.00	1.00
5	5.00	1.00	76.0	5.00	3.00	1.00
6	6.00	1.00	73.0	0.00	3.00	1.00
7	7.00	.00	67.0	0.00	5.00	1.00
8	8.00	.00	71.0	1.00	2.00	1.00
9	9.00	1.00	61.0	2.00	1.00	.
10	10.00	1.00	67.0	0.00	4.00	1.00
11	11.00	1.00	80.0	6.00	4.00	1.00
12	12.00	1.00	72.0			1.00
13	13.00	1.00	77.0			1.00
14	14.00	1.00	75.0			1.00
15	15.00	1.00	70.0			1.00

'이름'이라고 되어 있는 칸에는 수입원 2개를 합쳐서 만들게 될 변수의 이름을 써 줍니다. '합산수입원'이라 써 보겠습니다. 그리고 '추가'를 누르고, '닫기'를 눌러 주세요.

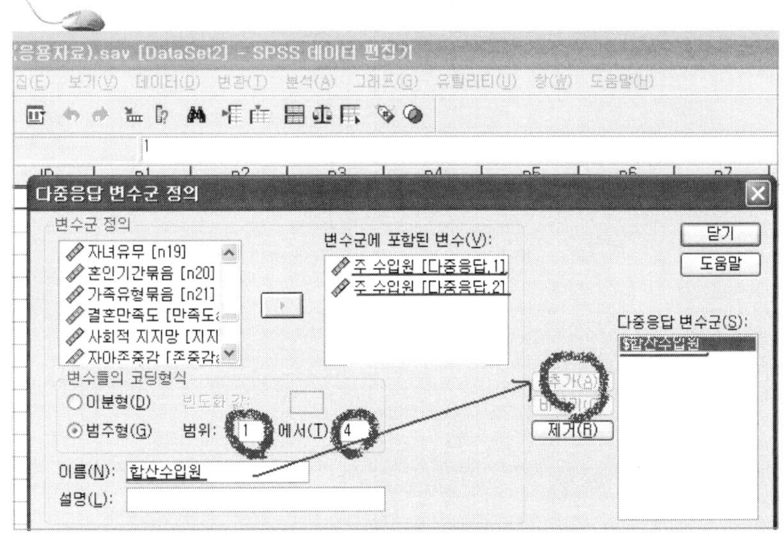

다시 '분석'으로 가서 '다중응답', '빈도분석'을 클릭하세요.

다중응답 변수군에 있는 '합산수입원'을 표작성 응답군으로 옮긴 후 확인을 누르세요. 그러면 다음과 같은 결과가 나옵니다.

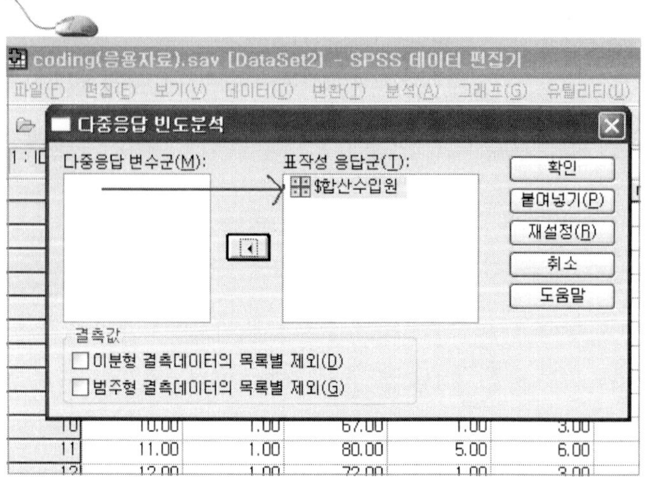

다중응답분석 실습결과

➧ 다중응답분석

[DataSet2] F:₩SPSS통계특강₩통계특강 실습자료₩coding(응용자료).sav

케이스 요약

	케이스					
	유효		결측		합계	
	N	퍼센트	N	퍼센트	N	퍼센트
$합산수입원[a]	240	98.0%	5	2.0%	245	100.0%

a. 집단 설정

$합산수입원 빈도

		응답		케이스 퍼센트
		N	퍼센트	
$합산수입원[a]	본인	91	19.3%	37.9%
	가족	128	27.1%	53.3%
	국가	143	30.3%	59.6%
	기타	110	23.3%	45.8%
합계		472	100.0%	196.7%

a. 집단 설정

표를 해석해 보면 합계가 472명입니다. 240명이 2개씩 응답했다면 480이 나와야 하는데, 8명 정도는 1개만 응답한 것으로 보입니다.

제 4 장

카이스퀘어 검증

카이스퀘어(교차분석)는 범주로 구성된 두 변수 간의 관계를 검증하는 대표적인 통계기법으로, 두 변수가 관련이 있는지 없는지를 결정하는 비모수통계기법입니다.

1 카이스퀘어 검증의 특성

- 독립 및 종속변수가 범주형 척도일 경우 교차분석의 카이스퀘어를 활용한다 (만일 종속변수가 연속일 경우에는 t-검정이나 분산분석을 본다).
- 교차분석은 관계의 수준만 언급할 뿐 강도(깊이)는 언급하지 않는다. 때문에 강도를 알아보기 위해 파이(2 by 2 table일 경우)와 크래머의 V(2 by 2를 넘어가는 경우)를 표시해야 한다. 크래머의 V와 파이 값이 .1이면 두 변수의 관계 강도가 약하고, .3이면 보통, .5는 높다고 해석한다.
- 카이제곱 검정에서 셀의 기대빈도가 5 미만인 셀이 나오는데, 그 셀의 수가 전체 셀의 20%를 넘으면 문제가 발생한다(통계량을 신뢰할 수 없다). 이때 표본의 수를 증가시키거나, 각 변수의 범주 수를 줄이는 코딩변경을 해야 한다. 교차분석을 할 때 표본 수가 적을 경우에는 범주를 많이 만들지 말아야 한다.
- 통계량에서 두 변수 모두 서열척도일 경우 감마(정방향일 때), 켄달의 타우 B (정방향일 때), 켄달의 타우 C(비대칭일 때)를 활용할 수 있다.
- 자유도=(독립변수-1)×(종속변수-1)

2 분 석

이와 같은 기본적인 지식을 가지고 분석으로 들어가 보겠습니다. 첫 번째 가설인 '성별에 따라서 건강수준이 다르다.'를 검증해 보겠습니다. 성별은 명목척도, 건강은 서열척도입니다. 명목과 서열이니까 무슨 분석을 하면 될까요? 카이스퀘어 분석이죠. '성별에 따라 건강상태가 달라질 것이냐.'를 알기 위해 카이스퀘어 분석을 하겠습니다. 'Coding 1(원자료)' 파일을 열어 주세요.

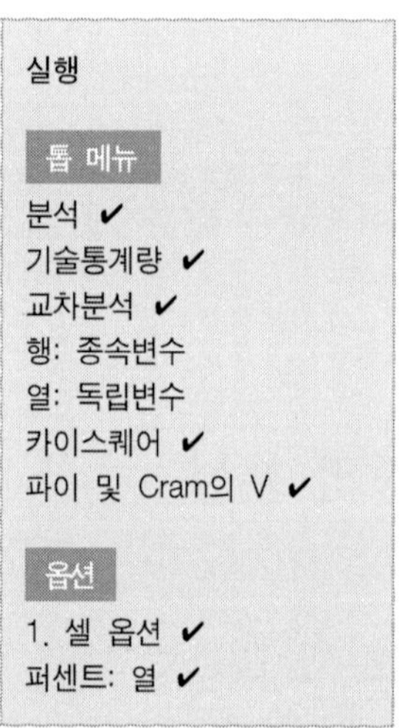

그러면 '분석'에서 '기술통계'로 들어가서 '교차분석'을 클릭해 주세요. 종속변수에 해당되는 '건강상태'를 '행'에 넣어 주고, 독립변수에 해당하는 '성별'을 '열'에 넣어 보세요. 여기서 한 가지 원칙을 지켜 주세요. 종속변수를 항상 행에 넣어 주고 독립변수를 열에 넣어야만 합니다.

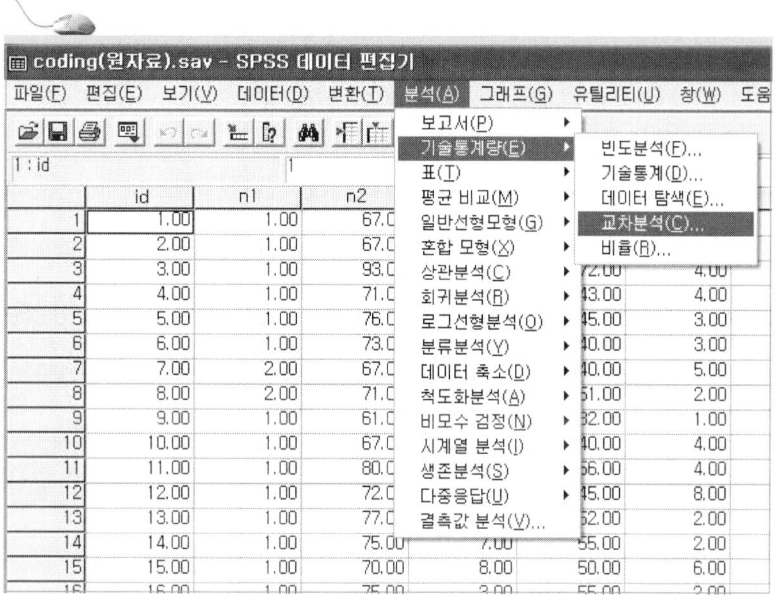

coding(원자료).sav - SPSS 데이터 편집기
파일(F) 편집(E) 보기(V) 데이터(D) 변환(T) 분석(A) 그래프(G) 유틸리티(U) 창(W) 도움
보고서(P)
기술통계량(E)
표(T)
평균 비교(M)
일반선형모형(G)
혼합 모형(X)
상관분석(C)
회귀분석(R)
로그선형분석(O)
분류분석(Y)
데이터 축소(D)
척도화분석(A)
비모수 검정(N)
시계열 분석(I)
생존분석(S)
다중응답(U)
결측값 분석(V)...
빈도분석(F)...
기술통계(D)...
데이터 탐색(E)...
교차분석(C)...
비율(R)...

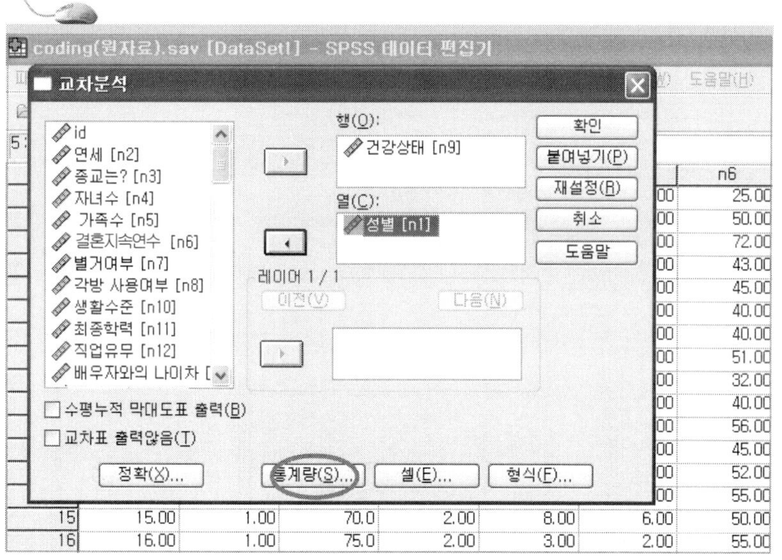

coding(원자료).sav [DataSet1] - SPSS 데이터 편집기
교차분석
id
연세 [n2]
종교는? [n3]
자녀수 [n4]
가족수 [n5]
결혼지속연수 [n6]
별거여부 [n7]
각방 사용여부 [n8]
생활수준 [n10]
최종학력 [n11]
직업유무 [n12]
배우자와의 나이차 [
행(O):
건강상태 [n9]
열(C):
성별 [n1]
레이어 1 / 1
이전(V)
다음(N)
확인
붙여넣기(P)
재설정(R)
취소
도움말
수평누적 막대도표 출력(B)
교차표 출력않음(T)
정확(X)...
통계량(S)...
셀(E)...
형식(F)...

그다음 '통계량'에서 '카이제곱'을 선택하고, '파이 및 Cram의 V'를 선택해 주세요. 그다음 옵션에서 '셀'을 눌러 주세요. 그러면 퍼센트에 세 개의 항목이 있는데, 이 세 개를 모두 클릭하면 복잡합니다. 항상 기억해 두어야 할 것은 '열'에만 체크해 주어야 한다는 것입니다.

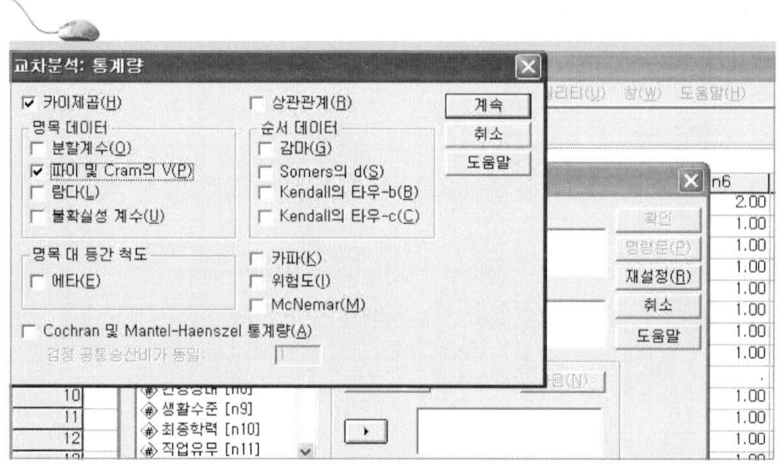

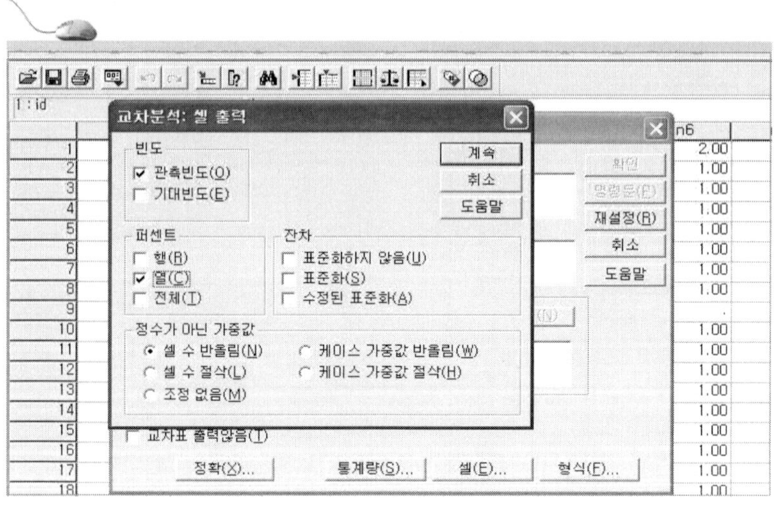

'계속'을 눌러 주고, '확인'을 눌러 주세요. 그러면 다음과 같은 표가 나옵니다.

교차분석 실습결과

건강상태 * 성별 교차표

			성별		전체
			남자	여자	
건강상태	매우건강하지못하다	빈도	6	12	18
		성별의 %	5.9%	8.7%	7.5%
	건강하지못하다	빈도	20	37	57
		성별의 %	19.6%	26.8%	23.8%
	건강한편이다	빈도	58	81	139
		성별의 %	56.9%	58.7%	57.9%
	매우건강하다	빈도	18	8	26
		성별의 %	17.6%	5.8%	10.8%
전체		빈도	102	138	240
		성별의 %	100.0%	100.0%	100.0%

카이제곱 검정

	값	자유도	점근 유의확률 (양측검정)
Pearson 카이제곱	9.537[a]	3	.023
우도비	9.537	3	.023
선형 대 선형결합	6.264	1	.012
유효 케이스 수	240		

a. 0 셀 (.0%)은(는) 5보다 작은 기대 빈도를 가지는 셀입니다. 최소 기대빈도는 7.65입니다.

먼저 다음 조건이 충족되어야 합니다. 카이스퀘어 분석을 하기 전에 항상 카이제곱 검정표 밑에 결과가 어떻게 나와 있는지를 보세요. 5보다 작은 기대빈도를 가진 셀이 현재는 0%로 나왔네요. 이것이 20%를 넘으면 안 됩니다. 만약 20%를 넘으면 이 결과를 신뢰할 수 없다는 얘기가 됩니다. 따라서 카이제곱 검정 밑에 나와 있는 이 표시를 봐야 합니다. 만약에 20%가 넘었을 경우 해결할 수 있는 방법은 응답범위 범주를 줄이는 것입니다. 예를 들어, 건강상태의 범주에서 '매우 건강하지 못하다.'와 '건강하지 못하다.'를 묶어 주는 것입니다. 그런 식으로 조건을 충족시켜 주어야 합니다.

표를 보면 퍼센트는 마지막에 100%가 맞추어집니다. 이렇게 100%가 되어 있어야 해석이 용이합니다. 퍼센트를 보면서 해석해 볼까요. 어느 것이 퍼센트가 높은지 보세요. 여자는 '건강한 편이다.'가 많고 그다음 '건강하지 못하다.'가 많네요. 남자는 '건강한 편이다.'가 많고 '매우 건강하다.'가 많네요. 여자에 비해서 남자가 '매우 건강하다.'가 많네요. 따라서 여자보다는 남자가 건강하다는 결론을 내릴 수 있겠네요. 그러면 이러한 경향이 유의미한 결과일까요? 해석해 보면 유의확률인 P값이 .023이 나왔습니다. 즉, P<.05라는 의미인데, 이 의미를 이해해야 됩니다. 유의수준 P<.05의 의미는 영가설을 기각할 때 실수할 확률이 5% 미만이라는 뜻입니다. P값이 .023이 나왔다면 영가설을 기각할 때 실수할 확률이 2.3%라는 것입니다. 다른 말로 1종 오류를 범할 확률이 2.3% 또는 우연히 관계가 있을 확률이 2.3%란 뜻입니다. 우리는 실수할 확률을 5%까지는 허용합니다. 그렇게 허용하기로 합의가 되어 있습니다. 여기에서 2.3%는 5%보다 훨씬 작죠? 이는 우연히 관계가 있을 확률이 2.3%밖에 안 된다는 것입니다. 그럼 영가설을 과감히 기각하고 연구가설을 채택하겠다는 결과를 내게 되는 것입니다. P값이 .05보다 작아야 연구가설을 채택하게 됩니다. 영가설을 기각할 때 실수할 확률이 5%가 안 되면 과감히 기각한다는 것입니다.

그럼 영가설의 뜻은 무엇인가? 논문을 쓸 때 세우는 가설은 연구가설이에요. 그런데 연구가설을 직접 증명하는 것이 어렵다는 거예요. 그 이유를 예를 들어 설명해 볼게요. 동전을 열 번 던지면서 앞면 다섯 번, 뒷면 다섯 번이 나올 것을 기대한다고 가정해 보세요. 그런데 동전을 열 번을 던져 보세요. 앞면이 여섯 번 나오고 뒷면이 네 번 나올 때도 있고, 또 어떤 때는 앞면이 일곱 번 나오고 뒷면이 세 번 나와요. 다섯 번씩 나와야 되는데, 그게 안 돼요. 한 번에 직접 증명하는 것이 쉽지 않다는 것을 알게 된 거예요. 그래서 우리는 영가설, 즉 연구가설과 반대되는 영가설을 세워 놓고, 영가설을 기각하여 연구가설을 채택하는 간접적인 증명방법을 사용하고 있어요. 영가설이 기각되면 자연스럽게 연구가설이 채택되는 것이죠. 사회과학에서는 영가설의 기각을 통해 가설을 검증하는 것이 훨씬 쉽다는 것을 알고는, 영가설을 세우고 영가설이 기각되느냐 안 되느냐를 따지게 된다는 것입니다. 영가설을 기각할 때 실수할 확률이 5% 미만이면 과감히 영가설을 기각하고 연구가설을 채택하게 된다는 것입니다. 그래서 P값이 .05보다 작은가를 자꾸 따져 보는 것입니다. 지금 표에는 P값이 .023입니다. 과감히 영가설을 기각합니다.

다음은 강도를 보겠습니다. 지금 종속변수의 범주가 4개 있습니다. 그러므로 Cramer의 V를 봐야 합니다. Cramer의 V값은 .199이므로 보통보다 약간 못한 정도입니다.

대칭적 측도

		값	근사 유의확률
명목척도 대 명목척도	파이	.199	.023
	Cramer의 V	.199	.023
유효 케이스 수		240	

a. 영가설을 가정하지 않음.
b. 영가설을 가정하는 점근 표준오차 사용

이번에는 다른 것을 한 번 해 보겠습니다. 이번에는 직업유무와 생활수준의 관계를 보겠습니다. 직업유무는 명목척도, 생활수준은 서열척도이므로 역시 카이스퀘어로 하면 되겠습니다. '기술통계량'에서 '교차분석'을 클릭하세요(이전 명령문을 지우려면 '재설정'을 꼭 눌러 주세요).

그런 다음 종속변수는 항상 행으로 가라고 했습니다. 종속변수는 '생활수준'을, 독립변수는 '직업유무'를 선택해 주세요.

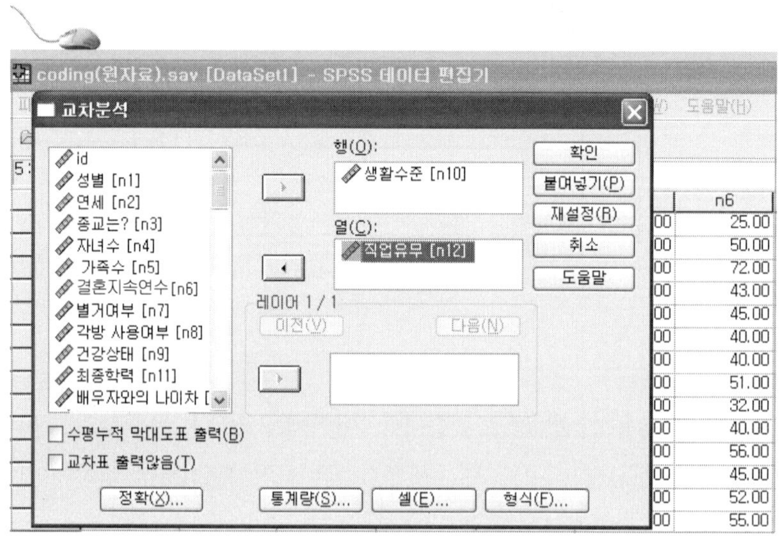

다음 통계량은 이전과 마찬가지로 '파이와 Cramer의 V'를 선택하고, 옵션에 가서 셀은 '열'을 선택한 뒤 '확인'을 눌러 주세요.

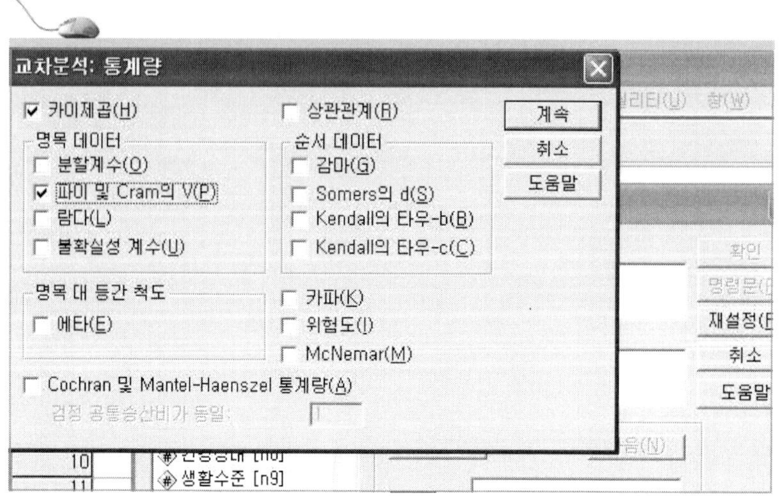

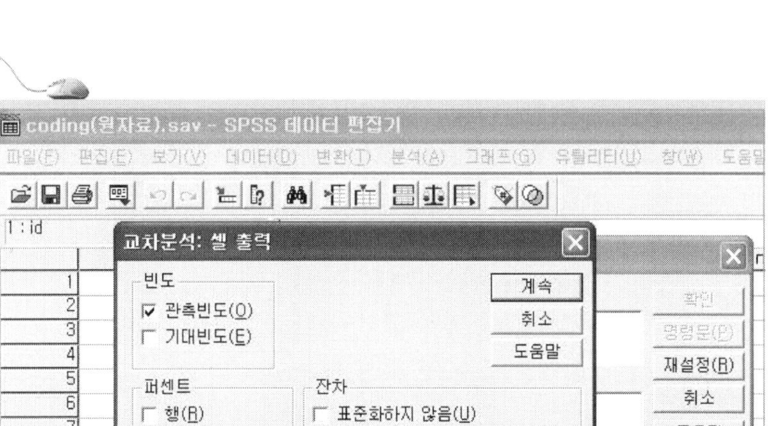

그러면 결과를 보겠습니다. 기대빈도가 5 미만인 칸이 37.5%가 나왔어요. 20%를 넘고 있습니다.

생활수준 * 직업유무 교차표

			직업유무		전체
			있다	2.00	
생활수준	매우어려운편이다	빈도	0	4	4
		직업유무의 %	.0%	2.1%	1.7%
	어려운편이다	빈도	8	15	23
		직업유무의 %	16.7%	7.8%	9.6%
	그럭저럭지낼만하다	빈도	31	137	168
		직업유무의 %	64.6%	71.4%	70.0%
	매우여유가있다	빈도	9	36	45
		직업유무의 %	18.8%	18.8%	18.8%
전체		빈도	48	192	240
		직업유무의 %	100.0%	100.0%	100.0%

카이제곱 검정

	값	자유도	점근 유의확률 (양측검정)
Pearson 카이제곱	4.393[a]	3	.222
우도비	4.767	3	.190
선형 대 선형결합	.242	1	.622
유효 케이스 수	240		

a. 3 셀 (37.5%)은(는) 5보다 작은 기대 빈도를 가지는 셀입니다. 최소 기대빈도는 .80입니다.

대칭적 측도

		값	근사 유의확률
명목척도 대 명목척도	파이	.135	.222
	Cramer의 V	.135	.222
유효 케이스 수		240	

a. 영가설을 가정하지 않음.
b. 영가설을 가정하는 점근 표준오차 사용

따라서 수정이 필요합니다. 범주를 묶어 줘야 되죠. 빈도가 적게 분포된 범주를 묶어 주세요. 생활수준의 '매우 어려운 편이다.'와 '어려운 편이다.'를 묶어 주면 됩니다. '변환'에 가서 '코딩변경'을 선택하고 '새로운 변수로'로 가서 생활수준을 '생활2'로 바꿔 보겠습니다.

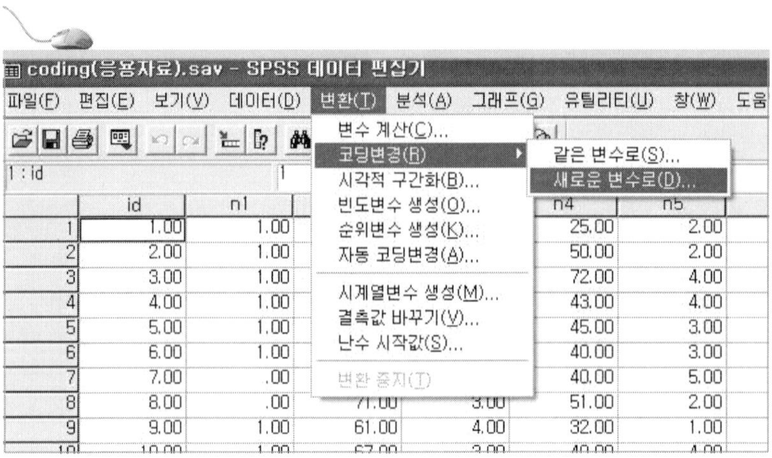

'기존값 및 새로운 값'은 '매우 어려운 편이다.'와 '어려운 편이다.'를 묶어 버리므로 1번을 2로 묶도록 하겠습니다. 1은 2, 2는 2, 3은 3, 4는 4로 두고 '계속'과 '확인'을 누르면 '생활2'가 2, 3, 4의 값만 갖도록 만들어집니다. 한 번 해 보세요.

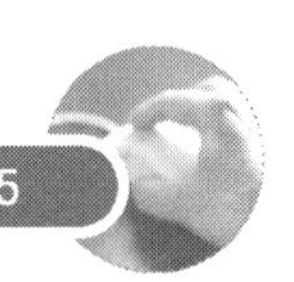

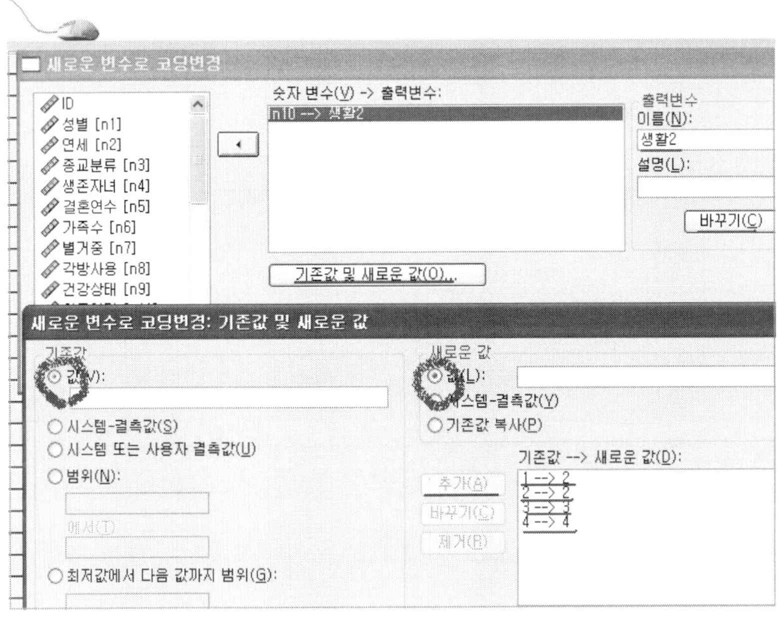

그럼 다시 교차분석을 해 보겠습니다. '생활2'라는 변수로 분석해 주세요. 행에 생활2를 넣고 열에 직업유무를 넣습니다.

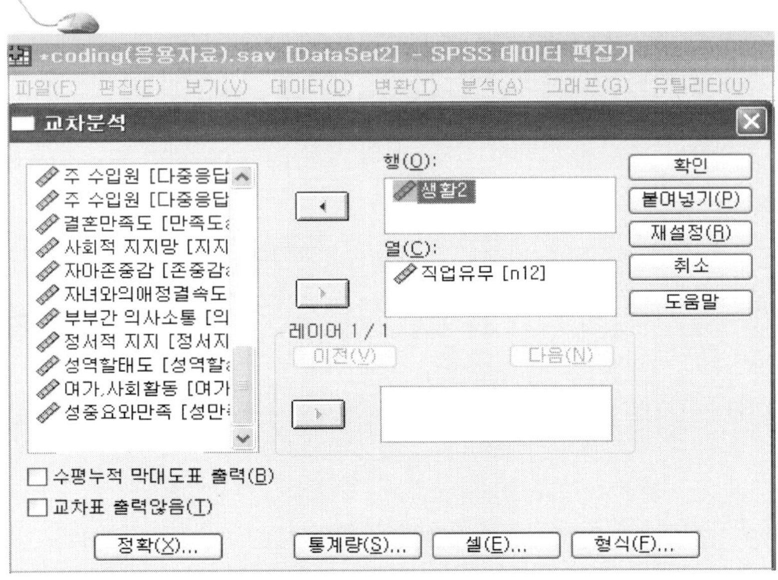

교차분석 실습결과

생활2 * 직업유무 교차표

			직업유무		전체
			없다	있다	
생활2	2,00	빈도	19	8	27
		직업유무의 %	9,9%	16,7%	11,3%
	3,00	빈도	137	31	168
		직업유무의 %	71,4%	64,6%	70,0%
	4,00	빈도	36	9	45
		직업유무의 %	18,8%	18,8%	18,8%
전체		빈도	192	48	240
		직업유무의 %	100,0%	100,0%	100,0%

카이제곱 검정

	값	자유도	점근 유의확률 (양측검정)
Pearson 카이제곱	1,816[a]	2	,403
우도비	1,672	2	,434
선형 대 선형결합	,596	1	,440
유효 케이스 수	240		

a. 0 셀 (,0%)은(는) 5보다 작은 기대 빈도를 가지는 셀입니다. 최소 기대빈도는 5,40입니다.

결과는 기본조건이 충족되었습니다. 0%로 해결이 됐어요. 결과를 보면 P값이 .4로 나왔습니다. 영가설을 기각할 때 실수할 확률이 40%가 넘네요. 그러므로 영가설을 기각할 수 없습니다. 다시 말해서 직업유무와 생활수준은 관련이 없다고 결론을 내려야겠죠.

연습문제로 성별과 직업을 가지고 분석해 주시기 바랍니다. '성별에 따라 직업유무가 다를 것이다.'를 가지고 해 보시기 바랍니다. 모두 명목척도이므로 카이스퀘어 분석을 쓰면 됩니다. 관계의 정도는 무엇을 보아야 할까요? 각 변수의 범주가 둘, 즉 2 by 2이므로 파이를 보면 되겠죠? 그럼 혼자서 한번 해 보시기 바랍니다.

제5장
독립표본 t-검정

독립표본 t-검정(Independent Samples t-test)은 서로 다른 두 집단 간에 종속변수의 평균값 차이를 알아보는 것입니다. 즉, 독립변수의 범주가 두 개인 경우 그 두 집단의 종속변수의 평균점수 차이가 유의미한지를 검정할 때 사용합니다. 예를 들어, 성별(남자와 여자)과 같은 두 개의 독립된 집단에 대한 종속변수의 평균을 비교할 수 있습니다. 대응표본 t-검정은 16장에서 별도로 다룹니다.

1 t-검정의 특성

- 등분산 검정을 제일 먼저 보아야 한다. 등분산 검정결과 P값이 .05보다 크면 등분산이 가정된 것이다. 종속변수의 정규분포성도 따져 보아야 한다.
- 양측검정은 이론이 뒷받침 되지 않는 방향이 없는 가설일 경우에 사용하고, 단측검정은 이론이 뒷받침되는 방향이 있는 가설에 활용한다. 양측검정의 P값을 반으로 나누면 단측검정의 P값이 된다.
- 대응표본 t-검정과 구분해야 하는데, 이 방법은 주로 실험설계인 경우 같은 집단의 사전조사값과 사후조사값을 비교할 때 사용한다.
- 한 집단의 표본 수는 최소한 15명 이상이어야 한다. 그렇지 않으면 비모수 검정을 해야 한다.

2 분 석

t-검정에 들어가겠습니다. 이번에는 'Coding 2(응용자료)' 파일을 열어 주세요. '분석'에서 '평균 비교'로 들어가서 '독립표본 T검정'을 클릭하세요.

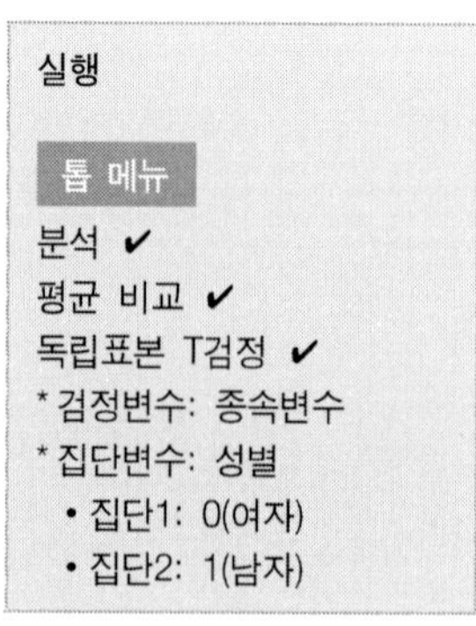
실행

톱 메뉴

분석 ✔

평균 비교 ✔

독립표본 T검정 ✔

* 검정변수: 종속변수

* 집단변수: 성별

- 집단1: 0(여자)
- 집단2: 1(남자)

종속변수인 '결혼만족도(만족도 a)'를 검정변수에 넣어 주세요. 집단변수는 '성별(n1)'을 선정하고, 이 성별이 더미화되어 있으므로 0과 1로 넣습니다. 그리고 '확인'을 누르면 t-검정의 결과가 나오는 것입니다.

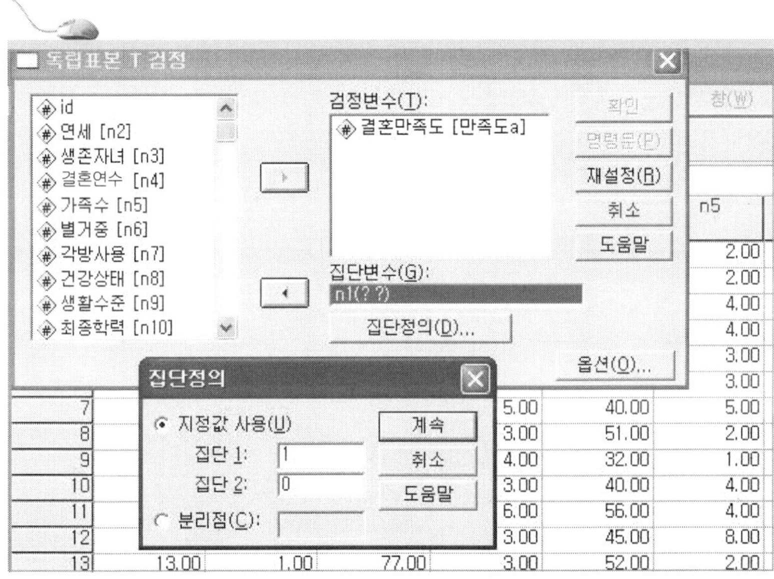

독립표본 t-검정 실습결과

집단통계량

성별	N	평균	표준편차	평균의 표준오차
남자	102	3.9096	.82967	.08215
여자	138	3.6019	.96607	.08224

독립표본 검정

	Levene의 등분산 검정		평균의 동일성에 대한 t-검정				
	F	유의확률	t	자유도	유의확률 (양쪽)	평균차	차이의 표준오차
등분산이 가정됨	2.853	.093	2.587	238	.010	.30769	.11891
등분산이 가정되지 않음			2.647	232.630	.009	.30769	.11624

결과를 보면 여자 138명, 남자 102명이 나와 있고, 평균과 표준편차가 나와 있습니다. 독립표본 t-검정에서 Levene의 등분산 검정을 먼저 해석해야 합니다. t-검정의 분석에 앞서서 반드시 해야 할 것은 바로 등분산이 가정되고 있는지를 보는 것입니다. Levene의 등분산 검정을 보면 유의확률이 .093으로 나와 있습니다. 이 등분산 검정에서는 .05보다 커야 등분산이 가정된다는 것을 기억해 두어야 합니다. Levene의 등분산 검정결과 .05보다 크므로 등분산이 가정되고 있습니다. 따라서 '등분산이 가정됨'이라는 칸의 결과를 보고 해석해야 합니다. 유의확률은 .01로 통계적으로 유의미하다는 결론입니다. 이는 성별에 따라서 결혼만족도가 다르다는 결과가 나온 것으로서, 여자는 3.6, 남자는 3.9라는 차이가 의미 있는 차이로 남자가 훨씬 결혼만족도가 높다는 결론을 내릴 수 있습니다.

'직업유무'에 따라 '결혼만족도'에 차이가 있는지 한번 연습해 볼까요?

'결혼만족도(만족도 a)'를 검정변수에 넣어 주세요. 집단변수는 '직업유무(n11)'를 선정하고, 직업유무가 더미화되어 있으므로 0과 1로 넣습니다.

'확인'을 누르면 t-검정의 결과가 나옵니다.

t-검정 실습결과

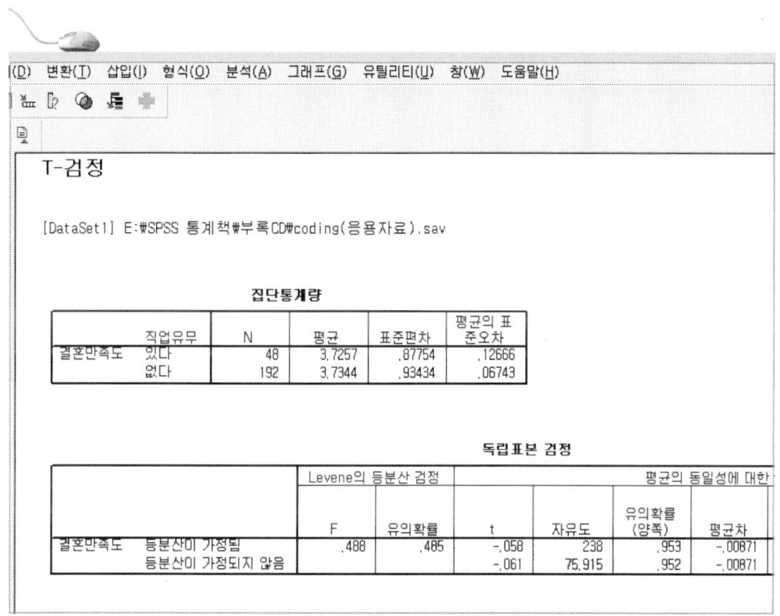

T-검정

[DataSet1] E:₩SPSS 통계책₩부록CD₩coding(응용자료).sav

집단통계량

	직업유무	N	평균	표준편차	평균의 표준오차
결혼만족도	있다	48	3.7257	.87754	.12666
	없다	192	3.7344	.93434	.06743

독립표본 검정

		Levene의 등분산 검정		평균의 동일성에 대한			
		F	유의확률	t	자유도	유의확률 (양쪽)	평균차
결혼만족도	등분산이 가정됨	.488	.485	-.058	238	.953	-.00871
	등분산이 가정되지 않음			-.061	75.915	.952	-.00871

결과를 보면 직업이 있는 노인이 48명, 직업이 없는 노인이 192명이고, 평균과 표준편차가 나와 있습니다.

Levene의 등분산 검정을 보면 유의확률이 .485로 나와 있습니다. 등분산 검정에서는 .05보다 커야 등분산이 가정된다고 했지요? 자, Levene의 등분산 검정결과 .05보다 크기 때문에 등분산이 가정되고 있습니다. 그러므로 위 칸(등분산이 가정됨)의 결과를 보여 주어야 합니다.

평균의 차이에 대한 유의확률은 .953이므로 통계적으로 유의미하지 않다는 결론입니다. 직업유무에 따라서 결혼만족도가 별 차이가 없다는 결론을 내릴 수 있습니다.

제 6 장

분산분석(ANOVA)

분산분석(ANOVA)은 3개 이상의 집단이 종속변수에서 평균차이가 유의미하게 나는지를 비교할 때 사용합니다. 다시 말해, 세 집단 이상 간의 평균차이를 검증할 경우 사용합니다.

1 분산분석의 특성

- 일원배치 분산분석 시 유의할 점은 분산분석을 실행한 후, 유의하게 나오면 사후검정에 들어가야 한다.
- 사후검정 시 등분산인지 아닌지에 따라 사후검정 방법이 달라진다. 보통 분산이 동질이면 scheffe, 동질이 아니면 Dunnett's T3를 선정한다.
- 사후검정표를 해석할 때, 다중비교표에서 평균차(I-J)의 유의확률이 .05보다 작은 값을 찾으면 어느 집단과 어느 집단이 차이가 나는지 알 수 있다.
- 한 집단의 표본 수는 최소한 20명 내지 30명이 좋고, 30명 이상이면 바람직하다. 샘플 수가 적은 범주는 코딩변경으로 합치거나 케이스 선택에서 빼 버리고 분석하면 더 좋은 결과를 얻을 수 있다.
- 분산분석에서는 F값이 나오는데, 집단 간 분산÷집단 내 분산의 비율인 F비와 자유도에 의해 유의도를 결정하게 된다.

2 분 석

두 집단일 때는 t-검정, 세 집단 이상일 때는 분산분석을 해야 합니다. 네 집단을 가지고 한번 분석해 보겠습니다. 생활수준에 따라서 결혼만족도가 달라지는가를 알아보기 위해 분산분석을 해 보겠습니다. 'Coding 2(응용자료)' 파일을 열어 주세요.

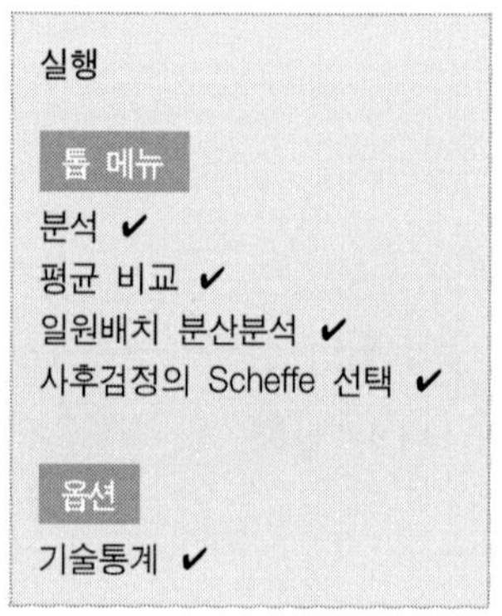

'분석'에서 '평균비교', '일원배치 분산분석'을 클릭하세요. 종속변수에는 무엇을 넣어야 할까요? 결혼만족도 1, 그다음 독립변수는 생활수준을 넣고, '확인'을 눌러 주면 됩니다.

coding(응용자료).sav - SPSS 데이터 편집기

파일(F) 편집(E) 보기(V) 데이터(D) 변환(T) 분석(A) 그래프(G) 유틸리티(U) 창(W) 도움말(H)

보고서(P)
기술통계량(E)
표(T)
평균 비교(M)
일반선형모형(G)
혼합 모형(X)
상관분석(C)
회귀분석(R)
로그선형분석(O)
분류분석(Y)
데이터 축소(D)
척도화분석(A)
비모수 검정(N)
시계열 분석(I)
생존분석(S)
다중응답(U)
결측값 분석(V)...

집단별 평균분석(M)...
일표본 T 검정(S)...
독립표본 T 검정(T)...
대응표본 T 검정(P)...
일원배치 분산분석(O)...

여기서는 집단이 네 개이기 때문에 사후분석을 해 주어야 합니다. 사후분석에서 가장 많이 하는 것은 'Scheffe'이므로 이를 선택하겠습니다. 그런 후에 옵션에서 '기술통계'를 선택해 주세요.

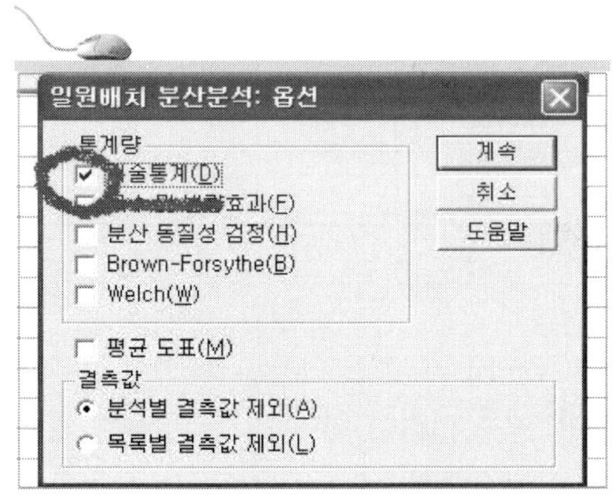

'계속'을 누르고, 확인을 눌러 보겠습니다.

분산분석 실습결과

기술통계

결혼만족도

	N	평균	표준편차	표준오차	평균에 대한 95% 신뢰구간	
					하한값	상한값
매우어려운편이다	4	2,9028	1,41376	,70688	,6532	5,1524
어려운편이다	23	3,3116	,72624	,15143	2,9975	3,6256
그럭저럭지낼만하다	168	3,7008	,90753	,07002	3,5625	3,8390
매우여유가있다	45	4,1407	,86995	,12968	3,8794	4,4021
합계	240	3,7327	,92148	,05948	3,6155	3,8498

분산분석

결혼만족도

	제곱합	자유도	평균제곱	F	유의확률
집단-간	14,497	3	4,832	6,052	,001
집단-내	188,441	236	,798		
합계	202,939	239			

사후검정

다중 비교

종속변수: 결혼만족도
Scheffe

(I) 생활수준	(J) 생활수준	평균차 (I-J)	표준오차	유의확률	95% 신뢰구간	
					하한값	상한값
매우어려운편이다	어려운편이다	-,40882	,48408	,870	-1,7719	,9543
	그럭저럭지낼만하다	-,79799	,45208	,376	-2,0709	,4750
	매우여유가있다	-1,23796	,46622	,073	-2,5507	,0748
어려운편이다	매우어려운편이다	,40882	,48408	,870	-,9543	1,7719
	그럭저럭지낼만하다	-,38917	,19867	,282	-,9486	,1702
	매우여유가있다	-,82915*	,22904	,005	-1,4741	-,1842
그럭저럭지낼만하다	매우어려운편이다	,79799	,45208	,376	-,4750	2,0709
	어려운편이다	,38917	,19867	,282	-,1702	,9486
	매우여유가있다	-,43997*	,14999	,037	-,8623	-,0176
매우여유가있다	매우어려운편이다	1,23796	,46622	,073	-,0748	2,5507
	어려운편이다	,82915*	,22904	,005	,1842	1,4741
	그럭저럭지낼만하다	,43997*	,14999	,037	,0176	,8623

*. ,05 수준에서 평균차가 큽니다.

먼저 기술통계를 보니 '매우 어려운 편이다.'가 4명으로 평균 2.9가 나왔습니다. 여기서 조심해야 할 것이 있습니다. '매우 어려운 편이다.'인 집단의 인원 수가 4명입니다. 그러나 각 집단에 할당된 사람 수가 최소한 20명 이상 30명 정도는 되어야 합니다. 사람의 수가 너무 적으면 그대로 분산분석을 하면 안 되고 묶어 주셔야 합니다. 그러므로 '매우 어려운 편이다.'와 '어려운 편이다.'를 하나로 묶어서 사람 수를 늘려야 합니다. 보통은 이 점을 쉽게 간과합니다. 통계학자들은 최소한 한 집단이 20명은 넘어야 한다고 말하고 있습니다.

'코딩변경'에 들어가서 묶어 주세요. '생활수준'을 '생활2'로 바꾸고, '기존값 및 새로운 값'에서 1(매우 어렵다)은 2(어려운 편이다)로 묶어 주면 됩니다. 2는 그대로 2, 3은 그대로 3, 4는 그대로 4로 갑니다. 그러면 '매우 어렵다.'가 2로 묶이게 되는 것입니다. '계속'을 누르고 '확인'을 눌러 주면 생활2가 만들어집니다.

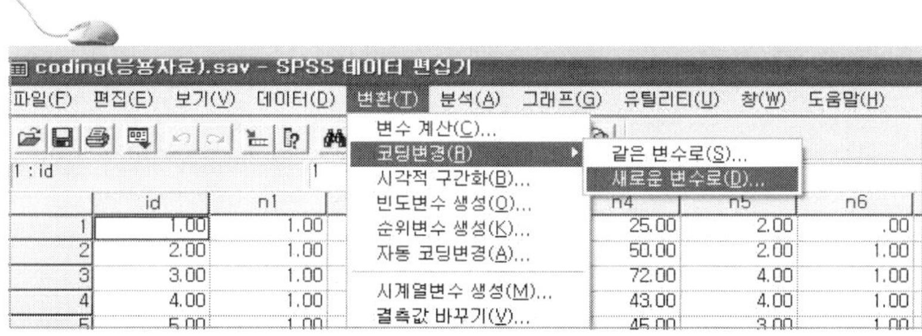

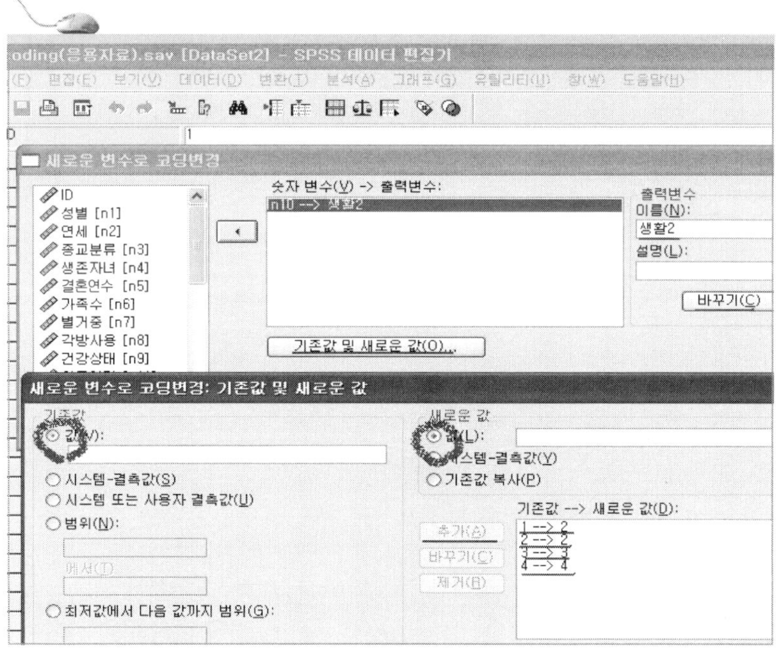

그러면 다시 분석에 들어가야 되겠죠? '평균비교', '일원배치 분산분석'에 들어가서 독립변수를 '생활2'로 바꾸어 주세요. 사후분석은 똑같이 Scheffe를 선택해 주세요. 옵션에서 '기술통계'와 '분산의 동질성 검증'을 체크해 줍니다. 그다음 '확인'을 눌러 주면 됩니다.

분산분석 실습결과

기술통계

결혼만족도

	N	평균	표준편차	표준오차	평균에 대한 95% 신뢰구간		최소값	최대값
					하한값	상한값		
2.00	27	3.2510	.83595	.16088	2.9203	3.5817	1.06	4.61
3.00	168	3.7008	.90753	.07002	3.5625	3.8390	1.17	5.00
4.00	45	4.1407	.86995	.12968	3.8794	4.4021	1.17	5.00
합계	240	3.7327	.92148	.05948	3.6155	3.8498	1.06	5.00

분산의 동질성에 대한 검정

결혼만족도

Levene 통계량	자유도1	자유도2	유의확률
.519	2	237	.596

분산분석

결혼만족도

	제곱합	자유도	평균제곱	F	유의확률
집단-간	13.928	2	6.964	8.732	.000
집단-내	189.011	237	.798		
합계	202.939	239			

사후검정

다중 비교

종속변수: 결혼만족도
Scheffe

(I) 생활2	(J) 생활2	평균 차이(I-J)	표준오차	유의확률	95% 신뢰구간	
					하한값	상한값
2.00	3.00	-.44974	.18516	.054	-.9058	.0064
	4.00	-.88971*	.21739	.000	-1.4252	-.3542
3.00	2.00	.44974	.18516	.054	-.0064	.9058
	4.00	-.43997*	.14990	.015	-.8092	-.0707
4.00	2.00	.88971*	.21739	.000	.3542	1.4252
	3.00	.43997*	.14990	.015	.0707	.8092

*. 평균 차이는 .05 수준에서 유의합니다.

동일 집단군

결혼만족도

Scheffe[a,b]

생활2	N	유의수준 = .05에 대한 부집단	
		1	2
2.00	27	3.2510	
3.00	168	3.7008	3.7008

해석을 해 보면 유의확률이 .000으로 세 집단 간 평균에 차이가 있는 것으로 나타났습니다. 분산의 동질성 검정표를 보면 유의확률이 .596으로 .05보다 커서 등분산이라는 것이 가정되었습니다(등분산 검정 시 항상 유의확률이 .05보다 커야 등분산이 가정된다). 그러므로 Scheffe로 사후분석한 것이 문제가 없습니다. 만일 등분산이 가정되지 않았다면 다른 사후분석 방법을 써야 합니다. 그럼 Scheffe 분석결과로 나타난 다중비교표를 보고 어느 집단과 어느 집단이 차이가 나는지를 파악하도록 합니다. 표에서 유의확률이 .05보다 작은 것을 찾아보니 2번 집단과 4번 집단, 그리고 3번 집단과 4번 집단입니다. 결론적으로 말하면 어려운 사람들보다 여유 있는 사람들, 그럭저럭 지내는 사람보다 여유 있는 사람들이 결혼만족도가 높다는 결론입니다.

이번에는 이를 응용을 해 보겠습니다. 학력과 결혼만족도를 보는데, 이번에는 그냥 하는 것이 아니라 무학은 제외하고 서당부터 전문대까지만 뽑아서 해 보겠습니다. 그러면 먼저 '데이터'에서 '케이스 선택'을 클릭하고, 최종학력(n10)의 2, 3, 4, 5만 선택해야 합니다. 한번 해 보세요. 일단 '케이스 선택'으로 가겠습니다. 학력에서 '조건을 만족하는 케이스'에 간 뒤, 최종학력은 2, 3, 4, 5이므로 2보다 큰 것을 뽑아달라고 하면 되겠죠? 그러면 2보다 '같거나 크다'에 해당되는 부호 '> ='를 넣으면 됩니다.

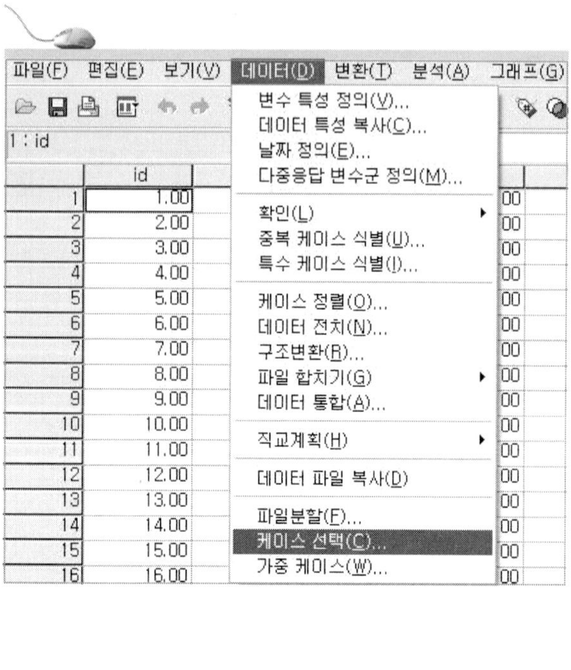

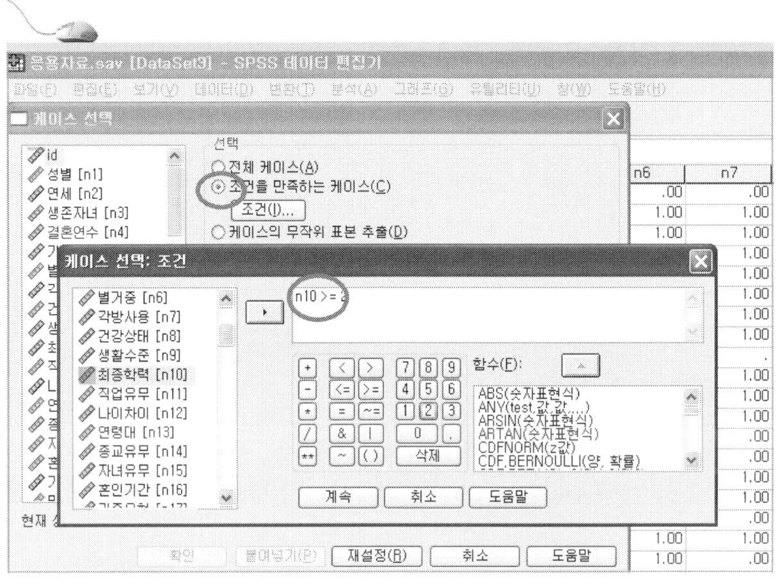

그러면 무학은 빠지고 서당/초졸 이상만 나오게 되는 것이죠. 그다음에 '계속'을 눌러 주세요. 이 상태에서 분산분석에 들어가겠습니다. '일원배치 분산분석'에 들어가서 종속변수는 결혼만족도, 그다음 독립변수는 최종학력을 넣으면 됩니다. 그런 다음에 사후분석에서 'Scheffe', 옵션에서 '기술통계', '확인'을 눌러 주면 됩니다.

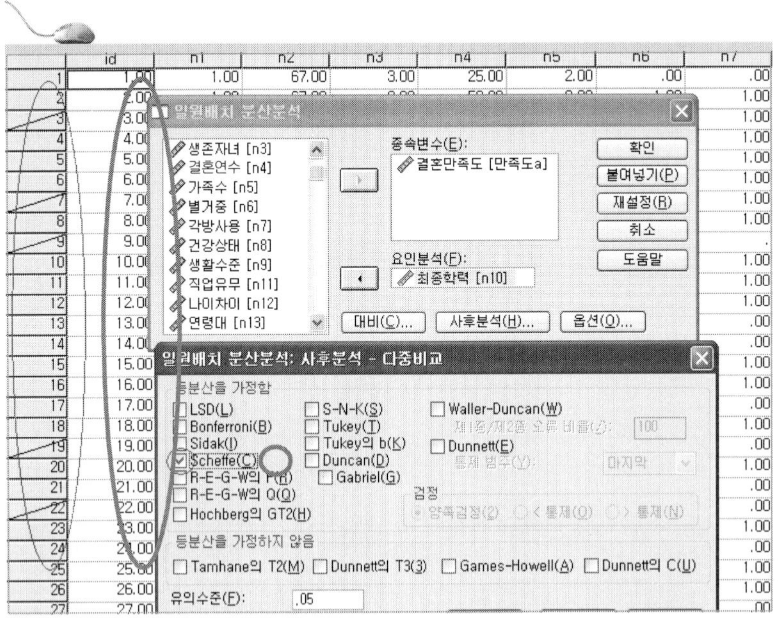

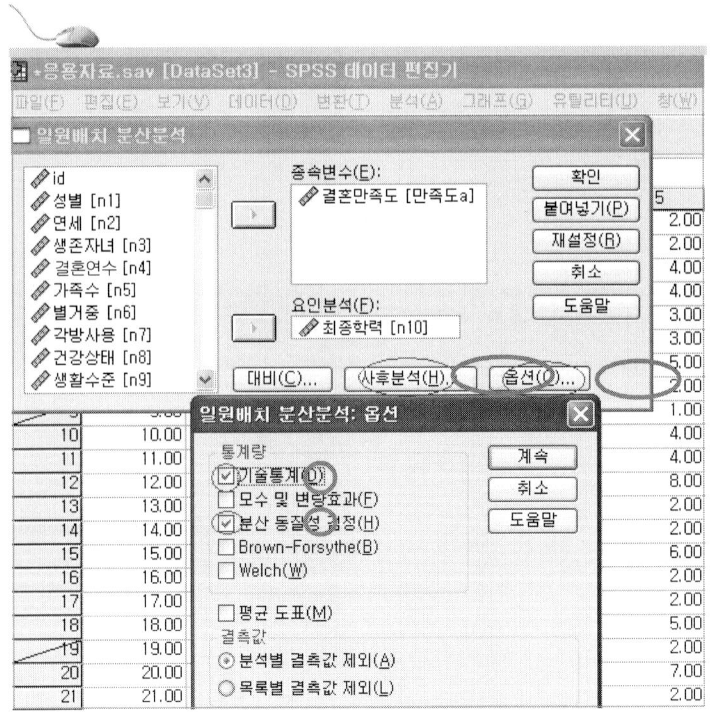

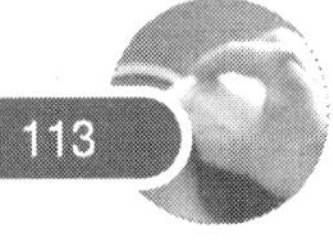

→ 일원배치 분산분석

[DataSet3] C:\Documents and Settings\이윤로\바탕 화면\응용자료.sav

기술통계

결혼만족도

	N	평균	표준편차	표준오차	평균에 대한 95% 신뢰구간		최소값	최대값
					하한값	상한값		
서당또는초등학교	48	3.4074	1.02275	.14762	3.1104	3.7044	1.17	4.94
중학교	44	3.5177	.84465	.12734	3.2609	3.7745	1.39	5.00
고등학교	67	3.8774	.80948	.09889	3.6799	4.0748	1.17	5.00
전문대학이상	61	4.1339	.75348	.09647	3.9409	4.3269	2.22	5.00
합계	220	3.7740	.89420	.06029	3.6552	3.8928	1.17	5.00

분산의 동질성에 대한 검정

결혼만족도

Levene 통계량	자유도1	자유도2	유의확률
1.621	3	216	.185

분산분석

결혼만족도

	제곱합	자유도	평균제곱	F	유의확률
집단-간	17.958	3	5.986	8.228	.000
집단-내	157.151	216	.728		
합계	175.109	219			

사후검정

다중 비교

종속변수: 결혼만족도
Scheffe

(I) 최종학력	(J) 최종학력	평균 차이(I-J)	표준오차	유의확률	95% 신뢰구간	
					하한값	상한값
서당또는초등학교	중학교	-.11027	.17802	.943	-.6119	.3913
	고등학교	-.46997*	.16130	.039	-.9244	-.0155
	전문대학이상	-.72647*	.16457	.000	-1.1902	-.2628
중학교	서당또는초등학교	.11027	.17802	.943	-.3913	.6119
	고등학교	-.35970	.16551	.197	-.8261	.1067
	전문대학이상	-.61620*	.16871	.005	-1.0916	-.1408
고등학교	서당또는초등학교	.46997*	.16130	.039	.0155	.9244
	중학교	.35970	.16551	.197	-.1067	.8261
	전문대학이상	-.25650	.15095	.411	-.6818	.1688
전문대학이상	서당또는초등학교	.72647*	.16457	.000	.2628	1.1902
	중학교	.61620*	.16871	.005	.1408	1.0916
	고등학교	.25650	.15095	.411	-.1688	.6818

* 평균 차이는 0.5 수준에서 유의합니다.

동일 집단군

결혼만족도

Scheffe[a,b]

최종학력	N	유의수준 = .05에 대한 부집단		
		1	2	3
서당또는초등학교	48	3.4074		
중학교	44	3.5177	3.5177	
고등학교	67		3.8774	3.8774
전문대학이상	61			4.1339
유의확률		.930	.194	.492

동일 집단군에 있는 집단에 대한 평균이 표시됩니다.

a. 조화평균 표본 크기 = 53.419을(를) 사용

b. 집단 크기가 같지 않습니다. 집단크기의 조화평균이 사용됩니다. 제1종 오류 수준은 보장할 수 없습니다.

해석해 보면 유의확률이 .000으로 네 집단 간 평균에 차이가 있는 것으로 나타났습니다. 분산의 동질성 검정표를 보면 유의확률이 .185로 .05보다 커서 등분산이 가정되었습니다. 그러므로 Scheffe로 사후분석한 것은 문제가 없습니다.

다중비교표에서 .05보다 작은 것을 찾아보면 서당 또는 초등학교 집단과 고등학교 집단, 서당 또는 초등학교 집단과 전문대학 이상 집단, 중학교 집단과 전문대학 이상 집단입니다. 결론적으로 말하면 학력이 낮은 노인보다 학력이 높은 노인의 결혼만족도가 높다는 것을 알 수 있습니다.

제 7 장

상관관계분석

변수와 변수 간의 상관관계(Correlation)를 보는 분석입니다. 둘 또는 그 이상의 변수에 있어서 한 변수가 변동함에 따라 다른 변수가 어떻게 변동하는지와 같은 변동의 연관성 정도, 즉 변동 크기의 정도와 방향을 상관관계라 합니다.

1 상관관계분석의 특성

- 이변량 상관계수는 두 변수 간의 관계를 알고자 할 때 사용한다. 독립과 종속변수가 모두 연속척도일 때 사용 가능하다. 그러나 5점 이상의 서열식 척도이며 평정척도인 경우에도 상관관계분석이 가능하다.
- Pearson 상관계수(r): 피어슨의 적률 상관관계 계수를 나타낸다. 유의수준과 음의 상관관계와 양의 상관관계를 잘 살펴보아야 한다. 피어슨의 r 값에 따른 상관관계의 강도를 해석하면 다음과 같다. .1 정도는 약한 관계, .3 정도는 보통 관계, .5 정도는 높은 관계라 할 수 있다.
- 양측검정과 단측검정 여부를 결정하고 분석한다.

2 분 석

이번에는 가설 '부부간 의사소통이 결혼만족도에 영향을 준다.'를 검증해 보겠습니다. 의사소통과 결혼만족도 모두 표준화된 척도이므로 등간척도입니다. 따라서 피어슨의 상관관계분석이 가능합니다. 'Coding 2(응용자료)' 파일을 부르신 후 메뉴에서 '분석'으로 들어가 '상관분석', '이변량 상관계수'를 클릭하세요.

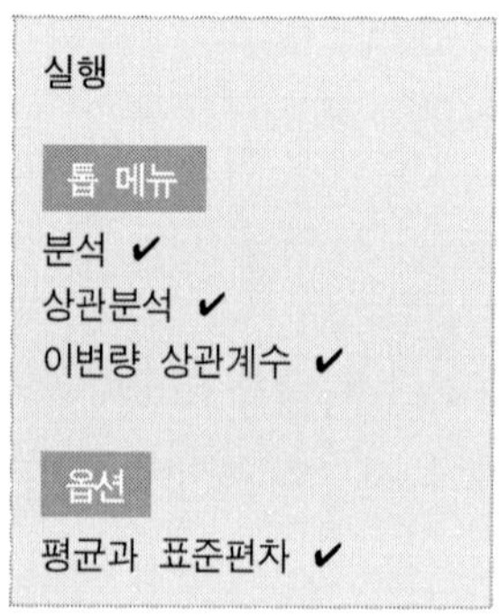

데이터 편집기
변환(T) 분석(A) 그래프(G) 유틸리티(U) 창(W) 도움말(H)
보고서(P) 기술통계량(E) 표(T) 평균 비교(M) 일반선형모형(G) 혼합 모형(X) 상관분석(C) 회귀분석(R) 로그선형분석(O) 분류분석(Y) 데이터 축소(D) 척도화분석(A) 비모수 검정(N) 시계열 분석(I) 생존분석(S) 다중응답(U) 결측값 분석(V)...
이변량 상관계수(B)... 편상관계수(R)... 거리측도(D)...

변수군이 모여 있는 창에서 '부부간 의사소통' 변수와 '결혼만족도' 변수를 오른쪽 창으로 옮겨 주세요. 그리고 '옵션'을 클릭하여 '통계량'의 '평균과 표준편차'를 선택해 주세요. '계속'을 누른 다음 '확인'을 눌러 주세요.

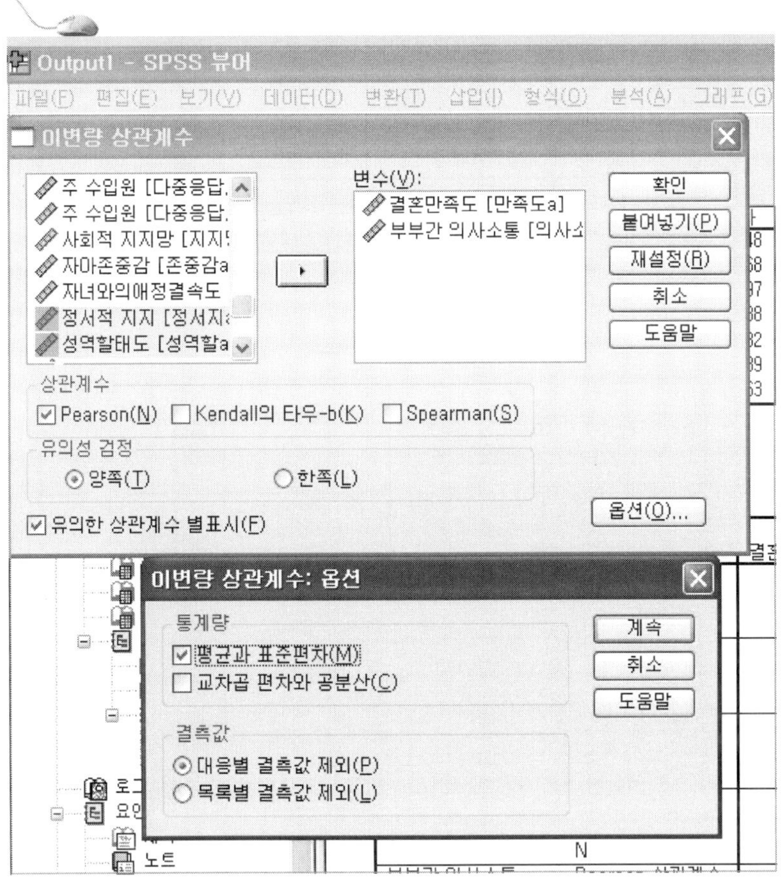

그러면 다음과 같은 결과가 나옵니다. 이를 해석해 보면 부부간 의사소통과 결혼만족도의 상관관계가 .68로 매우 높은 관계가 있는 것으로 나타났고, P값이 .000으로 통계적으로 유의미한 결과로 나타났습니다.

상관관계분석 실습결과

상관계수

[DataSet2] F:₩SPSS통계특강₩통계특강 실습자료₩coding(응용자료).sav

기술통계량

	평균	표준편차	N
결혼만족도	3.7327	.92148	240
부부간 의사소통	2.8521	.81532	240

상관계수

		결혼만족도	부부간 의사소통
결혼만족도	Pearson 상관계수	1	.684**
	유의확률 (양쪽)		.000
	N	240	240
부부간 의사소통	Pearson 상관계수	.684**	1
	유의확률 (양쪽)	.000	
	N	240	240

**. 상관계수는 0.01 수준(양쪽)에서 유의합니다.

또 다른 연습을 해 볼까요? 이번에는 부부간 정서적 지지와 성생활만족이 결혼만족도에 영향을 주는지 검증해 보겠습니다. 모두 등간척도이므로 피어슨의 상관관계분석을 해 보겠습니다. 메뉴에서 '분석'으로 들어가 '상관분석', '이변량 상관계수'를 클릭하세요.

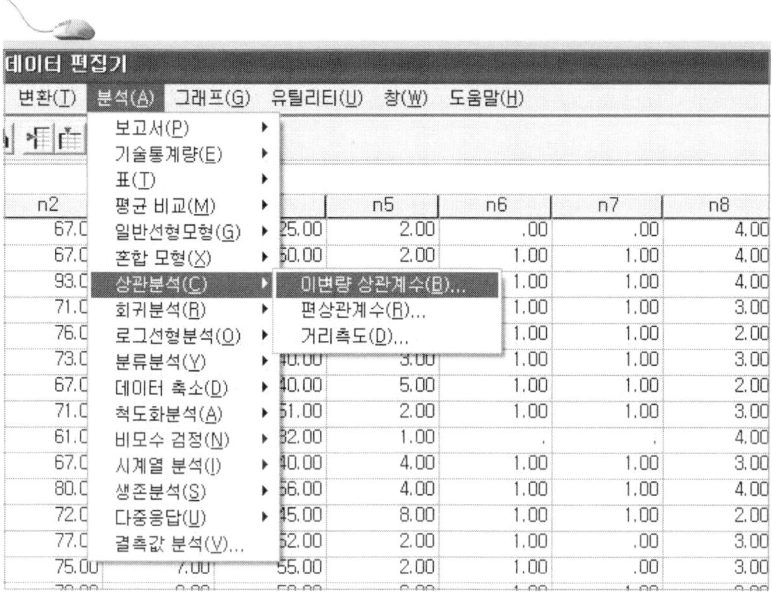

변수군이 모여 있는 창에서 '결혼만족도', '정서적 지지', '성중요와 만족' 변수를 오른쪽 창으로 옮겨 주세요. '계속'을 누르고 '확인'을 누르면 됩니다.

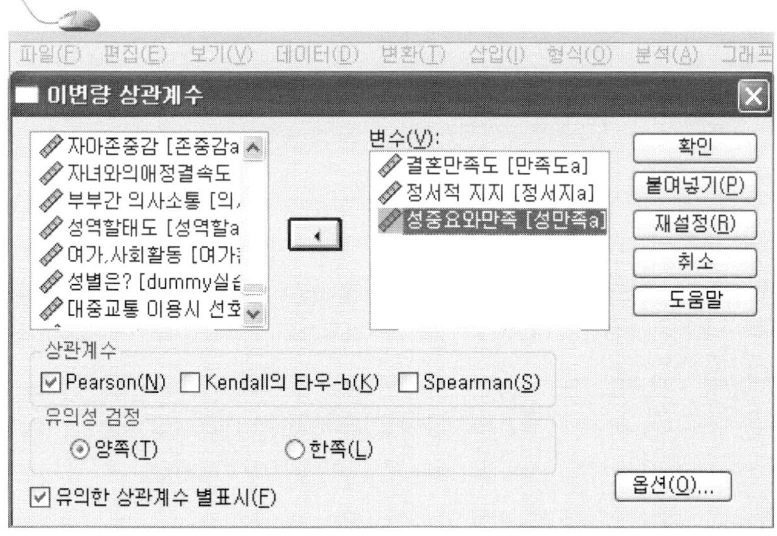

결과가 나왔습니까?

정서적 지지와 결혼만족도의 상관관계가 .68로 매우 높은 관계가 있는 것으로 나타났고, P값이 .000으로 통계적으로 유의미한 결과로 나타났습니다. 그리고 성중요와 만족과 결혼만족도의 상관관계가 .46으로 높은 관계가 있는 것으로 나타났고, P값이 .000으로 통계적으로 유의미한 결과가 나왔습니다.

상관계수

		결혼만족도	정서적 지지	성중요와만족
결혼만족도	Pearson 상관계수	1	.683**	.459**
	유의확률 (양쪽)		.000	.000
	N	240	240	239
정서적 지지	Pearson 상관계수	.683**	1	.340**
	유의확률 (양쪽)	.000		.000
	N	240	240	239
성중요와만족	Pearson 상관계수	.459**	.340**	1
	유의확률 (양쪽)	.000	.000	
	N	239	239	239

**. 상관계수는 0.01 수준(양쪽)에서 유의합니다.

제 8 장

신뢰도분석

신뢰도란 반복측정을 해도 계속 같은 결과가 나오는가, 다시 말해 한 번 검사하고 두 번 검사했을 때 같은 결과가 나오는지를 보는 차원이 있고, 두 번째는 표준화된 척도에 해당되는 신뢰도로서 척도를 구성하는 각 문항의 동질성, 즉 각 문항이 서로 비슷한 문항인지를 보는 신뢰도가 있습니다. 여기서는 표준화된 척도를 구성하는 각 문항들의 동질성(내적 일관성)을 사정합니다.

1 신뢰도분석의 특성

- 표준화된 척도를 묶어서 사용하기 전에 신뢰도, 즉 내적 일관성 정도를 파악해야 한다. 표준화된 척도에서는 이런 내적 일관성의 지표로 Cronbach 알파값을 보게 된다. Cronbach 알파값의 판단기준은 다음과 같다.

  .6 정도: 최소한의 수준 .7 정도: 적정선(OK)
  .8 정도: 좋음(Good) .9 정도 이상: 매우 좋음(Very Good)

- 신뢰도가 높지 않아서 고민이 된다면 '항목이 삭제된 경우 Cronbach 알파'에서 가장 높은 점수가 나오는 문항을 제외하면 신뢰도 계수가 올라간다.

2 분 석

지금까지 결혼만족도를 가지고 분석을 해 보았습니다. 결혼만족도라는 표준화된 척도는 18문항(m1~m18)을 묶은 것입니다. 그런데 이 18문항으로 묶어 놓은 표준화된 척도를 사용할 때 한 가지 주의해야 할 점이 있습니다. 분석에 앞서서 표준화된 척도의 신뢰도, 즉 내적 일관성을 나타내는 Cronbach(크론바) 알파값이 얼마가 되느냐를 먼저 확인한 후 분석에 들어가야 한다는 것입니다. 그러면 18문항(m1~m18)의 신뢰도를 한 번 알아보겠습니다.

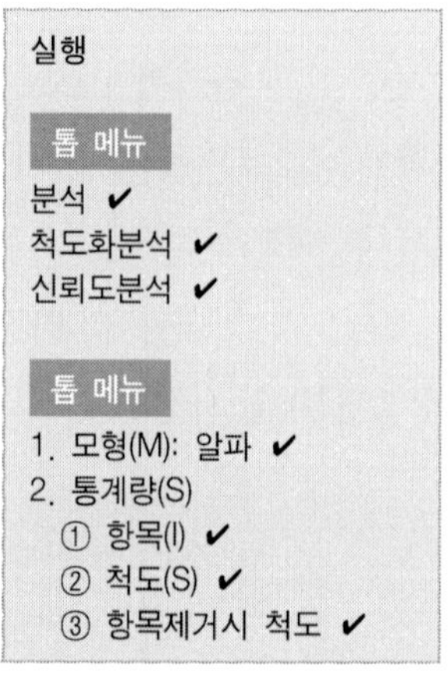

).sav - SPSS 데이터 편집기
기(V) 데이터(D) 변환(T) 분석(A) 그래프(G) 유틸리티(U) 창(W) 도움말(H)
보고서(P)
기술통계량(E)
표(T)
평균 비교(M)
일반선형모형(G)
혼합 모형(X)
상관분석(C)
회귀분석(R)
로그선형분석(O)
분류분석(Y)
데이터 축소(D)
척도화분석(A)
비모수 검정(N)
시계열 분석(I)
생존분석(S)
다중응답(U)
신뢰도분석(R)...
다차원척도법(PROXSCAL)(P)...
다차원척도법(ALSCAL)(M)...

신뢰도를 알아보기 위해서는 '분석'에서 '척도화분석'으로 들어간 뒤 '신뢰도분석'을 클릭합니다. 검사하려는 18문항(m1～m18)을 항목 칸으로 옮깁니다.

다음은 '통계량'을 클릭하고, '기술통계'의 모든 칸을 선택한 다음 '계속'을 눌러 주고 '확인'을 눌러 주세요.

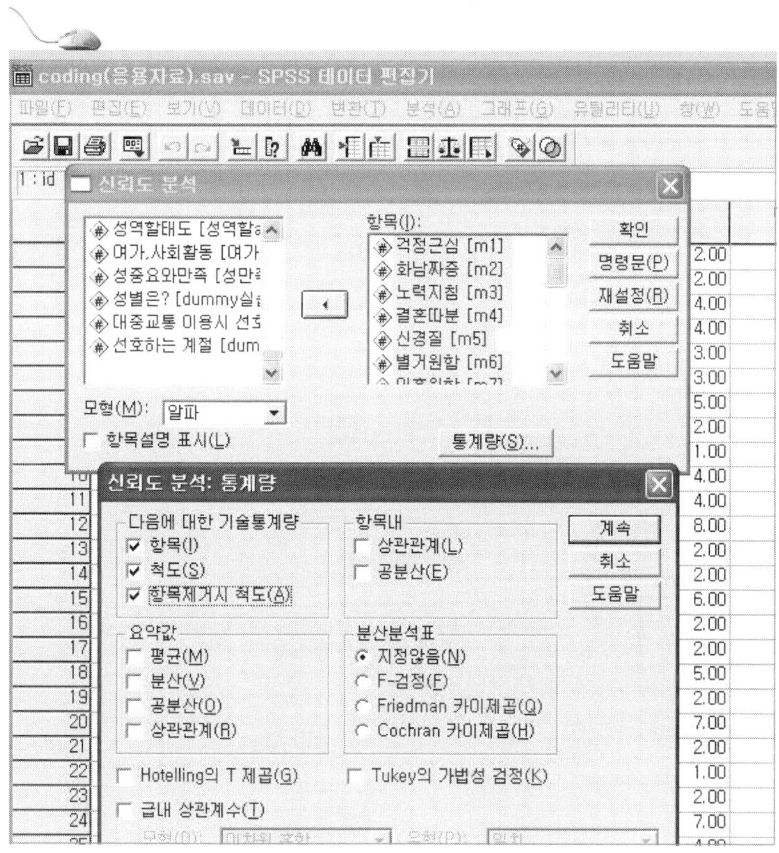

그러면 다음과 같은 결과표가 나옵니다.

신뢰도분석 실습결과

신뢰도 통계량

Cronbach의 알파	항목 수
,952	18

항목 통계량

	평균	표준 편차	N
걱정근심	3,8075	1,20424	239
화남짜증	3,7448	1,23232	239
노력지침	3,8787	1,21524	239
결혼따분	3,8452	1,16546	239
신경질	3,5230	1,30870	239
별거원함	4,0460	1,27763	239
이혼원함	4,3515	1,03404	239
결혼성공	3,8703	1,17212	239
인생공허	4,0042	1,22474	239
결혼영원	4,0669	1,19686	239
사이좋음	3,8787	1,18016	239
대화자주	3,5732	1,23068	239
다시선택	2,9665	1,50033	239
사랑관심	3,6485	1,31647	239
최선용기	3,4895	1,31846	239
애정표현	2,8745	1,32879	239
부부금실	3,9456	1,12327	239
결혼만족	3,6444	1,25150	239

항목 총계 통계량

	항목이 삭제된 경우 척도 평균	항목이 삭제된 경우 척도 분산	수정된 항목-전체 상관관계	항목이 삭제된 경우 Cronbach 알파
걱정근심	63,3515	252,204	,586	,952
화남짜증	63,4142	248,445	,672	,950
노력지침	63,2803	247,320	,713	,950
결혼따분	63,3138	247,468	,743	,949
신경질	63,6360	248,636	,623	,951
별거원함	63,1130	244,328	,754	,949
이혼원함	62,8075	253,652	,648	,951
결혼성공	63,2887	248,080	,721	,950
인생공허	63,1548	249,257	,654	,951
결혼영원	63,0921	245,815	,768	,949
사이좋음	63,2803	243,757	,839	,948
대화자주	63,5858	245,176	,762	,949
다시선택	64,1925	242,954	,660	,951
사랑관심	63,5105	241,335	,807	,948
최선용기	63,6695	243,214	,757	,949
애정표현	64,2845	249,499	,591	,952
부부금실	63,2134	252,690	,619	,951
결혼만족	63,5146	240,990	,862	,947

척도 통계량

평균	분산	표준 편차	항목 수
67,1590	276,067	16,61527	18

Cronbach 알파값이 .952로 매우 높게 나타났습니다. 그러므로 신뢰도에 문제가 없는 것으로 판단할 수 있습니다. 그런데 만일 표준화된 척도의 알파값이 최소한의 기준인 .60을 넘지 못하면 난감해 집니다. 그렇게 되면 그 표준화된 척도를 쓰기 어렵기 때문입니다. 그런 경우에는 '항목이 삭제된 경우 Cronbach 알파'를 보고 그 중 제일 높은 값을 찾아 해당 문항을 제거하는 방법을 사용해야 됩니다. 만약에 전체 신뢰도가 .58이 나왔는데 어떤 문항을 빼고 보니 .60이 넘는 경우가 있다면 그 문항을 빼고 묶어 주면 됩니다. 다시 말해 한 문항을 빼고 신뢰도가 .60이 넘으면 그 문항을 빼고 나머지 문항만 묶어서 사용하면 되는 것입니다.

다른 척도를 이용해서 신뢰도분석을 해 볼까요?

이번에는 c1, c2, c3, c4를 넣고 분석해 보겠습니다. 분석에서 척도화분석, 신뢰도분석을 클릭합니다. 검사하려는 4문항(c1~c4)을 옮깁니다.

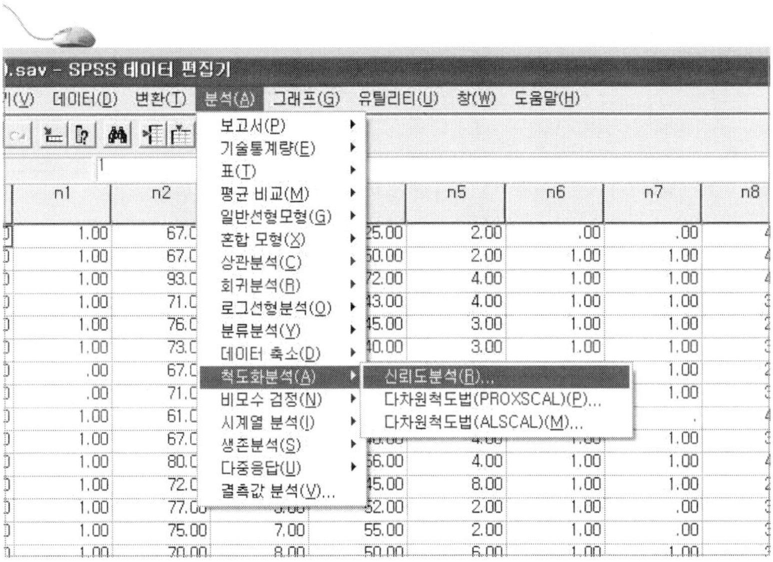

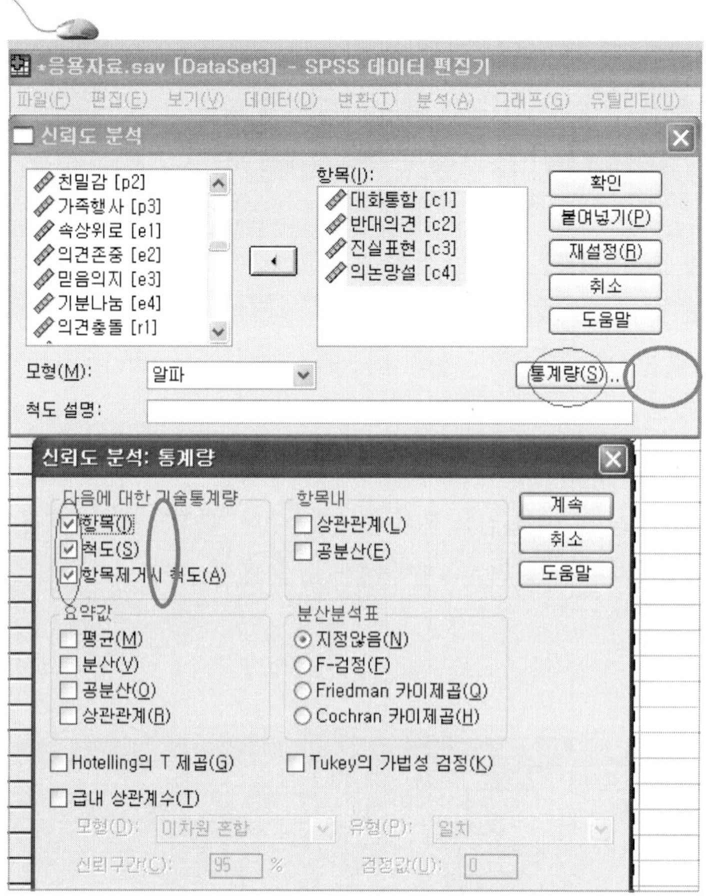

신뢰도분석 실습결과

신뢰도 통계량

Cronbach의 알파	항목 수
.802	4

항목 통계량

	평균	표준 편차	N
대화통합	2.9542	.95614	240
반대의견	2.9375	1.03103	240
진실표현	2.8000	1.06366	240
의논망설	2.7167	1.06432	240

항목 총계 통계량

	항목이 삭제된 경우 척도 평균	항목이 삭제된 경우 척도 분산	수정된 항목-전체 상관관계	항목이 삭제된 경우 Cronbach 알파
대화통합	8.4542	7.345	.459	.821
반대의견	8.4708	6.175	.663	.728
진실표현	8.6083	6.064	.657	.731
의논망설	8.6917	5.930	.689	.714

Cronbach 알파값이 .802로 높게 나타났으므로 신뢰도에 문제가 없는 것으로 판단할 수 있습니다.

그런데 '항목 총계 통계량'에서 '대화통합'을 제거하면 어떻게 될까요? '항목이 삭제된 경우 Cronbach 알파'에서 '대화통합'을 제거하면 기존의 .80값에서 .82로 높아지게 된다는 사실을 알 수 있지요?

제 9 장

탐색적 요인분석

요인분석은 기본적으로 우리가 어떠한 개념을 측정하는 여러 개의 변수들(질문 항목)이 있을 때 그 개념의 하위 차원이 몇 개 있는지를 알아보고 하위 차원별로 비슷한 변수들(항목)을 분류해 보는 것입니다. 다시 말해 요인분석은 하나의 개념의 하위 구조를 밝혀내는 데 사용됩니다. 여러 개의 항목으로 구성된 A라는 측정도구를 만들고, 과연 A라는 측정도구의 하부 요인들이 몇 개나 되며, 그 하부 요인에 어떤 항목들이 분류되어 들어가는지를 알아볼 때 주로 탐색적 요인분석을 하게 됩니다.

1 요인분석의 특성

- 이론적 뒷받침이 없어 요인의 구조에 대한 가설이 미약한 경우에는 탐색적 요인분석을 시행하고, 이론적 뒷받침이 되어 있어 요인구조에 대한 구체적인 가설이 수립된 경우에는 확인적 요인분석 방법이 사용된다. 예를 들어, 부양부담이라는 개념을 측정하기 위해 변수(항목)를 20개 정도 개발한 후, 이 20개의 항목에 부양부담의 하위 개념이 과연 몇 차원으로 나타날 수 있는지를 알아보고 그 하위 차원별로 어떤 항목들이 분류되는지를 알기 위해 탐색적 요인분석을 한다.

- 확인적 요인분석은 이론상의 정립이 확보된 가운데 요인분석을 하는 것이다. 연구자가 미리 이론상으로 몇 개의 차원이 만들어질지 구성한 후 그대로 결과가 나타나는지를 알아보고자 할 때 확인적 요인분석을 한다. 우리가 탐색적으로 하는 요인분석은 SPSS로 많이 하게 되고, 확인적 요인분석은 주로 AMOS라는 다른 도구를 써서 하게 된다.
- 요인분석은 도구를 개발할 때만 하는 것이 아니다. 다음의 경우에도 항상 해 보아야 한다. 연구자가 다른 사람이 만들어 놓은 표준화된 측정도구를 자신의 연구에서 활용하여 쓰게 되는 경우가 있다. A라는 사람이 만들어 놓은 표준화된 측정도구를 자신의 연구에서 쓰고자 할 때, 그대로 가져다 쓸 수도 있지만 자신의 자료를 가지고 한 번 더 확인해 보는 것이 좋다. 그래서 요인분석을 한 번 더 해 본다.

  원 저자가 제시한 것과 자신의 요인분석에서 나온 결과가 과연 일치하는지 확인하는 과정을 거쳐야 한다. 만일 너무 다른 결과가 나온다면 자신의 데이터가 타당하지 않은 것이거나 또는 원 저자의 도구가 타당도가 떨어지는 것일 수도 있고, 또한 번역이 잘못되어 응답자들이 다르게 응답했을 가능성도 생각해 볼 수 있다. 원 저자의 기준과 너무 다르게 분류된 항목이나 차원은 제외하고 활용하는 것이 한 방법이다. 두 번째로 우리가 현실적으로 할 수 있는 방법이 하나 더 있다. 예를 들어 보자. A라는 학자가 만들어 놓은 측정도구가 총 20문항으로 구성되어 있는데, 1~5번까지가 한 차원, 6~10번까지가 두 번째 차원, 11~15번까지가 세 번째 차원, 16~20번까지가 네 번째 차원이었다고 가정해 보자. 그러면 연구자가 최소한 할 수 있는 것은 본 연구에서도 각각의 차원이 한 차원으로 되어 있는지를 확인해 보는 것이다. 즉, 1~5번 문항만 가지고 요인분석을 한다. 그래서 이것이 한 차원으로 구성되어 있는지를 확인한다. 그다음 6~10번 문항만 가지고 요인분석을 해서 한 차원으로 구성되어 있는지를 확인한다. 11~15번까지만 요인분석을 해서 한 차원으로 구성되어 있는지, 16~20번까지 요인분석을 해서 한 차원으로 구성되어 있는지를 확인한다. 이렇게 확인적 요인분석을 최소한 한 번 해 주는 것이다. 한 차원씩 구성되어 있다는 것을 증명하고 넘어가는 방법이다.
- 탐색적 요인분석을 하기 위한 표본 수는 보통 문항수 ×5를 한다. 20문항을 가지고 요인분석을 한다면 최소 100명이 필요하다.
- 요인분석을 할 때에는 문항 간 단순상관계수를 살펴보고, KMO와 Bartlett의 구형성 검정을 먼저하여 요인분석을 해도 좋은지 검증해 본다. 문항들 간의

단순상관계수는 너무 낮지도 않고 너무 높지도 않은 것이 좋다. 예를 들어, .3에서 .5나 .6 정도의 상관을 보이는 것이 좋다. 어느 문항이 다른 문항들과 너무 상관이 낮으면 좋지 않은 문항이다. 또한 어느 문항이 다른 문항들과 .8 정도로 너무 높은 상관을 보이면 그 문항도 분석에서 제외하는 것이 좋다. 또한 KMO값이 최소한 .6 이상이 되는 것이 바람직하다. 구형성 검정결과도 P＜.05가 나와야 한다.

- 요인 추출의 기준이 되는 고유값은 보통 1이다. 고유값이 1 이상인 요인만 추출된다.
- 항목이 잘 분류되도록 하기 위해 요인회전을 한다. 회전방식은 두 가지인데, 직각회전으로 베리맥스 또는 사각회전 방식인 직접 오블리민을 주로 선택한다. 연구자의 의도에 맞게 분류된 것을 선택하여 활용한다.
- 각 항목을 어느 요인으로 분류시켜야 되는지 여부는 요인부하값을 보고 결정하는데, 요인부하값이 높은 요인 쪽으로 분류한다. 예를 들어, 13번 문항이 요인 1에 .6의 요인부하값을 보이고 요인 2에는 .4의 값을 보인다면 13번 요인은 요인 1에 분류된다. 문항을 분류할 때, 요인부하값의 커트라인 기준은 보수적으로 .5를 설정하는데, 보통 .3까지도 용납해 준다. 만일 어느 요인에서도 .3이 되지 않는 문항은 어느 요인으로도 분류하지 않고 빼 버린다.

2 분 석

결혼만족도가 어떤 차원으로 구성되어 있는지 요인분석으로 알아보겠습니다. 먼저 요인분석을 위한 표본 수를 알아봅니다. 문항이 18문항이므로 한 문항당 최소 5명, 전체 90명이 필요한데, 현재 240명의 표본이 활용되고 있으므로 표본 수는 충분하다고 볼 수 있습니다.

그럼 분석에 들어가 보겠습니다. '분석'에서 '데이터 축소', '요인분석'으로 들어가세요.

실행

톱 메뉴

분석 ✔
데이터 축소✔
요인분석✔

기술통계

① 초기해법(Initial solution) ✔
② KMO와 Bartlett의 구형성 검정 ✔

요인추출

① 방법: 주축 요인 추출
② 스크리 도표(scree plot) ✔

요인회전

① 베리멕스(verimax) ✔
② 회전 해법(rotated solution) ✔

옵 션

① 목록별 결측값 제외(exclude cases listwise) ✔
② 크기순 정렬(sorted by size) ✔

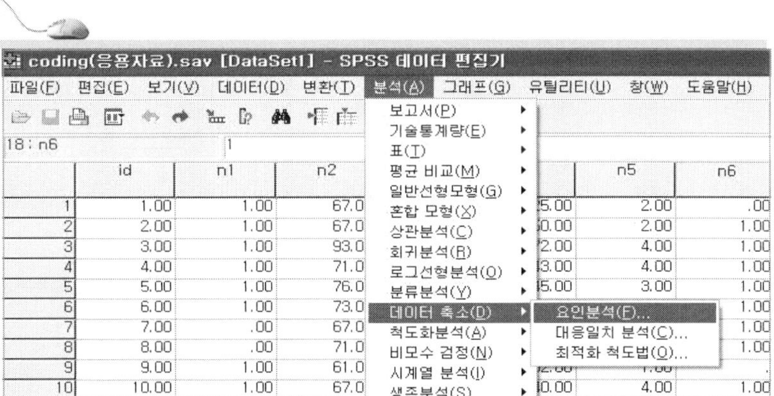

다음은 연구자가 분석하고자 하는 변수들을 클릭해서 오른쪽 창으로 옮겨 주세요. 총 18문항이 들어 있습니다. 이 18개의 문항이 몇 차원으로 구성될까요? 이 18문항이 과연 요인분석을 해도 되는지를 알아보기 위해 먼저 KMO를 구해 보겠습니다. '기술통계'를 클릭해서 '상관행렬' 창에 있는 'KMO와 Bartlett 구형성 검정' 칸을 선택하세요.

다음은 '요인추출'로 들어간 후, '방법'에서 '주축 요인 추출'을 선택하세요.

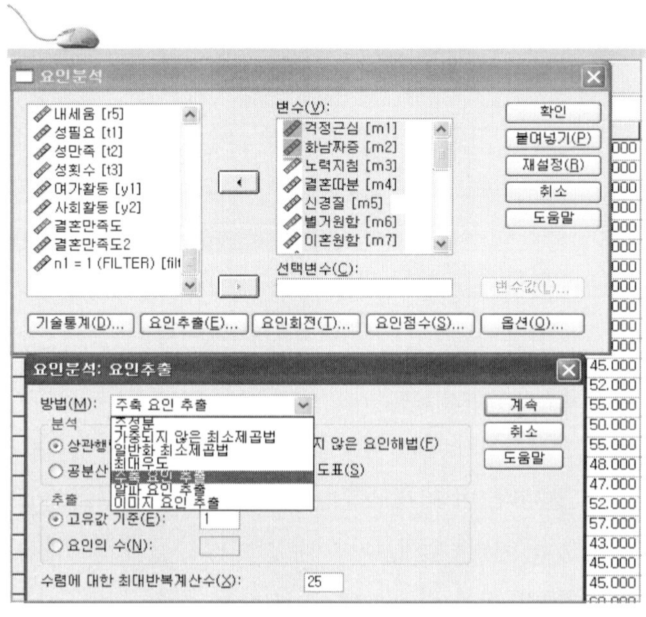

'요인추출'의 출력 창에서 '스크리 도표'를 선택하세요.

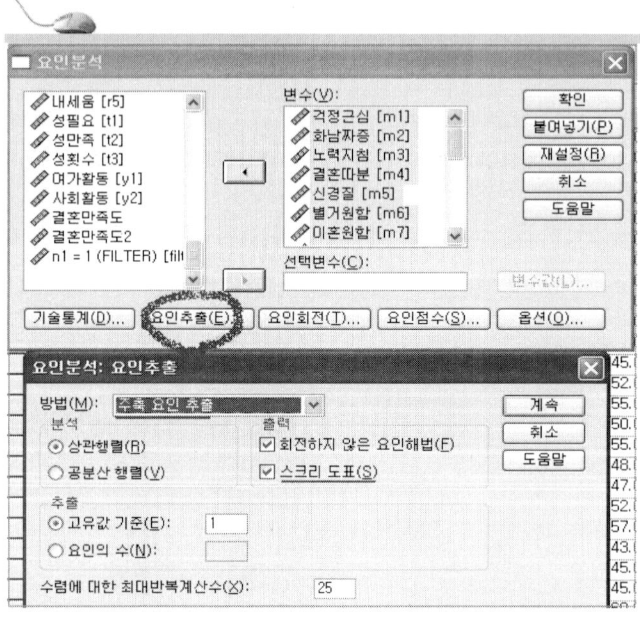

'요인회전'은 '베리맥스(직각회전)' 또는 '직접 오블리민(사각회전)'을 선택하세요. 여기서는 베리맥스를 해 보겠습니다.

'옵션'에서 '크기순 정렬'을 하면 요인부하값이 높은 문항부터 뽑아 주기 때문에 크기순 정렬을 해 보겠습니다. 그다음에 결측값이 있다면 평균으로 바꾸어 해 주면 됩니다.

결측값이 있을 경우 주의할 사항

표준화된 척도를 가지고 분석하는 경우, 무응답이 하나라도 있으면 그 사례는 분석에서 빠지게 됩니다. 그렇기 때문에 무응답은 평균으로 대체하여 입력해야 합니다. 항상 평균으로 바꾸기를 선택해 주세요. 또 한 방법은 자료를 입력할 때부터 차라리 무응답이 있으면 그중에 중간값을 넣는 것입니다. 예를 들어, 자료를 입력할 때부터 응답보기인 5점(1~5점으로 구성)척도의 중간점수, 즉 3점을 입력해 주면 됩니다. 물론 평균을 입력하는 것보다 정확성이 떨어지는 것은 사실입니다.

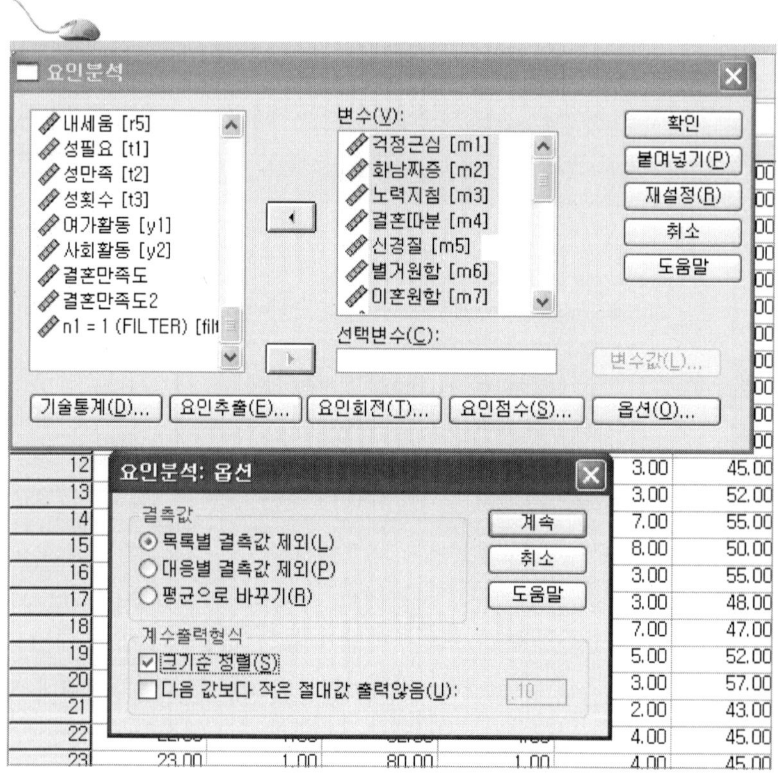

탐색적 요인분석 실습결과

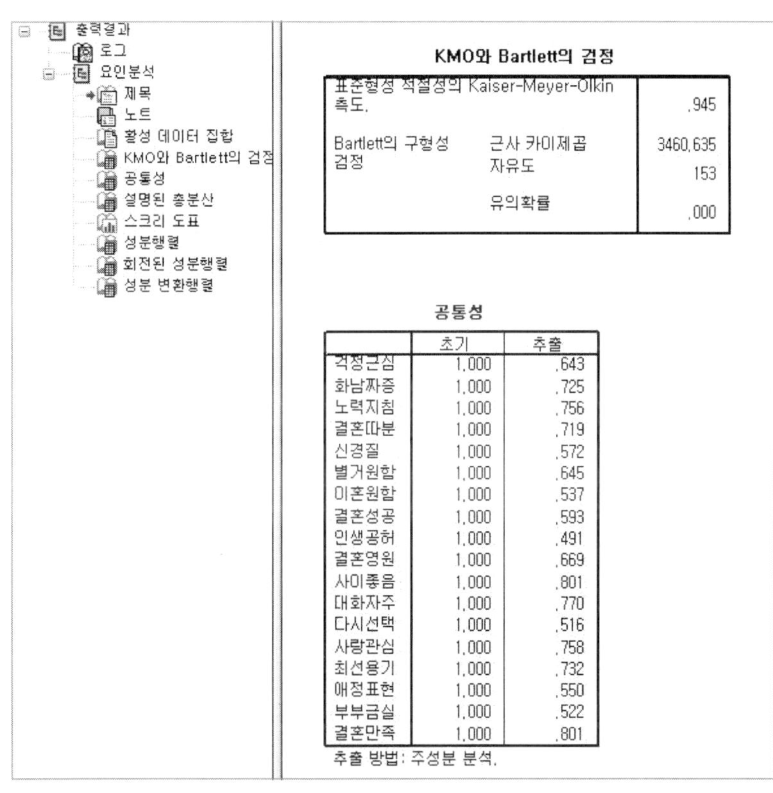

KMO와 Bartlett의 검정

표준형성 적절성의 Kaiser-Meyer-Olkin 측도.		.945
Bartlett의 구형성 검정	근사 카이제곱	3460.635
	자유도	153
	유의확률	.000

공통성

	초기	추출
걱정근심	1.000	.643
화남짜증	1.000	.725
노력지침	1.000	.756
결혼따분	1.000	.719
신경질	1.000	.572
별거원함	1.000	.645
이혼원함	1.000	.537
결혼성공	1.000	.593
인생공허	1.000	.491
결혼영원	1.000	.669
사이좋음	1.000	.801
대화자주	1.000	.770
다시선택	1.000	.516
사랑관심	1.000	.758
최선용기	1.000	.732
애정표현	1.000	.550
부부금실	1.000	.522
결혼만족	1.000	.801

추출 방법: 주성분 분석.

KMO와 Bartlett의 구형성 검정결과를 보면 KMO값이 .945가 나왔는데, 이것이 높을수록 좋은 것입니다. 이 값이 .6 이상이 되어야 요인분석이 가능합니다. 지금은 .9가 넘기 때문에 요인분석이 가능합니다. 또한 이 Bartlett의 구형성 검정에서 유의값이 .05보다 작기 때문에 요인분석을 해도 좋다는 것을 알 수 있습니다.

설명된 총분산

성분	초기 고유값			추출 제곱합 적재값			회전 제곱합 적재값		
	전체	% 분산	% 누적	전체	% 분산	% 누적	전체	% 분산	% 누적
1	10,105	56,137	56,137	10,105	56,137	56,137	6,587	36,597	36,597
2	1,696	9,424	65,561	1,696	9,424	65,561	5,214	28,964	65,561
3	,988	5,487	71,048						
4	,770	4,279	75,327						
5	,575	3,193	78,520						
6	,530	2,942	81,462						
7	,514	2,857	84,319						
8	,433	2,407	86,726						
9	,394	2,188	88,914						
10	,330	1,833	90,746						
11	,309	1,717	92,463						
12	,259	1,441	93,904						
13	,232	1,286	95,190						
14	,197	1,094	96,284						
15	,193	1,071	97,355						
16	,177	,986	98,341						
17	,168	,933	99,274						
18	,131	,726	100,000						

추출 방법: 주성분 분석.

그다음에는 초기 고유값이 1 이상인 것이 몇 개인지를 보아야 합니다. 초기 고유값이 1 이상인 경우가 두 개이므로 두 개의 요인이 나오게 된다는 것을 알 수 있습니다. 그리고 누적분산은 65%입니다. 누적분산은 50%가 넘어야 요인분석을 할 가치가 있는 것입니다. 누적분산이 50%가 넘지 않는다면 굳이 요인분석을 할 필요 없이 그냥 한 차원으로 보는 것이 좋습니다.

다음을 보면 스크리 도표가 나오는데, 이것을 해석하는 방법은 기울기가 급격히 줄어드는 부분까지 요인을 구한다고 해석하면 됩니다. 그래서 기울기가 급격히 줄어드는 곳의 숫자 바로 전까지 요인이 추출될 것이라고 판단하면 되는데, 성분번호 3 이상의 구간에서는 기울기가 급격히 줄어들기 때문에 3의 바로 전인 2개가 추출될 것이라 판단하면 됩니다.

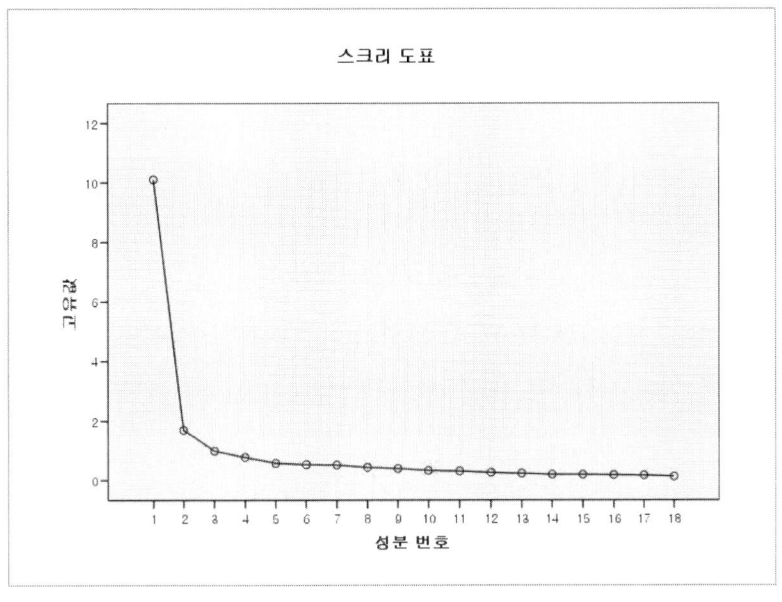

회전된 요인행렬[a]

	요인	
	1	2
대화자주	.830	.242
사이좋음	.807	.385
최선용기	.793	.271
사랑관심	.784	.355
결혼만족	.760	.465
결혼영원	.695	.404
애정표현	.652	.173
결혼성공	.640	.389
부부금실	.625	.245
다시선택	.595	.343
인생공허	.499	.453
노력지침	.285	.811
화남짜증	.252	.782
결혼따분	.371	.746
걱정근심	.200	.711
신경질	.296	.643
별거원함	.496	.607
이혼원함	.378	.581

요인추출 방법: 주축 요인추출.
회전 방법: Kaiser 정규화가 있는 베리멕스.
a. 3 반복계산에서 요인회전이 수렴되었습니다.

요인 변환행렬

요인	1	2
1	.766	.642
2	-.642	.766

요인추출 방법: 주축 요인추출.
회전 방법: Kaiser 정규화가 있는 베리멕스.

회전된 요인행렬을 보면 요인이 두 개 나옵니다. 여기서 기억해야 될 것은 이 요인부하값이 보수적으로는 .5보다 높아야 하고 최소한 .3까지 인정해 줄 수 있습니다. 요인부하값이 어느 요인에서도 .3보다 작은 항목은 어느 요인에도 넣지 않고 빼 버리는 것이 좋습니다. 그러면 첫 번째 문항인 '대화자주' 문항이 요인 1에 들어가느냐, 2에 들어가느냐를 따져 봅시다. 요인부하값을 비교해서 높은 요인으로 들어가는 것입니다. 따라서 첫 번째 문항은 요인 1로 들어가고, 두 번째 문항도 요인 1, 세 번째 문항도 요인 1로 분류됩니다. 어디서부터 요인 2로 들어가야 할까요? 열두 번째 문항인 '노력지침'부터 요인 2로 갈 수 있습니다. 열한 번째 문항인 '인생공허'는 표의 결과상으로는 요인 1로 가야 하나, 내용상으로는 요인 2로 분류되는 것이 더 좋겠네요. 요인부하값의 차이가 크지 않기에 요인 2로 분류해도 큰 무리는 없어 보입니다.

다음은 요인별로 분류된 문항의 성격을 검토하면서 각 요인에 이름을 붙여 줍니다. 요인 1로 분류된 항목은 주로 상대방에 대한 배려와 관심에 관한 내용을 말하고 있으므로 '배려와 관심'으로 이름을 붙일 수 있습니다. 요인 2는 결혼생활의 부정적 차원에 해당되는데, 심사숙고하여 이름을 붙이기 바랍니다. 이렇게 척도를 개발하고 탐색적 요인분석을 하여 각 요인마다 이름을 붙이면 됩니다.

요인별로 문항을 분류한 다음에는 요인으로 묶인 문항만 뽑아서 신뢰도검사를 합니다. 그래서 요인별로 신뢰도를 보고해 줍니다. 신뢰도검사로 가서, 첫 번째 요인에 들어간 문항만 옮겨 주세요. 1요인의 내적 일관성 알파값이 나오게 됩니다. 그다음 두 번째 요인에 들어가 있는 문항만 뽑아서 신뢰도검사를 하고 그 값을 보고해 줍니다.

다음은 사각회전을 해 보겠습니다. '요인회전'에서 '직접 오블리민'을 클릭하세요.

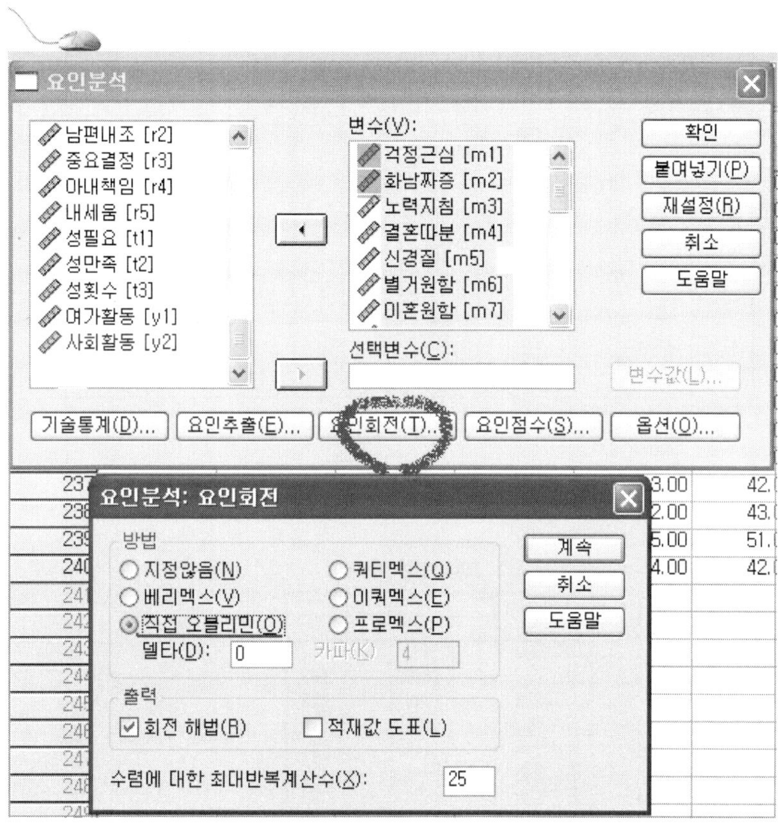

결과를 보면, 직각회전과는 달리 패턴 행렬과 구조행렬이 나옵니다. 직각회전은 요인 간의 독립을 강조하지만, 사각회전은 요인 간 상관을 허용한다는 가정을 하고 있으므로 결과가 약간 다릅니다. 중요한 것은 연구자가 직각회전이나 사각회전을 모두 해 보고 연구자의 의도에 더 가깝게 문항이 분류되는 것을 선정하면 됩니다.

설명된 총분산

요인	초기 고유값			추출 제곱합 적재값			회전 제곱합 적재값[a]
	전체	% 분산	% 누적	전체	% 분산	% 누적	전체
1	10.085	56.026	56.026	9.721	54.006	54.006	8.924
2	1.695	9.414	65.441	1.326	7.369	61.375	7.666
3	.984	5.469	70.910				
4	.770	4.277	75.187				
5	.573	3.181	78.368				
6	.531	2.948	81.316				
7	.514	2.855	84.171				
8	.434	2.408	86.579				
9	.393	2.184	88.763				
10	.345	1.917	90.680				
11	.313	1.739	92.419				
12	.263	1.460	93.878				
13	.231	1.285	95.164				
14	.198	1.098	96.261				
15	.193	1.072	97.334				
16	.177	.983	98.317				
17	.172	.958	99.276				
18	.130	.724	100.000				

추출 방법: 주축요인추출.

a. 요인이 상관된 경우 전체 분산을 구할 때 제곱합 적재값이 추가될 수 없습니다.

패턴 행렬[a]

	요인	
	1	2
대화자주	.936	-.117
최선용기	.878	-.063
사이좋음	.843	.072
사랑관심	.829	.046
결혼만족	.747	.196
애정표현	.743	-.112
결혼영원	.692	.153
부부금실	.679	-.011
결혼성공	.619	.165
다시선택	.594	.128
인생공허	.422	.313
노력지침	-.021	.874
화남짜증	-.048	.853
걱정근심	-.081	.791
결혼따분	.120	.747
신경질	.074	.656
이혼원함	.205	.538
별거원함	.344	.509

요인추출 방법: 주축 요인추출.
회전 방법: Kaiser 정규화가 있는 오블리민.

a. 6 반복계산에서 요인회전이 수렴되었습니다.

구조행렬

	요인	
	1	2
사이좋음	.892	.641
결혼만족	.879	.699
사랑관심	.860	.605
대화자주	.858	.515
최선용기	.836	.529
결혼영원	.795	.620
결혼성공	.731	.583
다시선택	.680	.528
부부금실	.672	.447
애정표현	.667	.388
인생공허	.633	.598
노력지침	.568	.860
결혼따분	.624	.828
화남짜증	.528	.821
별거원함	.687	.741
걱정근심	.452	.736
신경질	.516	.706
이혼원함	.567	.676

요인추출 방법: 주축 요인추출.
회전 방법: Kaiser 정규화가 있는 오블리민.

요인 상관행렬

요인	1	2
1	1.000	.674
2	.674	1.000

요인추출 방법: 주축 요인추출.
회전 방법: Kaiser 정규화가 있는 오블리민.

신뢰도 통계량

Cronbach의 알파	항목 수
,910	8

항목 통계량

	평균	표준 편차	N
걱정근심	3,8083	1,20178	240
화남짜증	3,7458	1,22985	240
노력지침	3,8792	1,21272	240
결혼때분	3,8458	1,16306	240
신경질	3,5250	1,30633	240
별거원함	4,0458	1,27495	240
이혼원함	4,3500	1,03212	240
인생공허	4,0083	1,22386	240

항목 총계 통계량

	항목이 삭제된 경우 척도 평균	항목이 삭제된 경우 척도 분산	수정된 항목-전체 상관관계	항목이 삭제된 경우 Cronbach 알파
걱정근심	27,4000	45,061	,674	,902
화남짜증	27,4625	43,471	,764	,894
노력지침	27,3292	43,142	,801	,891
결혼때분	27,3625	43,914	,786	,892
신경질	27,6833	44,033	,671	,903
별거원함	27,1625	43,350	,739	,896
이혼원함	26,8583	46,733	,679	,902
인생공허	27,2000	46,244	,579	,910

신뢰도 통계량

Cronbach의 알파	항목 수
.941	10

항목 통계량

	평균	표준 편차	N
결혼성공	3.8703	1.17212	239
결혼영원	4.0669	1.19686	239
사이좋음	3.8787	1.18016	239
대화자주	3.5732	1.23068	239
다시선택	2.9665	1.50033	239
사랑관심	3.6485	1.31647	239
최선용기	3.4895	1.31846	239
애정표현	2.8745	1.32879	239
부부금실	3.9456	1.12327	239
결혼만족	3.6444	1.25150	239

항목 총계 통계량

	항목이 삭제된 경우 척도 평균	항목이 삭제된 경우 척도 분산	수정된 항목-전체 상관관계	항목이 삭제된 경우 Cronbach 알파
결혼성공	32.0879	87.694	.713	.937
결혼영원	31.8912	86.383	.760	.935
사이좋음	32.0795	84.662	.860	.931
대화자주	32.3849	84.507	.827	.932
다시선택	32.9916	84.294	.660	.941
사랑관심	32.3096	83.005	.833	.931
최선용기	32.4686	83.427	.812	.932
애정표현	33.0837	86.926	.647	.940
부부금실	32.0126	89.475	.658	.939
결혼만족	32.3138	83.494	.860	.930

제 10 장

더미변수 만들기

이 장에서는 응답보기가 세 개 이상일 때 더미변수로 만드는 것을 연습해 보겠습니다. 기본적으로 응답보기가 두 개로 된 것의 더미화는 앞에서 이미 해 보았습니다. 성별 변수가 남자는 1, 여자는 2로 입력이 되어 있을 때 0과 1의 값을 갖게 하기 위해 남자는 1, 여자는 0으로 만들었습니다. '변환'에서 '코딩변경'을 클릭하고 '새로운 변수로'로 가세요.

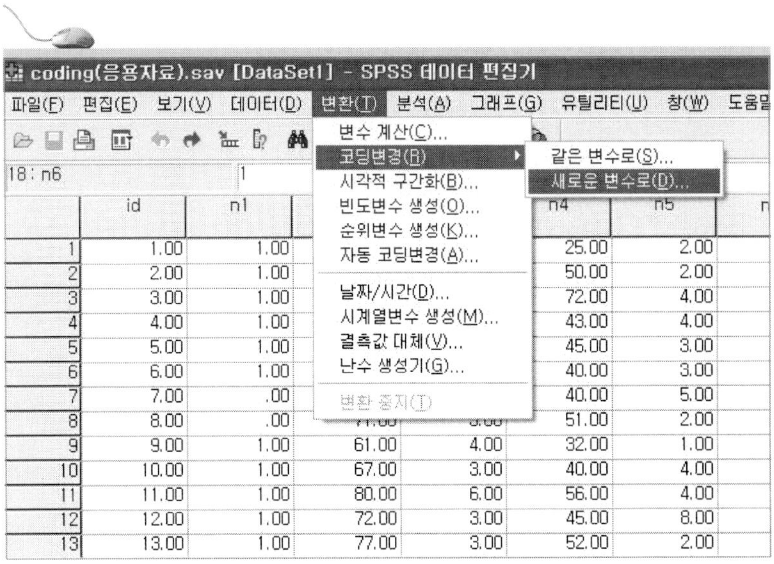

변환하려는 성별을 옮겨 주고, 이것을 '성별2'로 바꿉니다. '기존값 및 새로운 값'을 누른 다음 '값'에 체크하고, 그러면 '1'은 그대로 '1', '추가' 누르고, 다음에 '2'는 '0'으로 바꿔 주었습니다. '추가'를 누르고 '확인'을 눌러 줍니다.

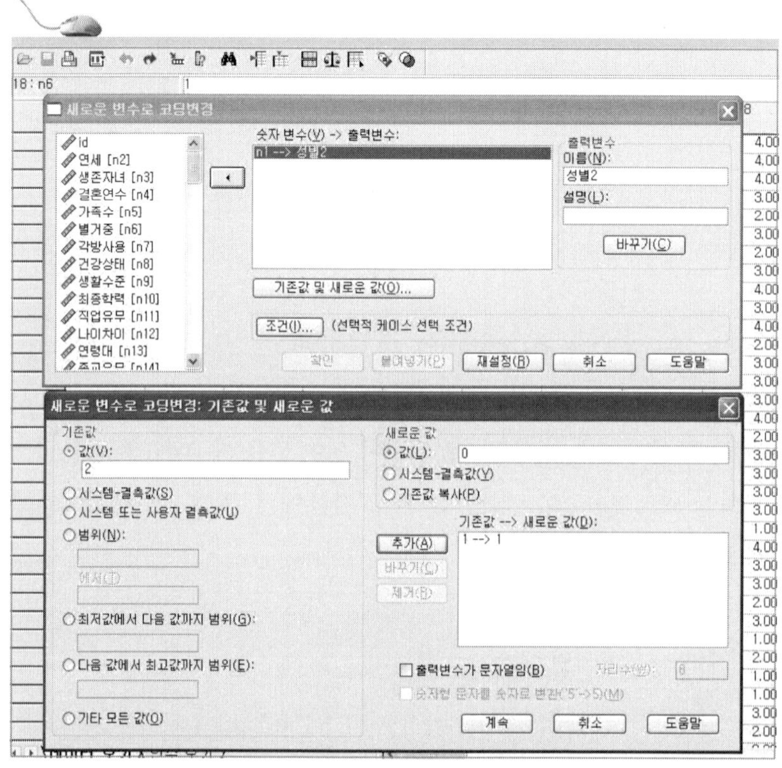

지금부터는 응답보기가 네 개인 것을 바꿔 보겠습니다. '여가활동(n15)' 변수를 이용하여 실행해 보겠습니다. 응답보기가 세 개 이상일 때는 항상 그림을 그리고 시작하세요. 암산으로 하지 말고 꼭 그려서 하세요. 그렇다면 다음과 같은 표를 그릴 수 있습니다.

<표 10-1>

여가활동 유형	값	D1	D2	D3
사회봉사활동	1	0	0	0
종교활동	2	1	0	0
노인모임 참여	3	0	1	0
교육활동	4	0	0	1

응답보기가 네 개면 더미변수가 세 개 만들어지는 것입니다. 즉, K−1개의 보기가 만들어집니다. 그래서 더미변수 D1, D2, D3을 만들었습니다. 그러면 보기 중에서 기준이 되는 것을 하나 설정해서 0을 입력합니다. 1번인 '사회봉사활동'을 기준으로 삼는다면 각 칸에 0, 0, 0이라고 써 넣어 주세요. 그다음에 1, 0, 0을, 그다음에 0, 1, 0을, 마지막으로 0, 0, 1을 써 넣어 주세요. 이렇게 한 후, '변환'에 들어가서 '변수 계산'을 클릭합니다.

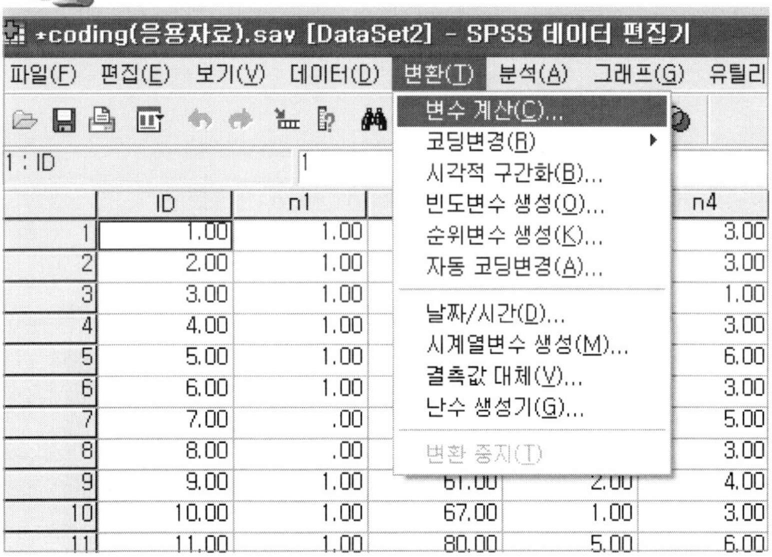

먼저 '변수 계산'에서 D1은 0을 넣어 주세요. 그리고 '확인'을 눌러 주세요.

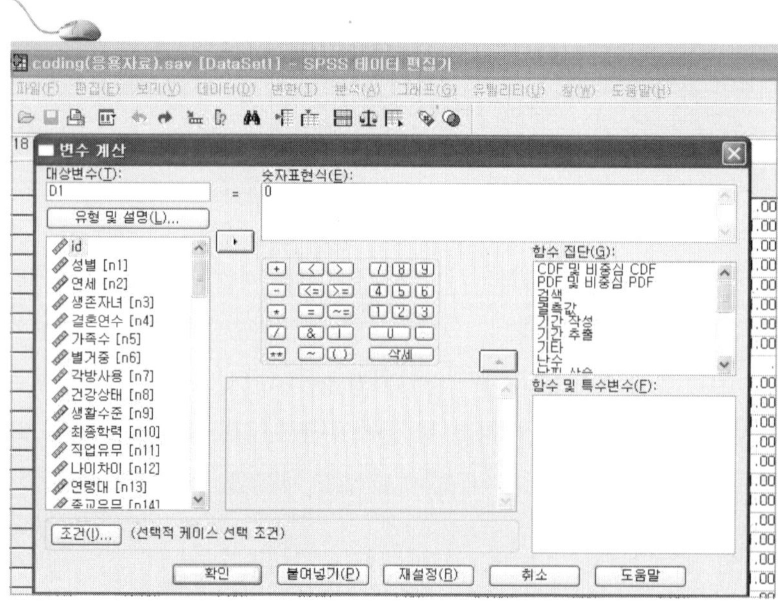

그러면 '데이터 보기'에서 D1은 0이 만들어집니다. 만들어졌는지 확인해 보세요.

성역할a	여가활a	성만족a	생활2	D1
2.60	1.00	3.00	3.00	.00
3.40	2.00	5.00	3.00	.00
2.60	3.00	3.00	3.00	.00
4.80	2.00	4.00	3.00	.00
3.00	1.50	3.00	3.00	.00
5.00	1.00	3.00	3.00	.00
4.80	2.00	1.00	3.00	.00
2.00	3.00	2.50	3.00	.00
1.20	1.00	3.00	2.00	.00
2.00	1.50	4.50	3.00	.00
3.40	1.50	3.00	3.00	.00
3.80	1.00	3.00	2.00	.00
3.00	1.50	3.00	3.00	.00

다시 '변환', '변수 계산'에 들어가서 D2는 0을 넣고 '확인'을 눌러 주세요. D3도 0을 넣어 주세요. D1, D2, D3을 모두 0으로 만들어 놓습니다.

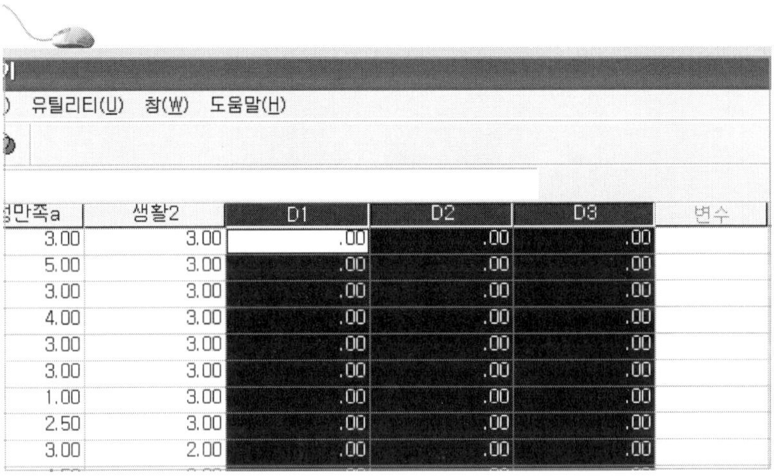

다시 '변환', '변수 계산'에 들어가세요.

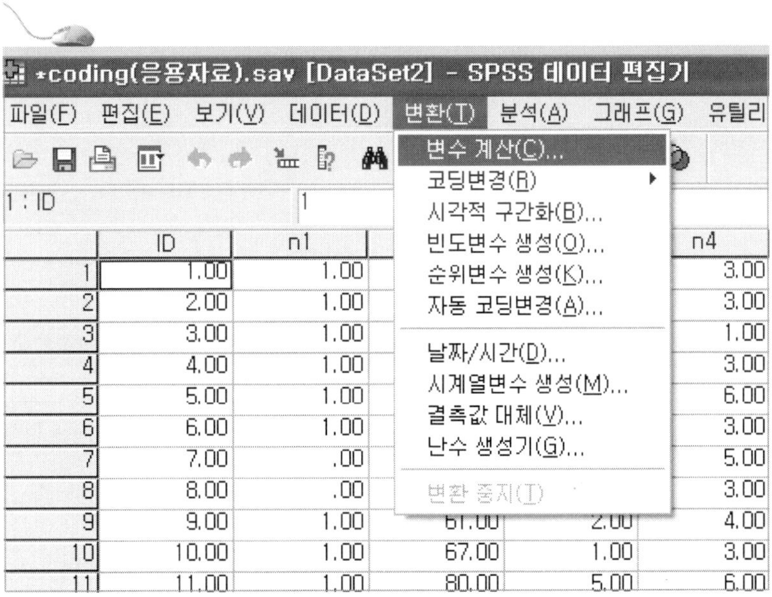

그리고 D1=1을 입력하신 뒤 앞의 <표 10-1>을 보세요.

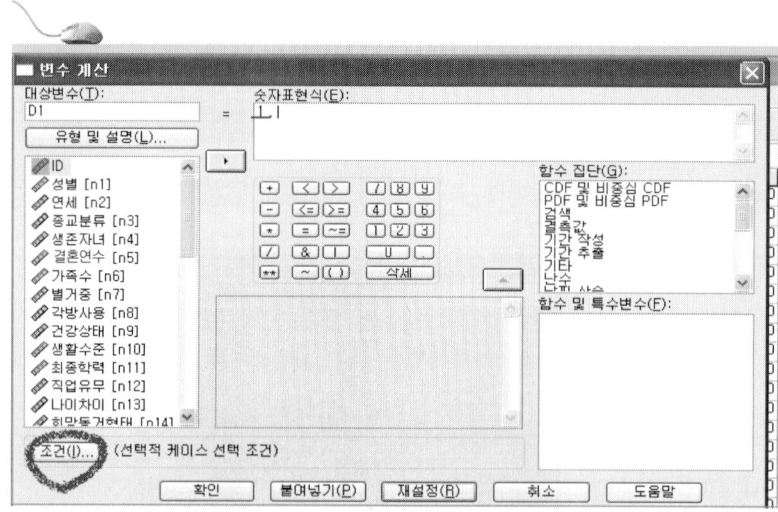

'D1=1'인 경우는 어떤 여가활동(n15)일 때인가요? 2번인 종교활동을 할 때입니다. D1은 1을 써 넣고, '조건'을 누른 다음 '조건을 만족하는 케이스'를 클릭하세요. 그리고 '여가활동(n15)'을 옮기고 'n15=2'라고 만들어 주세요.

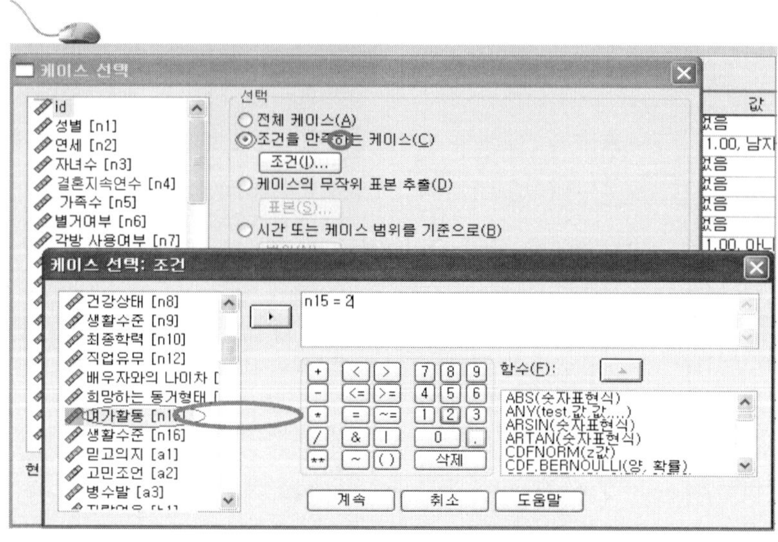

'계속', 그리고 '확인'을 눌러 주세요. '기존 변수를 바꾸시겠습니까?'라는 창이 뜨면 '확인'을 클릭하세요. 그러면 데이터 보기에 D1은 0과 1의 값을 가지는 것으로 나옵니다. D2와 D3도 같은 방식으로 하면 됩니다.

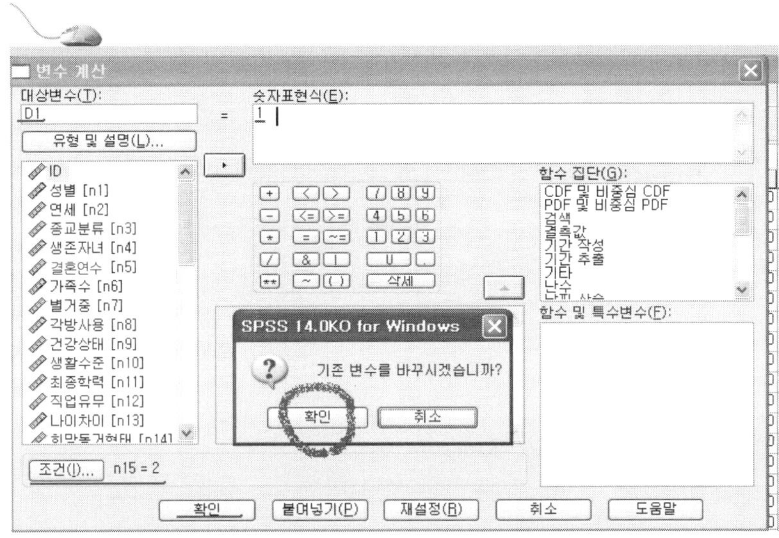

더미변수 실습결과(1단계)

D1	D2	D3
.00	.00	.00
.00	.00	.00
.00	.00	.00
.00	.00	.00
.00	.00	.00
.00	.00	.00
.00	.00	.00
.00	.00	.00
.00	.00	.00
1.00	.00	.00
.00	.00	.00
.00	.00	.00
.00	.00	.00
.00	.00	.00
.00	.00	.00
1.00	.00	.00

'변수 계산'에서 D2는 1을 써 넣고, '조건'으로 가서 '다음 조건을 만족하는 케이스 포함'을 선택합니다. <표 10−1>에서 D2가 1일 때는 언제인가요? 여가활동이 3번인 노인모임 참여일 때입니다. 따라서 'n15=3'을 입력하고, '계속'을 누르고 '확인'을 눌러 주세요. 다음으로 D3을 하겠습니다('재설정'을 반드시 눌러 주세요). '변수 계산'에서 D3은 1을 써 넣어 주세요.

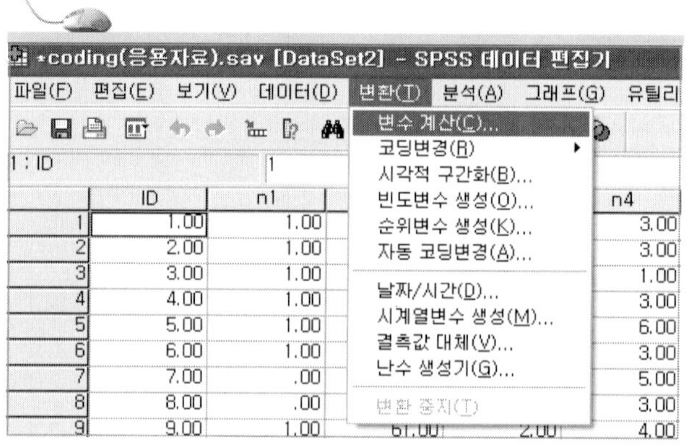

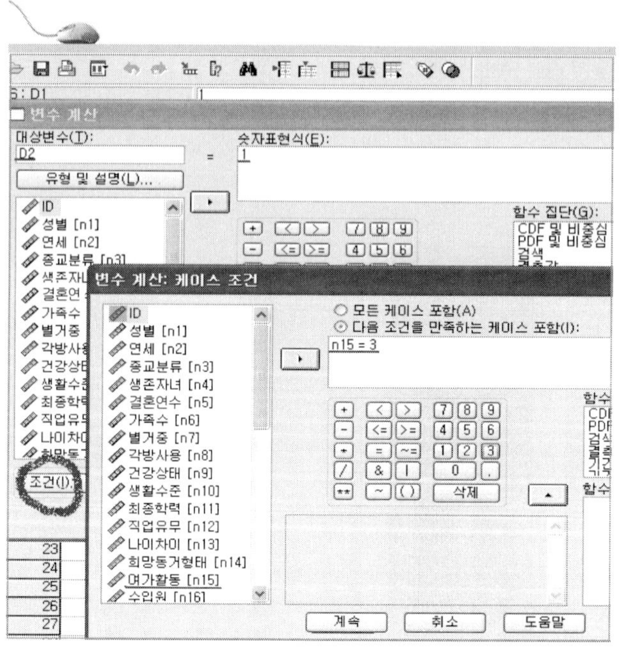

'조건'으로 가서 '다음 조건을 만족하는 케이스 포함'을 선택하세요. <표 10-1>에서 보면, D3이 1일 때의 여가활동은 4번인 교육활동입니다. 'n15=4'를 써 넣고 '계속'과 '확인'을 눌러 주면 됩니다.

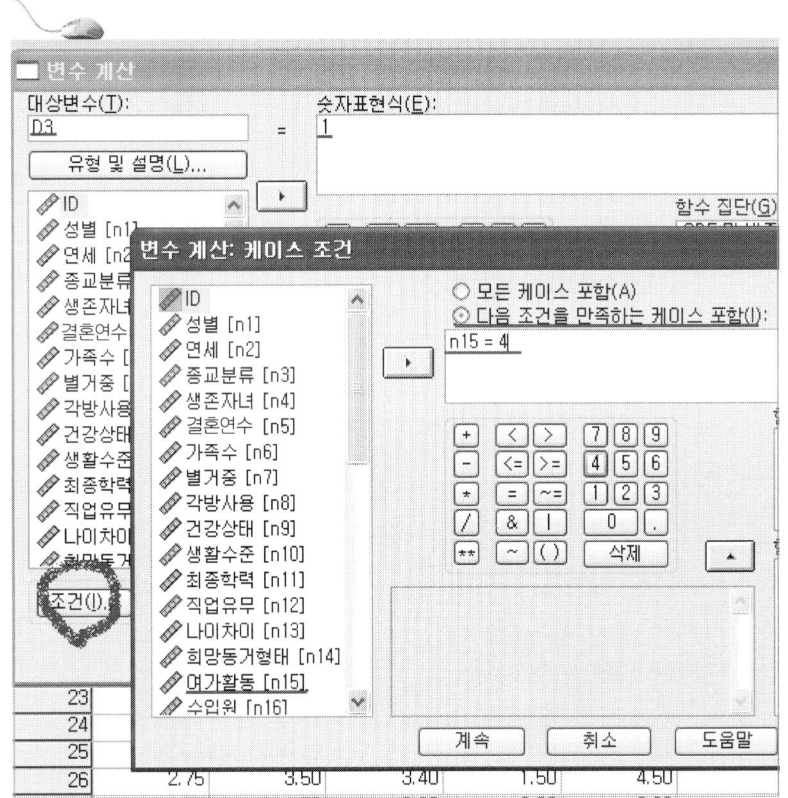

이렇게 해서 더미변수 세 개가 만들어졌습니다.

더미변수 실습결과(최종)

D1	D2	D3
.00	.00	.00
.00	.00	1.00
.00	1.00	.00
.00	.00	.00
.00	.00	1.00
.00	.00	.00
.00	.00	.00
.00	.00	1.00
.00	.00	1.00
1.00	.00	.00
.00	.00	1.00
.00	.00	.00
.00	1.00	.00
.00	.00	1.00
.00	.00	1.00
1.00	.00	.00
1.00	.00	.00
.00	.00	.00
1.00	.00	.00
1.00	.00	.00
1.00	.00	.00
1.00	.00	.00
1.00	.00	.00
.00	1.00	.00
.00	1.00	.00

그러면 이 더미변수 세 개를 회귀분석에 넣어 보겠습니다. '회귀분석'에 가서 '선형'을 클릭한 뒤 종속변수에는 결혼만족도를 넣고, 독립변수에는 D1, D2, D3을 넣습니다. 세 개를 다 집어넣습니다. 그런 다음 결과를 보고 해석해 보겠습니다.

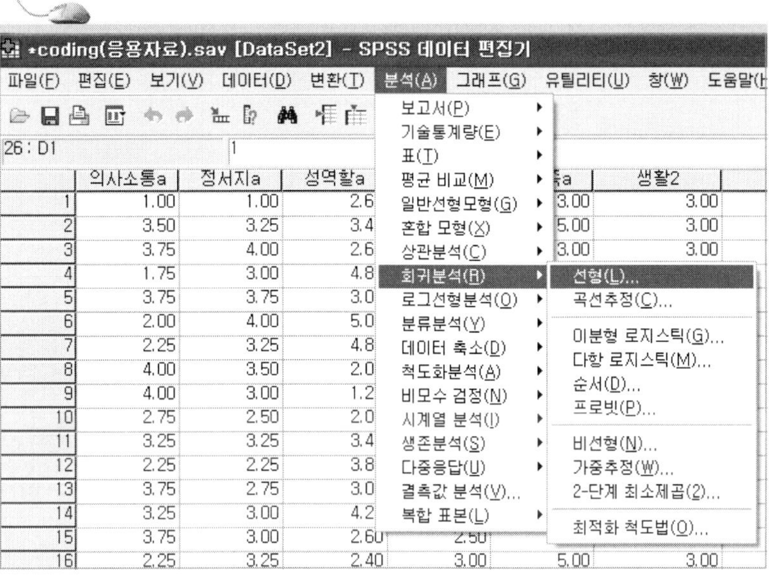

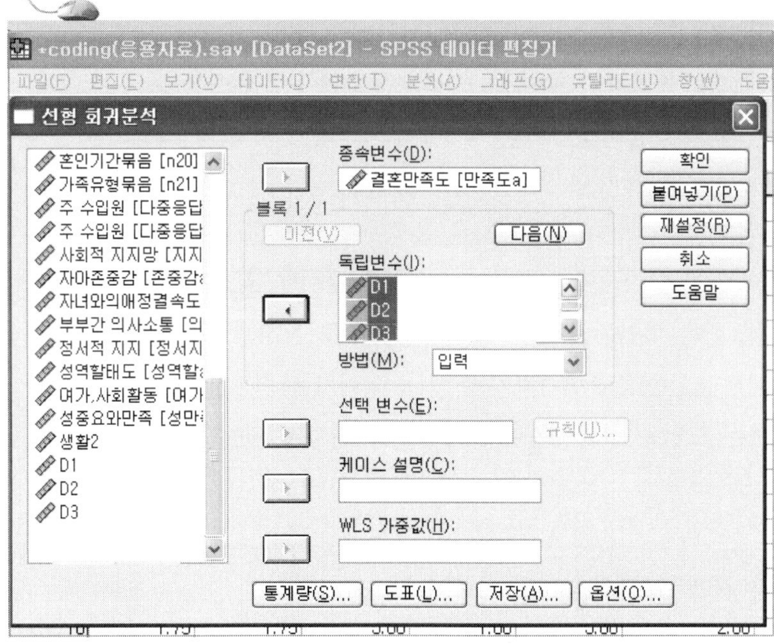

더미변수를 이용한 회귀분석 실습결과

모형 요약

모형	R	R 제곱	수정된 R 제곱	추정값의 표준오차
1	.358[a]	.128	.117	.86600

a. 예측값: (상수), D3, D2, D1

분산분석[b]

모형		제곱합	자유도	평균제곱	F	유의확률
1	선형회귀분석	25.948	3	8.649	11.533	.000[a]
	잔차	176.991	236	.750		
	합계	202.939	239			

a. 예측값: (상수), D3, D2, D1
b. 종속변수: 결혼만족도

계수[a]

모형		비표준화 계수		표준화 계수	t	유의확률
		B	표준오차	베타		
1	(상수)	3.067	.151		20.347	.000
	D1	.552	.178	.286	3.101	.002
	D2	.754	.196	.328	3.852	.000
	D3	1.028	.181	.518	5.684	.000

사회봉사활동이 기준이기 때문에 사회봉사활동에 참여하는 노인에 비해서 종교활동(D1)을 하는 노인은 결혼만족도가 어떻다 또는 사회봉사활동에 비해서 노인모임 참여(D2) 노인은 결혼만족도가 어떻다, 그리고 사회봉사활동에 비해서 교육활동(D3)을 하는 노인은 결혼만족도가 어떻다고 해석이 되는 것입니다.

〈더미변수의 결과해석 방법〉

해석은 기준이 되는 범주(여기서의 기준은 '① 사회봉사활동'입니다)를 가지고 합니다. 기준이 되는 범주에 비해서 종교활동, 노인모임 참여, 교육활동이 어떻다고 해

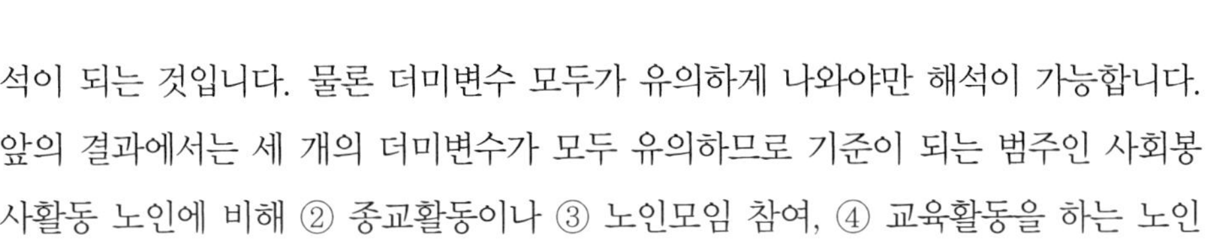

석이 되는 것입니다. 물론 더미변수 모두가 유의하게 나와야만 해석이 가능합니다. 앞의 결과에서는 세 개의 더미변수가 모두 유의하므로 기준이 되는 범주인 사회봉사활동 노인에 비해 ② 종교활동이나 ③ 노인모임 참여, ④ 교육활동을 하는 노인이 결혼만족도가 높다고 할 수 있습니다.

만약, 더미변수가 하나만 유의미하고 다른 더미변수는 유의미하지 않다면 더미변수를 분석에서 제외하는 것이 바람직합니다. 즉, 유의미하게 나오지 않은 더미변수가 있을 경우엔 유의미하지 않게 나온 범주를 제거한 후 줄어든 더미변수의 범주를 가지고 분석을 시도해 보는 것이 바람직합니다.

제 11 장

회귀분석

단순선형 회귀분석(simple linear regression)은 두 변수 간의 인과관계를 조사하는 방법입니다. 즉, 한 변수가 다른 변수와 어떠한 인과관계가 있는지를 분석하기 위하여 사용하는 방법으로, 한 변수의 값을 가지고 다른 변수의 값을 예측해 주는 분석입니다. 즉, 한 변수에 대한 다른 변수의 변화를 함수관계로 나타내어 분석하는 방법입니다.

중다회귀분석은 독립변수가 2개 이상일 경우이며, 동시에 투입됩니다.

1 회귀분석의 특성

- 종속변수의 변량을 가장 잘 설명해 주는 직선을 찾기 위해 방정식을 활용한다.
  - 독립변수가 1개일 때: $y=\beta_0+\beta_1 X+\varepsilon$
  - 독립변수가 2개 이상일 때: $y=\beta_0+\beta_1 X_1+\beta_1 X_2+\cdots\cdots\beta_n X_n+\varepsilon$
- 정규분포, 선형성, 등분산, 다중공선성 없음, 오차의 독립성 등의 가정을 충족시켜야 한다. 정규확률도표를 통해 정규성을 평가한다. 잔차에 대한 분석결과를 통해 선형성과 등분산성을 검증한다. 잔차플롯의 그림은 무작위 상태로 나

와야 좋다. 일정하게 줄어드는 형식이나 늘어나는 형식의 패턴이 나타나면 안 된다. 선형성(직선관계)을 파악하는 가장 좋은 방법은 각각의 독립변수와 종속 변수 간의 관계를 산점도로 파악하여 곡선관계가 아닌 직선관계 모양이 나타나는지를 확인하는 것이다.

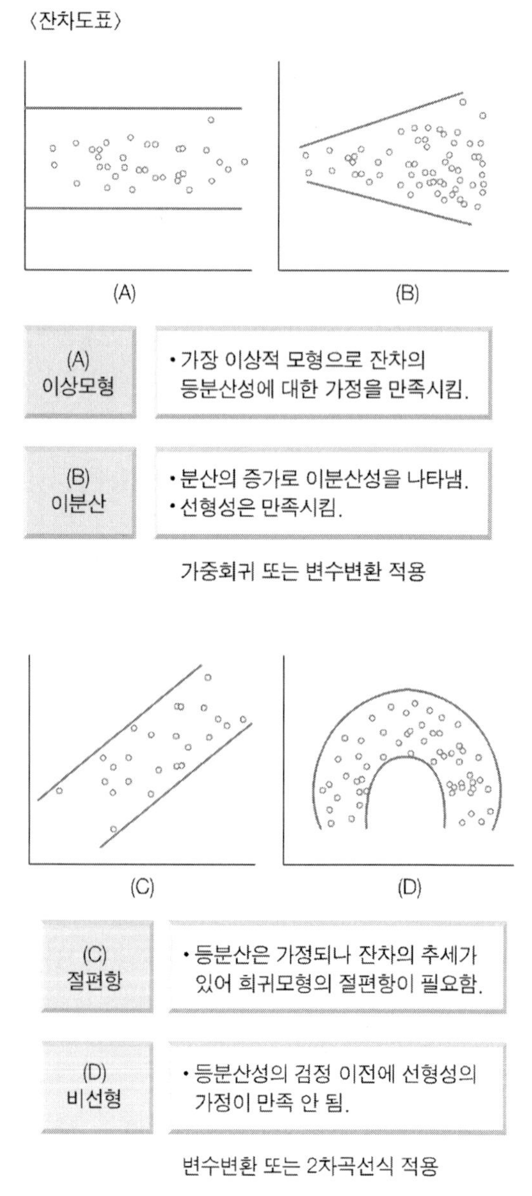

- **다중공선성**: 독립변수 간에 상관이 높은 것을 말하며 이것이 없어야 한다. 단순상관관계를 가지고 검증할 시 단순상관관계가 .8 이상이면 한 변수는 제거해야 한다. 공차한계를 통해서도 검증할 수 있다. 공차한계는 .1보다 커야 한다(저자는 .3보다 클 것을 주장한다). 이와 역관계에 있는 VIF는 10(보수적으로 3.3)을 넘지 않는 것이 좋다.
- 표준화 회귀계수 베타값은 상대적인 영향력을 나타낸다. 다른 변수가 통제된 상태(즉, 다른 영향력을 제거한 상태)에서의 특정 변수의 독보적인 영향력을 보는 것이다.
- R^2: 독립변수가 종속변수의 변량을 설명하는 정도를 뜻한다. 만일 R^2이 .45가 나왔다면 독립변수가 종속변수의 변량을 45% 설명한다는 뜻이다.
- 회귀분석은 명목척도를 활용해서는 안 된다. 예를 들어, 성별(명목)을 넣고 싶으면 더미(dummy, 0과 1의 값으로)변수로 변환시켜 주어야 한다. 더미변수로의 변환방법은 앞 장에 자세히 언급되어 있다.
- 회귀분석에서는 몇 명의 표본이 필요할까? 공식은 다음과 같다. [50 + 8 × 독립변수 수] 또는 [104 + 독립변수 수]를 적용해서 높은 값을 따르는 것이 좋다. 일반적으로 독립변수 1개당 10~20개의 샘플이 필요하다. 그렇지 않으면 2종 오류를 범할 확률이 높다.
- 수정된 R^2은 두 가지 의미를 갖는다.
  - 모집단에 적용되었을 때의 R^2을 의미하므로 R^2보다는 값이 줄어든다.
  - 의미 없는 독립변수의 수가 많으면 결정계수에 영향을 미치게 되므로 이를 반영하여 수정해 준 것이다.
- **동시 입력방식과 단계 입력방식의 구분**

  다중회귀식을 추정하는 방식에는 여러 가지가 있는데, 가장 대표적인 것이 동시 입력방식과 단계 입력방식이다. 동시 입력방식(enter)은 연구자가 고려하는 모든 독립변수를 한꺼번에 포함하여 분석하는 방법이다. 이 방식을 이용하면 다른 독립변수가 통제된 상태에서 특정 독립변수의 영향력을 알 수 있으며, 또한 연구자가 고려하는 모든 독립변수가 동시에 종속변수를 설명하는 정도를 알 수 있다.

  이에 비해 단계 입력방식(stepwise)은 다른 변수들이 회귀식에 존재할 때 종속변수에 영향력이 있는 변수들만을 회귀식에 포함시키는 방식인데, 설명력이 높은 변수 순으로 회귀식에 포함된다. 그런데 그 전 단계에서 회귀식에 포함된 독립변수들도 나중에 들어오는 변수 때문에 설명력이 매우 낮아지면 회귀식에서 제거된다.

이 방식은 종속변수를 설명하는 데 있어서 설명력이 어느 정도 이상 되는 변수들로만 구성된 회귀식을 발견하는 데 유용하다.

- 회귀분석을 정확히 보려면
  - 독립변수와 종속변수 모두 입력하여 모든 변수 간에 단순상관관계를 확인할 것
  - 독립변수와 종속변수가 직선관계인지 확인할 것
  - 정규분포를 이루고 있는지 확인할 것
  - '이상값(outlier)'을 보기 위해 잔차[1]를 확인할 것
- 모델의 적합도를 해석하는 방법은 다음과 같다.
  - F값이 높고 R^2값도 높다: 이상적 모델
  - F값이 높고 R^2값은 낮다: 모델보완이 필요(독립변수 추가)
  - F값은 낮고 R^2값이 높다: 표본 수를 늘여야 한다.
  - F값은 낮고 R^2값도 낮다: 모델 포기

한 가지 비밀을 알려드리겠습니다. 회귀분석에서 다중공선성이 있는 경우 표준화 회귀계수인 베타값이 높게 나와도 유의하지 않게 나옵니다. 예를 들어, 공선성이 있으면 베타값이 .46 정도로 높은데도 불구하고 유의하지 않게 나오는 것입니다. 또한 전체 모형만 유의하게 나오고 각 개별 변수는 유의하지 않게 나오는 경우도 많습니다. 또 공선성이 있으면 변수의 베타값의 부호가 +에서 -로 바뀌거나 -에서 +바뀌는 현상이 나타나게 됩니다.

1) 통상적으로 회귀분석에서는 표준화 잔차를 이용한 이상점의 검출 정도로 정규성 문제를 검토해도 큰 무리는 없다. 표준화 잔차의 절대값이 2.5에서 3 이상이면 이상점으로 간주한다.

2 분 석

회귀분석을 시작하기 전에 우리가 왜 중다회귀분석을 해야 하는지에 대한 이해를 간단히 돕고 시작하겠습니다. 먼저 허위관계라는 것이 있습니다. x가 y에 영향을 준다고 생각했지만 제3의 변수를 넣고 동시에 분석을 해 보니 관계가 없어지는 것을 허위관계모델이라고 합니다. 그 이유는 제3의 변수가 독립변수(x)에도 영향을 주고 종속변수(y)에도 영향을 주기 때문에 겉으로는 x와 y가 관계가 있는 것처럼 보이는 것입니다. 또한 제3의 변수를 통제하게 되면 x와 y의 관계가 처음에는 긍정적인 플러스 관계에 있는데, 제3의 변수를 넣으면 부정적인 마이너스로 바뀌는 경우도 있고(이때 제3의 변수를 왜곡변수라고 함), 또 x와 y의 관계가 처음에는 없었는데, 제3의 변수를 넣으면 관계가 나타나는 경우도 있습니다(이때 제3의 변수는 억제변수라고 함). 이런 이유 때문에 제3의 변수를 분석에 집어넣어야 정확한 결과를 볼 수 있습니다. 상관관계 설계 또는 사후조사 설계인 survey 형식의 일회성 횡단적 연구에서는 제3의 변수를 잘 다스려야 합니다. 물론 실험을 하게 되면 그럴 필요는 없습니다. 즉, 독립변수를 직접 만들어서 적용하게 되면 이런 것은 크게 신경을 쓰지 않아도 됩니다. 그러나 사회과학에서는 사회현상을 연구하는 데 모든 것을 실험으로 증명하기가 어렵습니다. 왜 어려울까요? 독립변수를 직접 만들어서 조작해 적용하기가 어렵기 때문이죠. 예를 들어, 이혼의 효과를 보겠다고 했을 때, 이혼을 직접 시키기가 힘들다는 말입니다. 언제든지 자유롭게 이혼시킬 수 있으면 크게 신경쓰지 않아도 되겠죠. 실험실에 가두어 놓고 이혼시킨 후에 어떤 변화가 생기는가를 관찰하면 되는데, 사회과학에서는 그럴 수가 없어요. 이혼이 발생한 후에 그들에게 찾아가서 연구를 수행하는 수밖에 없습니다. 그러다보니 이미 이혼은 일어났고, 동시에 이혼이 진행된 상태에서 많은 외부의 제3의 요인들이 아동의 적응에 계속 영향을 미치는 것을 알게 됩니다. 그러므로 제3의 변수를 꼭 끌어내어 통제해야 한다는 것입니다. 그 제3의 변수는 어디서 찾아야 할까요? 선행연구나 이론에서 찾아야죠. 이혼 외에 아동의 적응에 영향을 끼칠 수 있는 가능한 요인을 선행연구에서 찾아 통제변수에 모두 집어넣게 되는 것입니다. 제3의 변수들을 모두 통제하고 연구자가 보고자 하는 변수의 독특한 영향력을 잘 나타내 줄 수 있는 것이 바로 '중다회귀분석'입니다. 여러 개의 독립변수를 동시에 투입해 보아야 변수 간의 관계를 정확하게 알 수 있으므로 중다회귀분석 같은 다변량분석이 필요한 것입니다.

그럼 이제 회귀분석을 시작하도록 하겠습니다. 먼저 해야 할 것이 있는데, 회귀분석의 기본 가정을 충족시키는지를 확인하는 것입니다. 여러 가지 기본 가정은 직선관계, 등분산성, 다중공선성 없음 등을 포함합니다. 먼저 직선관계를 파악해 봅시다. 특별히 직선관계를 검증하기 위해서 각각의 독립변수와 종속변수의 산점도를 그려보는 것이 도움이 됩니다. 산점도를 하나하나 보면서 곡선모양이 나오는 독립변수는 제외시키도록 합니다.

이제 단순 산점도를 확인해 봅시다.

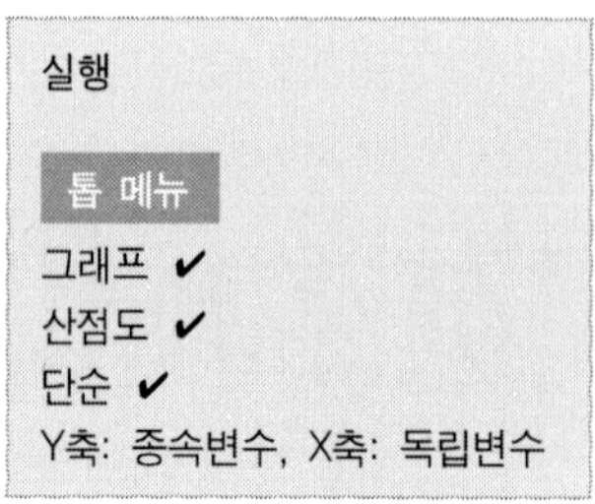

'그래프'로 가셔서 '산점도'를 클릭하고 '단순'에 클릭하세요.

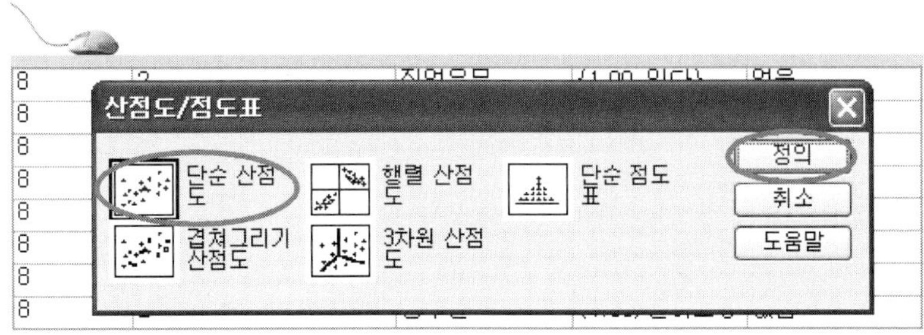

Y축에는 종속변수를 넣고, X축에는 독립변수를 넣으면 됩니다.

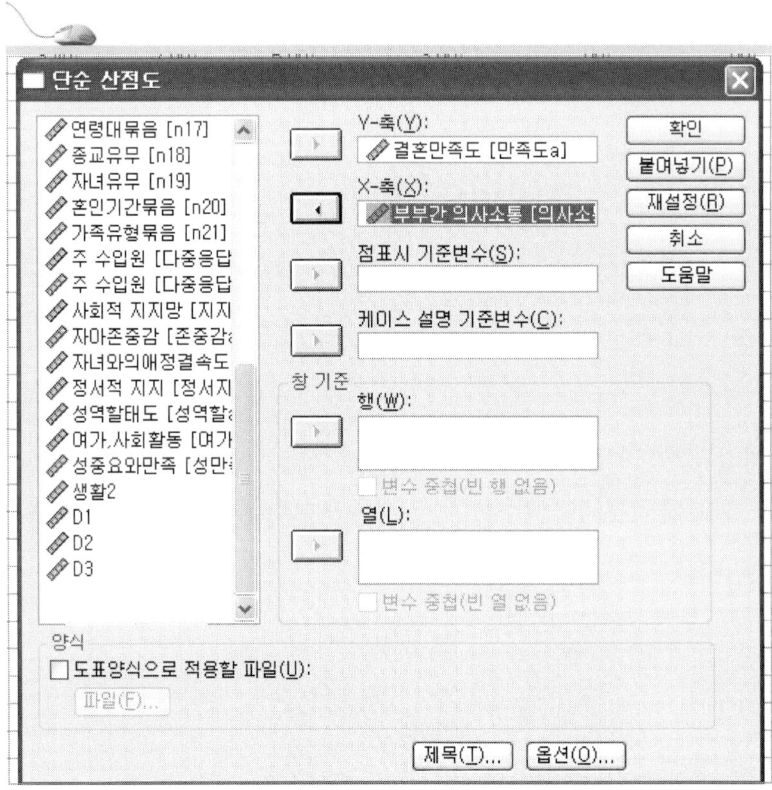

그 결과가 나오고 있습니다. 여기서는 독립변수와 종속변수가 대강 직선관계의 모양을 보여 주고 있습니다. 만일 곡선모양이 나오면 그 독립변수는 분석에서 제외하는 것이 좋습니다.

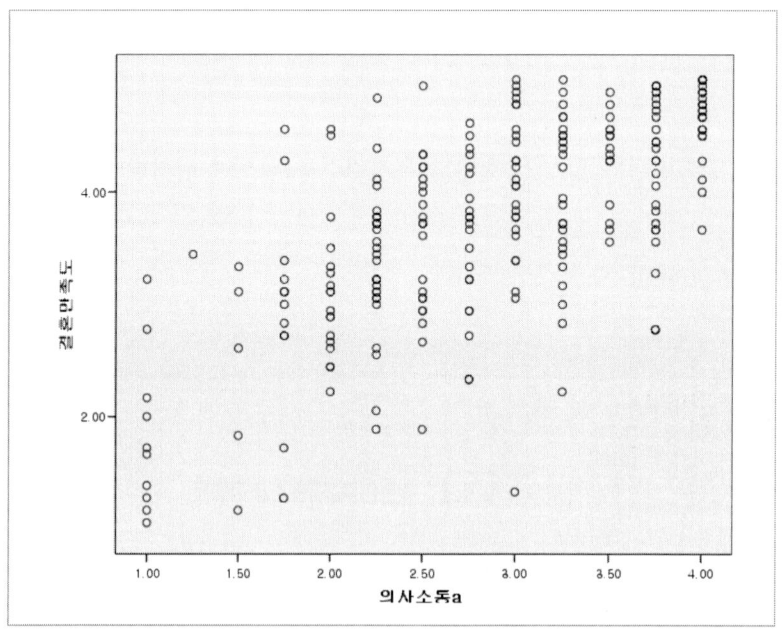

다른 가정들은 회귀분석을 직접 시행하면서 체크하게 됩니다. 그럼 회귀분석을 시작하죠. 메뉴에서 '분석'으로 들어간 뒤 '회귀분석'에서 '선형'으로 가세요.

실행

톱 메뉴	도표(L)
분석 ✔	Y: *ZRESID
회귀분석 ✔	X: *ZPRED
선형 ✔	<표준화 잔차도표>
	✔ 히스토그램
	✔ 정규확률도표

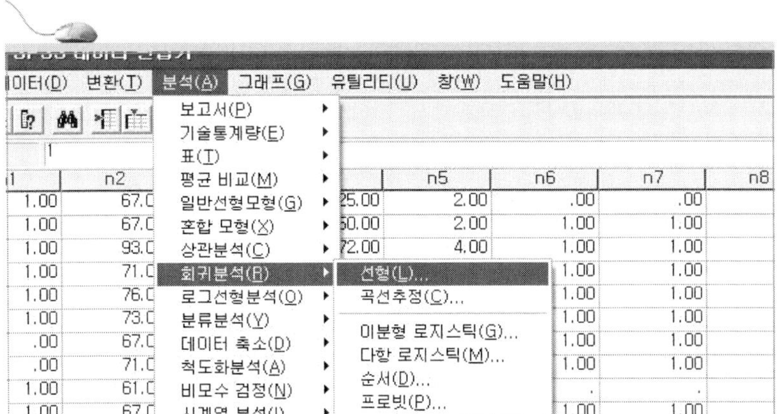

지금은 결혼만족도에 영향을 주는 요인을 검증하는 것이기 때문에 종속변수는 결혼만족도입니다. 그리고 종속변수에 영향을 주는 독립변수로 연구모형에서 제시된 부부 차원의 변수들은 정서적 지지, 부부간의 의사소통, 성생활 만족도 등 세 가지였습니다. 이 세 가지 독립변수가 종속변수에 어떻게 영향을 주고 있는지 보겠습니다.

일반적으로 '입력방법'을 가장 많이 쓰고 있어요. 기본적인 것으로서 일단은 '입력(Enter)방식'으로 넣겠습니다.

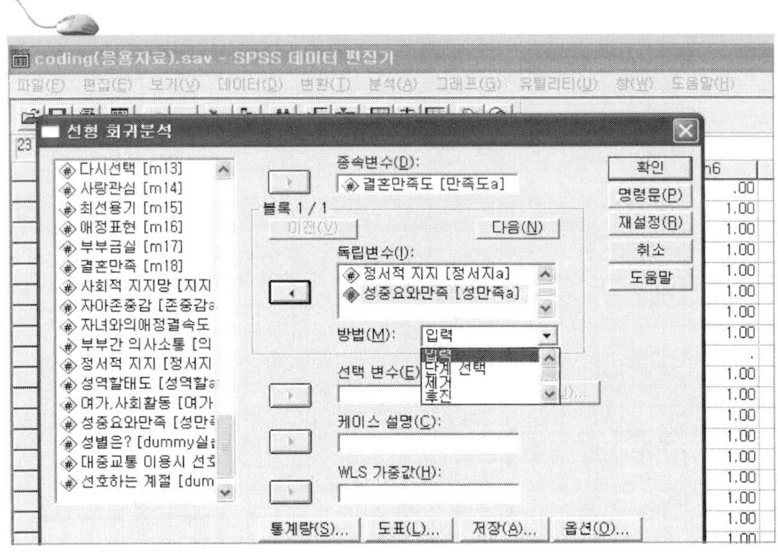

그다음에는 자료가 회귀분석의 기본 조건을 충족시키는지를 확인하기 위한 명령문을 내려보겠습니다. '통계량'을 클릭하세요. '공선성 진단'을 클릭하고, 잔차분석에서는 '케이스별 진단'을 선택하세요. 이 잔차에서 'Durbin-Watson'값은 오차항의 독립성을 판단하기 위한 것인데, 시계열 자료가 아니라면 굳이 보고할 필요가 없습니다. Durbin-Watson은 시간적으로 중요하게 영향을 미치는 변수가 있을 때만 사용하는 것입니다. 예를 들어, 의사의 수술 경력은 시간적으로 굉장히 영향을 미치죠. 수술 경력이 많을수록 기술이 많이 늘었을 것이라고 보죠. 이렇게 시간으로 인해서 다른 변수들에 영향을 미치는 경우, 즉 자기상관이 있을 때에는 Durbin-Watson값을 사용하지만 일반적으로 사회복지에서는 쓰지 않습니다. 해석하는 방법은 Durbin-Watson값이 2에 가까우면 오차항이 무상관이라고 판단하게 되고, 0이면 양적 자기상관, 4면 음적 자기상관이 있다고 판단합니다. 케이스별 진단에서 밖에 나타나는 이상값은 기본이 3입니다. '계속'을 눌러 주세요.

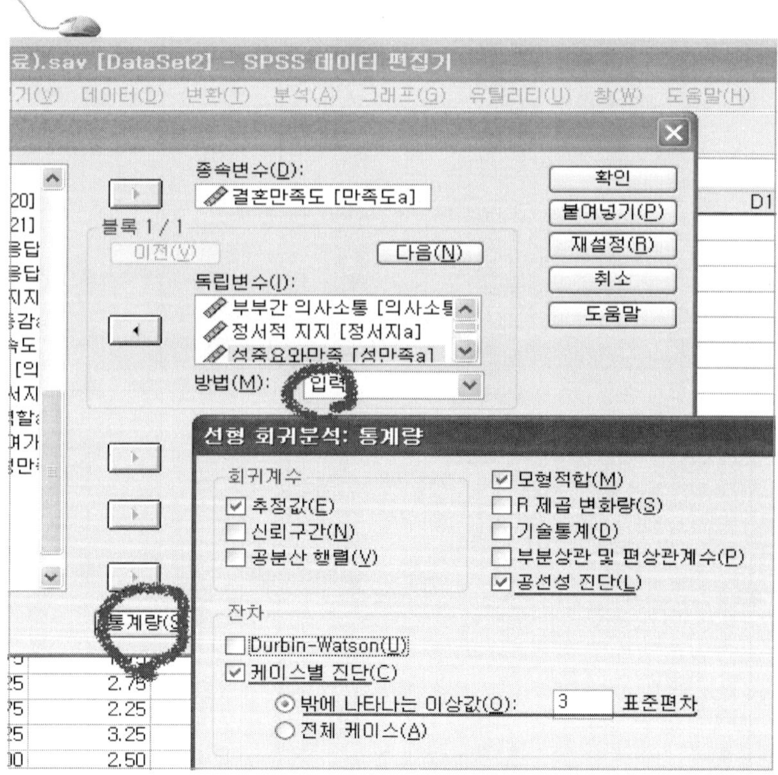

그다음에 '도표'를 클릭하세요. 등분산성을 알아보기 위한 산점도를 그리기 위해 X에 ZPRED를 옮겨 넣으세요. 앞에 Z가 붙으면 표준화되어 있다는 뜻입니다. Y축에는 ZRESID를 넣어 주면 됩니다. 그리고 '표준화 잔차도표'에서 '히스토그램'과 '정규확률도표'를 선택하고 '계속'을 눌러 주세요. 마지막으로 '확인'을 누르면 결과가 나옵니다.

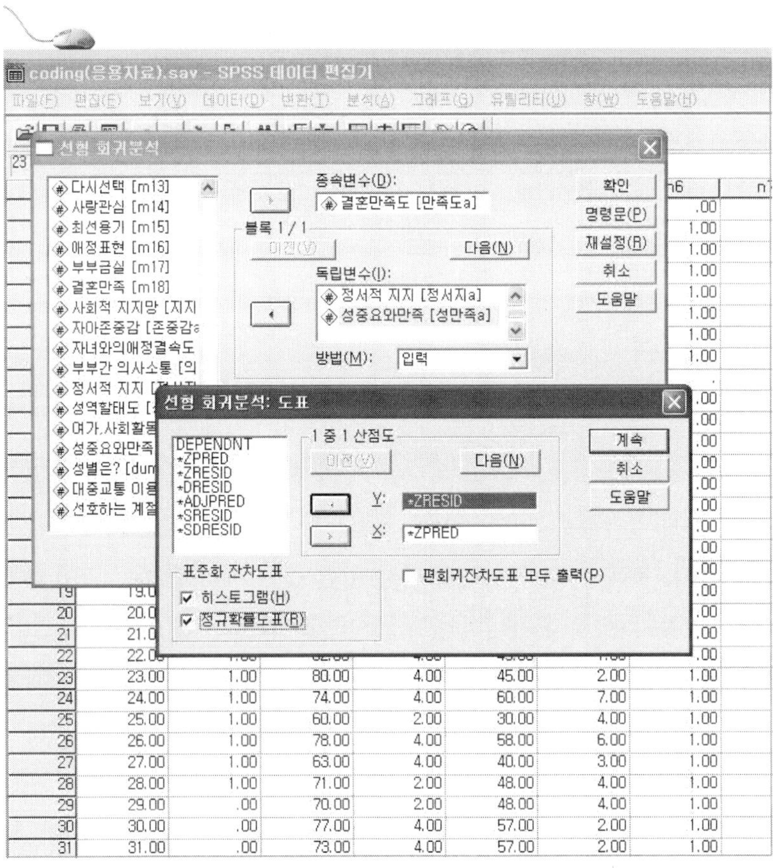

회귀분석을 할 때 기본적으로 충족시켜야 하는 가정이 되어 있는지 먼저 보도록 하죠. Output에서 잔차 통계량을 보세요. 케이스별 진단이 나와 있습니다. 이것을 보면 표준화된 잔차가 3이 넘는 것이 한 케이스(188번 케이스)입니다.

케이스별 진단a

케이스 수	표준화 잔차	결혼만족도	예측값	잔차
188	-3.063	1.17	2.8758	-1.70909

a. 종속변수: 결혼만족도

잔차 통계량a

	최소값	최대값	평균	표준편차	N
예측값	1.7111	4.9286	3.7329	.73837	239
잔차	-1.70909	1.50803	.00000	.55450	239
표준화 예측값	-2.738	1.619	.000	1.000	239
표준화 잔차	-3.063	2.702	.000	.994	239

a. 종속변수: 결혼만족도

188번 케이스는 이상값을 가지고 있다는 뜻이에요. 즉, 극단값을 가지고 있다는 뜻입니다. 이렇게 극단값을 가지고 있는 케이스가 있으면 회귀분석에 아주 심각한 영향을 미칩니다. 결과가 왜곡되죠. 그래서 이런 것은 제거해 주는 것이 좋습니다. 그러면 '데이터 보기'에 가서 아이디가 188번인 케이스를 지워 버리세요. 그리고 분석을 하면 더 정확한 회귀분석 결과가 나옵니다. 이때 주의할 점은 반드시 아이디에서 번호를 확인하고 지워야 합니다. 그래서 데이터를 입력할 때 꼭 아이디를 입력해야 하는 것입니다.

다음은 정규분포를 이루고 있는가를 알아보는 히스토그램과 잔차의 정규도표가 나와 있습니다. 히스토그램을 보니 정규분포 모양을 띠고 있군요. 정규도표에서는 대각선을 중심으로 데이터들이 몰려 있으면 정규분포를 이루고 있다고 판단합니다. 그런데 대각선을 중심으로 데이터가 굴곡이 심하게 분포되어 있으면 정규분포가 아니라는 뜻이죠. 정규분포가 아니면 이상값을 체크하여 이를 제거해 보고, 그래도 안 되면 로그(log)를 취하여 자료를 변형시켜야 합니다.

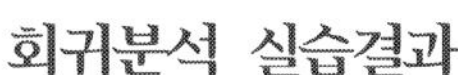
회귀분석 실습결과

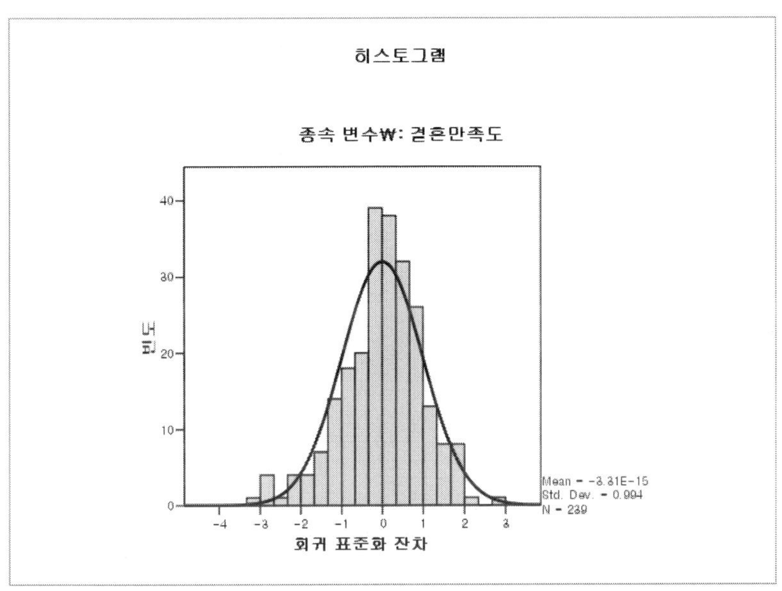
히스토그램
종속 변수₩: 결혼만족도
빈도
40
30
20
10
0
-4
-3
-2
-1
0
1
2
3
회귀 표준화 잔차
Mean = -3.31E-15
Std. Dev. = 0.994
N = 239

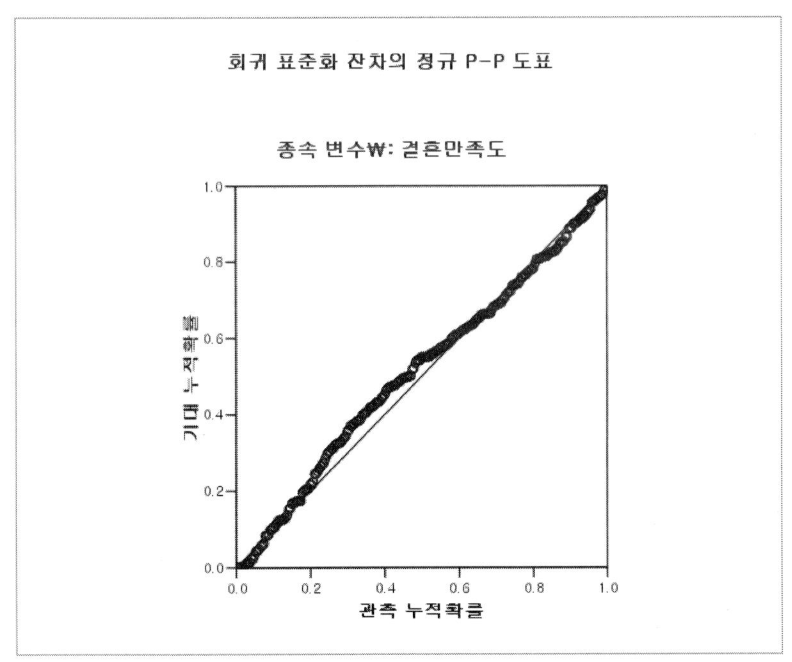
회귀 표준화 잔차의 정규 P-P 도표
종속 변수₩: 결혼만족도
기대 누적확률
1.0
0.8
0.6
0.4
0.2
0.0
0.0
0.2
0.4
0.6
0.8
1.0
관측 누적확률

다음의 산점도를 보면, 산점도 모양이 어떠한 특별한 형태를 띠지 않아야 등분산성을 가정할 수 있다는 뜻입니다. 어떤 분명한 관계를 보여 주는 그림, 예를 들어 예측값이 커짐에 따라 표준화 잔차가 커지거나 작아지는 모습, 즉 점차 퍼져 나가는 산점도나 줄어드는 산점도 모양은 등분산성을 어기고 있다는 뜻이며, 일반적으로 무작위로 퍼져 있는 그림이면 등분산성을 충족시킨다는 뜻입니다. 이 그림에서는 예측값이 커짐에 따라 잔차가 약간 줄어드는 듯한 모습을 보이고 있지만, 그리 뚜렷한 경향이나 분명한 관계를 나타내고 있지 않으므로 크게 우려할 수준은 아닌 듯 보입니다. 만일 가정을 어긴다고 판단된다면, 우선 이상값을 제거하여 다시 한 번 등분산성을 체크해 보고, 그래도 안 되면 로그(log)를 취하여 자료를 변형시켜야 합니다.

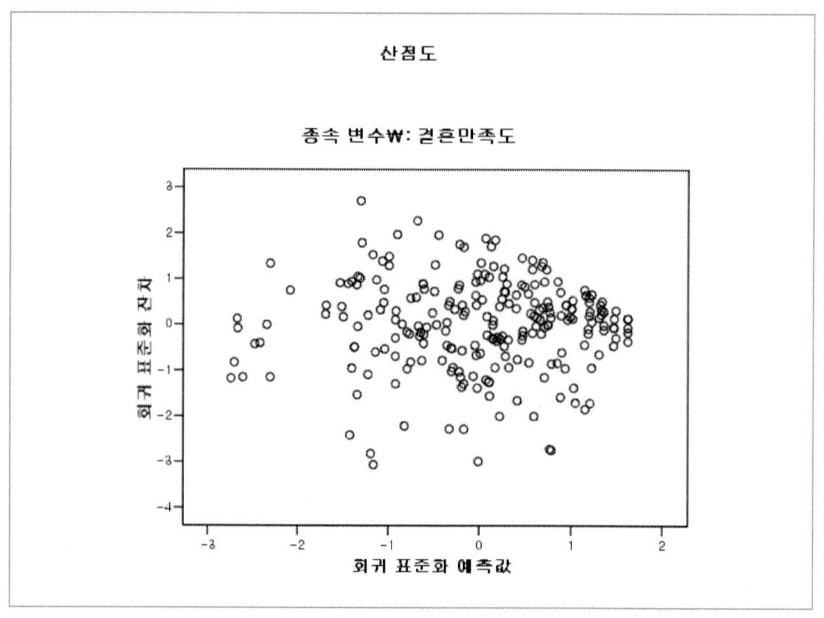

다음은 다중공선성을 확인하겠습니다. 회귀분석에서 중요하게 고려해야 하는 것이 독립변수 간의 상관관계입니다. 독립변수 간의 상관관계가 있으면 안 돼요. 독립변수 간의 상관관계를 다중공선성이라고 하는데, 독립변수는 상호 독립적이어야 하므로 다중공선성이 없어야 됩니다. 다중공선성의 통계량이 여기 나와 있는데, 공차

한계나 VIF값을 보고 따져야 합니다. 공차한계가 .1 이상이면 문제가 없습니다. 즉, 공선성에 문제가 없다는 뜻이 됩니다. 그런데 교과서에는 .1이라고 나오지만 엄격하게는 .3 이상은 되어야 해요. 따라서 .3 이상이면 공선성이 문제가 없다는 뜻입니다. 여기서는 모두 .6을 넘고 있기 때문에 공선성에 문제가 없어요. 즉, 독립변수가 거의 독립적입니다.

또한 단순상관관계를 보는 것도 필요합니다. '분석', '상관관계'에서 '이변량 상관계수'를 클릭하고 독립변수를 집어넣어 독립변수 간 단순상관관계를 봐도 좋습니다. 단순상관관계가 .8을 넘으면 안 좋습니다. 만일 .8을 넘으면 둘 중 한 변수를 제외하여야 합니다.

모형 요약[b]

모형	R	R 제곱	수정된 R 제곱	추정값의 표준오차
1	.800[a]	.639	.635	.55803

a. 예측값: (상수), 성중요와만족, 부부간 의사소통, 정서적 지지

b. 종속변수: 결혼만족도

분산분석[b]

모형		제곱합	자유도	평균제곱	F	유의확률
1	선형회귀분석	129.756	3	43.252	138.896	.000[a]
	잔차	73.179	235	.311		
	합계	202.934	238			

a. 예측값: (상수), 성중요와만족, 부부간 의사소통, 정서적 지지

b. 종속변수: 결혼만족도

계수[a]

모형		비표준화 계수		표준화 계수	t	유의확률	공선성 통계량	
		B	표준오차	베타			공차한계	VIF
1	(상수)	.314	.177		1.769	.078		
	부부간 의사소통	.465	.054	.411	8.595	.000	.672	1.488
	정서적 지지	.445	.057	.381	7.835	.000	.649	1.541
	성중요와만족	.195	.039	.211	5.023	.000	.870	1.149

a. 종속변수: 결혼만족도

지금 다중공선성에 문제가 없기 때문에 독립변수 세 개를 모두 활용해서 회귀분석을 진행해도 좋다는 결론입니다. 결과를 보겠습니다. 모형요약에 보면, R제곱(R^2)이 .639이므로 독립변수 세 개가 종속변수의 변량을 63.9% 설명한다고 할 수 있습니다. 수정된 R제곱(R^2)은 모집단에 적용하였을 때 63.5%를 설명한다는 것입니다.

그럼 63.9%를 설명하는 것은 과연 유의한가? 유의확률을 보니 .000으로 나와 있는데, P<.001 수준에서 유의하므로 이 연구모형은 적합하다는 결론이 난 것입니다.

다음은 우리가 설정한 세 개의 변수가 각각 어떻게 영향을 미치는지 살펴보겠습니다.

결과표를 보면 세 변수 모두 유의한 것으로 나타나 있습니다. 그러나 가장 영향력 있는 변수를 결정하기 위해서는 표준화 계수 베타(β)를 보아야 합니다. 가장 높은 것이 부부간 의사소통으로 .411입니다. 부부간 의사소통이 결혼만족도에 영향을 미치는 가장 중요한 변수로 나타났습니다. 베타는 대체적으로 0에서 1값을 갖습니다. 이것이 .1이면 약하다, .3이면 보통이다, .5면 높다고 해석됩니다. 부부간 의사소통이 .4를 넘기 때문에 영향력이 높은 편이라고 해석할 수 있습니다.

만약 모형을 간략하게 만들고 싶다면 또는 탐색적 연구이기에 무엇이 중요한 변수인지를 선정하는 연구를 진행한다면 직접 단계 선택(stepwise)을 하면 됩니다. 입력방법 대신 '단계 선택'을 넣고 '확인'을 눌러 주면 가장 중요한 변수부터 뽑아 주고 중요하지 않은 변수는 빠지게 됩니다. 이렇게 해서 모형을 간결하게 해 주는 것입니다.

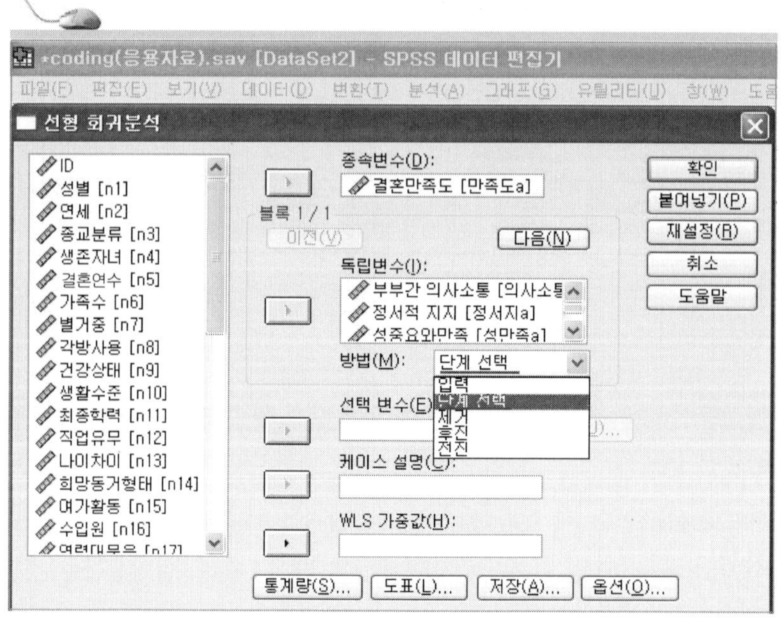

기존의 이론이 부족해서 탐색적 연구를 할 때 또는 모형을 개발할 때는 단계 선택으로 연구를 하는 경우가 많습니다. 단계 선택을 할 경우에는 '통계량'에 들어가셔서 'R제곱 변화량'을 추가로 선택해 주세요.

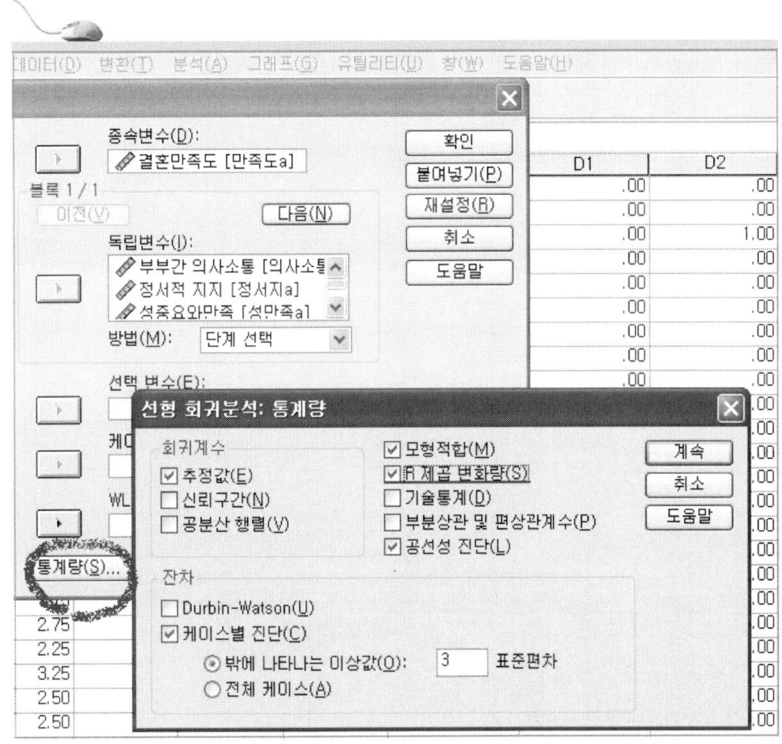

결과를 보면, 가장 중요한 변수로 부부간 의사소통이 선정되었고, 두 번째로는 정서적 지지, 세 번째로는 성중요와 만족이 선정되었군요. 각 변수가 추가되면서 R 제곱 변화량도 계산되어 나오고 있습니다.

회귀분석(단계방식) 실습결과

모형 요약[d]

모형	R	R 제곱	수정된 R 제곱	추정값의 표준오차	통계량 변화량		
					R 제곱 변화량	F 변화량	자유도1
1	.686[a]	.471	.469	.67297	.471	211.092	1
2	.775[b]	.601	.597	.58598	.130	76.590	1
3	.800[c]	.639	.635	.55803	.039	25.230	1

a. 예측값: (상수), 부부간 의사소통
b. 예측값: (상수), 부부간 의사소통, 정서적 지지
c. 예측값: (상수), 부부간 의사소통, 정서적 지지, 성중요와만족
d. 종속변수: 결혼만족도

분산분석[d]

모형		제곱합	자유도	평균제곱	F	유의확률
1	선형회귀분석	95.601	1	95.601	211.092	.000[a]
	잔차	107.334	237	.453		
	합계	202.934	238			
2	선형회귀분석	121.899	2	60.950	177.504	.000[b]
	잔차	81.035	236	.343		
	합계	202.934	238			
3	선형회귀분석	129.756	3	43.252	138.896	.000[c]
	잔차	73.179	235	.311		
	합계	202.934	238			

a. 예측값: (상수), 부부간 의사소통
b. 예측값: (상수), 부부간 의사소통, 정서적 지지
c. 예측값: (상수), 부부간 의사소통, 정서적 지지, 성중요와만족
d. 종속변수: 결혼만족도

계수[a]

모형		비표준화 계수		표준화 계수	t	유의확률	공선성 통계량	
		B	표준오차	베타			공차한계	VIF
1	(상수)	1.518	.159		9.573	.000		
	부부간 의사소통	.778	.054	.686	14.529	.000	1.000	1.000
2	(상수)	.727	.165		4.409	.000		
	부부간 의사소통	.500	.056	.441	8.862	.000	.683	1.464
	정서적 지지	.508	.058	.436	8.752	.000	.683	1.464
3	(상수)	.314	.177		1.769	.078		
	부부간 의사소통	.465	.054	.411	8.595	.000	.672	1.488

모형 1에서는 '부부간 의사소통'이 종속변수의 변량을 47.1%(R^2) 설명하고 있고, 모집단에 적용되었을 때의 R^2은 46.9%입니다. 그것이 유의한 것으로 나오고 있습니다.

모형 2에서는 '정서적 지지'가 선정되었고, R제곱 변화량을 보면 .130 증가해서 '부부간 의사소통'과 '정서적 지지'가 종속변수의 변량을 60.1% 설명(모집단에 적용되었을 때의 R^2은 59.7%)하고 있습니다.

모형 3에서는 '성중요와 만족'이 선정되었고, R제곱 변화량을 보면 .039 증가해서 '부부간 의사소통'과 '정서적 지지'와 '성중요와 만족'이 종속변수의 변량을 63.9% 설명(모집단에 적용되었을 때의 R^2은 63.5%)하고 있습니다.

제 12 장

위계적 회귀분석

위계적 회귀분석(hierarchical regression analysis)은 일반 다중회귀분석과는 달리, 투입되는 독립변수의 순서를 연구자가 정한다. 투입되는 독립변수의 순서는 연구자가 경험적인 근거(이론)를 바탕으로 정하는 것이 일반적이며, 독립변수는 정해진 순서에 따라 투입되기 때문에 독립변수가 하나씩 첨가될 때의 회귀모형을 평가하게 된다.

1 위계적 회귀분석의 특성

- 단계적 회귀분석과 위계적 회귀분석을 혼돈해서는 안 된다. 단계적 회귀분석(stepwise regression)과 위계적 회귀분석(hierarchical regression)은 진행하는 방식 자체가 다르다.
- 위계적 회귀분석은 이론상 먼저 고려해야 하는 독립변수 순으로 입력하면서 추가되는 변수의 영향력을 따로 구해 볼 수 있는 장점이 있다. 또 하나의 장점은 차원별로 비교할 수 있다는 것이다. 사회사업에서는 생물, 심리, 사회적 요인을 많이 고려하는데, 만일 이론상으로 생물적 요인이 먼저고 그다음 심리, 사회적 요인이 뒤따라온다면 그때 위계적인 회귀분석을 하게 되는데, 이

때 생물학적 변인을 1단계로 집어넣는다. 그리고 2단계에 심리학적 변인을 집어넣고, 그다음 사회적인 변인을 3단계로 집어넣는다. 그러면 차원별로 영향력이 따로따로 계산되어 나온다. 생물학적 요인들의 영향력이 하나 나오고, 그다음에 생물학적인 것이 통제된 상태에서 심리적인 영향력이 나오고, 여기까지 통제된 상태에서 사회적인 영향력이 나오게 되는 것이다. 위계적 회귀분석의 장점은 하나의 독립변수만 들어가는 것이 아니고, 여러 개의 독립변수를 집어넣어 그 차원의 영향력을 한 번에 사정할 수 있다는 것이다. 즉, 생물학적 변수를 두세 개 넣어도 되고, 심리학적 변수를 두세 개 넣어도 되고, 사회학적인 변수를 두세 개 동시에 넣어도 된다. 그러면 각 차원의 영향력이 나오게 되는 것이다.

입력방식은 한꺼번에 독립변수가 순서 없이 들어가 버리기 때문에 차원별로 영향력을 꺼낼 수 없다. 그렇지만 위계적 회귀분석에서는 차원별로 영향력이 나올 수 있는 것이다. 그래서 생물학적인 영향력보다 사회학적인 영향력이 크다 또는 작다는 가설을 증명할 수 있다.

- 연구모형에 독립변수가 있고 통제변인이 있다고 할 때, 통제변인의 영향력을 제거하고 오로지 연구자가 관심 있는 독립변수 또는 독립변수군의 독특한 영향력만을 따로 보고 싶을 때도 위계적 회귀분석을 하면 된다. 회귀분석에서 특별한 변수로 인한 R^2 변화량을 보고 싶을 때는 1단계로 먼저 통제하고 싶은 독립변수를 넣고, 2단계에서 관심 있는 특별한 변수를 추가하는 위계적 회귀분석을 한다. 이때 통계량에서 R^2 변화량을 체크해야 하며, 유의확률 F 변화량이 유의한지를 보아야 한다.

  (R^2 변화량)=(2단계 R^2)−(1단계 R^2)

2 분 석

위계적 회귀분석을 해 보겠습니다. 우리가 원하는 것은 1단계 인구사회학적 차원으로 성별, 연령, 건강상태를 먼저 통제한 후에 부부변인들의 영향력을 보는 것입니다.

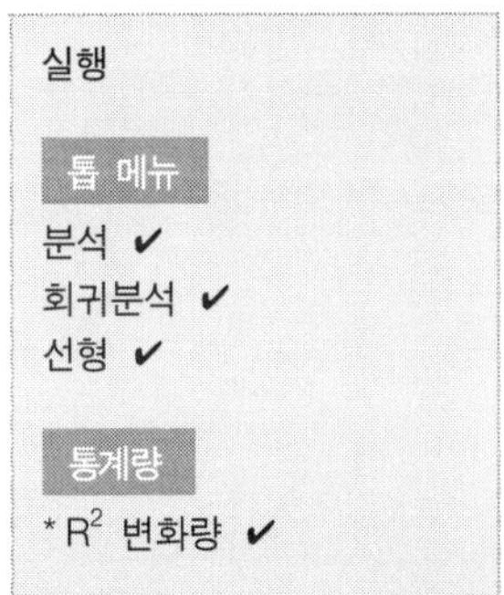

회귀분석으로 들어가겠습니다.

*coding(응용자료).sav [DataSet2] - SPSS 데이터 편집기

파일(F) 편집(E) 보기(V) 데이터(D) 변환(T) 분석(A) 그래프(G) 유틸리티(U) 창(W) 도움말(H)

26 : D1 | 1

분석(A) 메뉴: 보고서(P) / 기술통계량(E) / 표(T) / 평균 비교(M) / 일반선형모형(G) / 혼합 모형(X) / 상관분석(C) / 회귀분석(R) / 로그선형분석(O) / 분류분석(Y) / 데이터 축소(D) / 척도화분석(A) / 비모수 검정(N) / 시계열 분석(I) / 생존분석(S) / 다중응답(U) / 결측값 분석(V)...

회귀분석(R) 하위 메뉴: 선형(L)... / 곡선추정(C)... / 이분형 로지스틱(G)... / 다항 로지스틱(M)... / 순서(D)... / 프로빗(P)... / 비선형(N)... / 가중추정(W)... / 2-단계 최소제곱(2)...

	의사소통a	정서지a	성역할a
1	1.00	1.00	2.6
2	3.50	3.25	3.4
3	3.75	4.00	2.6
4	1.75	3.00	4.8
5	3.75	3.75	3.0
6	2.00	4.00	5.0
7	2.25	3.25	4.8
8	4.00	3.50	2.0
9	4.00	3.00	1.2
10	2.75	2.50	2.0
11	3.25	3.25	3.4
12	2.25	2.25	3.8
13	3.75	2.75	3.0

	족a	생활2
1	3.00	3.00
2	5.00	3.00
3	3.00	3.00

종속변수는 결혼만족도입니다. 다음은 1단계로 들어갈 독립변수를 넣겠습니다. 1단계로 인구사회학적인 변수 5개(직업유무, 생활수준, 성별, 건강상태, 최종학력)를 우선 넣습니다. 방법은 입력으로 하는 것입니다. 그리고 중요한 것은 화면 우측에 있는 '다음'을 눌러 주세요. 2단계로 부부변수를 넣겠습니다. '부부간 의사소통'과 '성 중요와 만족' 두 변수를 넣겠습니다.

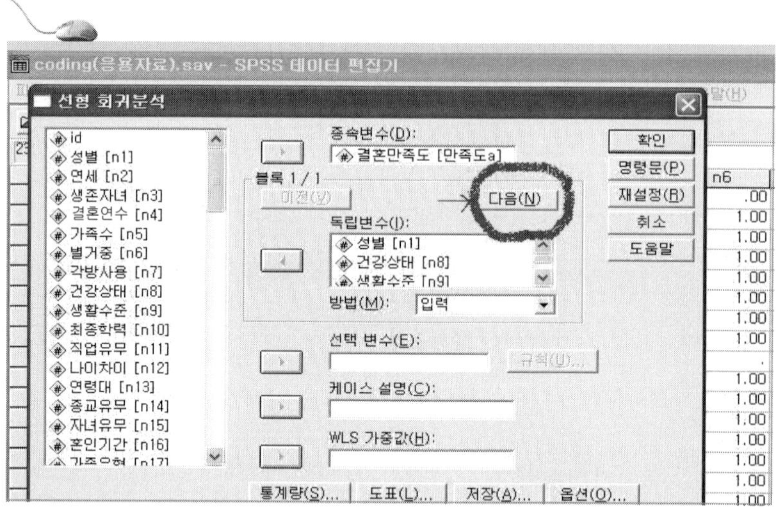

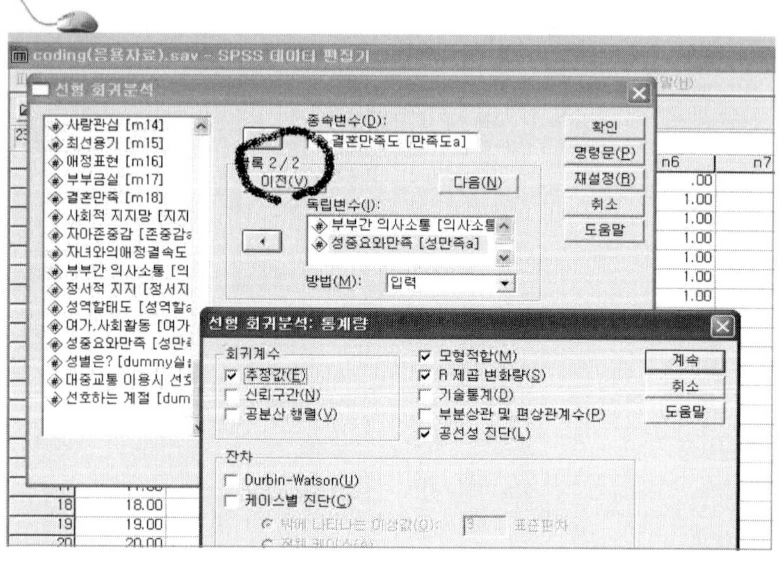

'통계량'을 클릭하고 'R제곱 변화량'을 선택하세요. 위계적 회귀분석에서는 R제곱 변화량을 눌러 주어야 합니다. 그러면 다음과 같은 결과를 볼 수 있습니다.

위계적 회귀분석 실습결과

모형 요약

모형	R	R 제곱	수정된 R 제곱	추정값의 표준오차	통계량 변화량				
					R 제곱 변화량	F 변화량	자유도1	자유도2	유의확률 F 변화량
1	.431[a]	.186	.168	.84225	.186	10.614	5	233	.000
2	.761[b]	.579	.566	.60816	.393	107.950	2	231	.000

a. 예측값: (상수), 직업유무, 생활수준, 성별, 건강상태, 최종학력

b. 예측값: (상수), 직업유무, 생활수준, 성별, 건강상태, 최종학력, 부부간 의사소통, 성중요와만족

분산분석[c]

모형		제곱합	자유도	평균제곱	F	유의확률
1	선형회귀분석	37.647	5	7.529	10.614	.000[a]
	잔차	165.288	233	.709		
	합계	202.934	238			
2	선형회귀분석	117.498	7	16.785	45.384	.000[b]
	잔차	85.436	231	.370		
	합계	202.934	238			

a. 예측값: (상수), 직업유무, 생활수준, 성별, 건강상태, 최종학력

b. 예측값: (상수), 직업유무, 생활수준, 성별, 건강상태, 최종학력, 부부간 의사소통, 성중요와만족

c. 종속변수: 결혼만족도

1단계에 직업유무, 생활수준, 건강상태, 연세, 성별, 그리고 2단계에 부부관계와 성중요와 만족이 같이 들어가 있습니다. 1단계에 들어간 인구사회학적 변인이 종속변수의 변량을 18.6% 설명하고 있습니다. 그것이 유의한 것으로 나왔습니다.

2단계에 들어간 부부변인 차원으로 인해 R제곱 변화량이 .393으로 부부차원이 종속변수의 변량을 39.3%를 설명하고 있음을 알 수 있습니다. 2단계에 들어가는 변수들의 설명량이 따로 나왔습니다. 이러한 변화량의 유의확률이 화면에는 나오지 않지만 .001로 유의하다는 것을 알 수 있습니다. 두 차원을 합친 누적 R제곱은 .579로 유의합니다.

계수[a]

모형		비표준화 계수		표준화 계수	t	유의확률	공선성 통계량	
		B	표준오차	베타			공차한계	VIF
1	(상수)	1.763	.332		5.303	.000		
	성별	.299	.112	.160	2.661	.008	.966	1.035
	건강상태	.115	.075	.094	1.539	.125	.928	1.078
	생활수준	.283	.097	.181	2.904	.004	.899	1.112
	최종학력	.205	.046	.286	4.501	.000	.868	1.152
	직업유무	-.190	.142	-.082	-1.332	.184	.927	1.078
2	(상수)	.406	.260		1.559	.120		
	성별	.184	.081	.098	2.254	.025	.957	1.045
	건강상태	.031	.055	.026	.576	.565	.911	1.097
	생활수준	.095	.072	.061	1.322	.188	.869	1.150
	최종학력	.063	.035	.089	1.832	.068	.780	1.282
	직업유무	-.297	.103	-.128	-2.886	.004	.922	1.084
	부부간 의사소통	.654	.053	.577	12.410	.000	.843	1.186
	성중요와만족	.234	.043	.253	5.396	.000	.826	1.210

a. 종속변수: 결혼만족도

제외된 변수[b]

모형		진입-베타	t	유의확률	편상관	공선성 통계량		
						공차한계	VIF	최소 공차한계
1	부부간 의사소통	.624[a]	12.907	.000	.646	.874	1.145	.831
	성중요와만족	.363[a]	6.107	.000	.372	.856	1.168	.798

a. 모형내의 예측값: (상수), 직업유무, 생활수준, 성별, 건강상태, 최종학력

b. 종속변수: 결혼만족도

표준화 계수인 베타를 보면 가장 중요한 변수가 무엇인지 알 수 있습니다. 가장 중요한 변수는 부부간 의사소통(β= .577, P<.001)이고, 그다음이 성중요와 만족(β= .253, P<.001)으로 나타나고 있습니다.

위계적 회귀분석을 하게 되면 장점이 무엇일까요? 독립변수의 차원별 비교가 가능하다는 것입니다. 그리고 나중에 집어넣는 변수들의 영향력이 따로 계산되어 나옵니다. 위계적 회귀분석은 실험설계분석을 할 때 활용할 수도 있습니다.

유의사항

성별 같은 명목척도는 더미화해야 된다는 것 잘 알고 계시죠? 성별 같은 것은 0과 1의 값만 가져야 합니다. 그런데 중요한 것 몇 가지 알려드리겠습니다. 지금 '건강상태'라는 변수는 한 문항으로 구성되었고 5점의 리커트 형식으로 되어 있습니다. 이것은 어떤 척도입니까? 서열척도죠? 이 서열척도를 회귀분석에 그대로 집어넣어도 되는가를 생각해 봐야 합니다. 자연과학에서는 보통 더미화시켜서 분석하지만 사회과학에서는 한 문항으로 구성된 5점의 서열식 평정척도는 등간으로 간주하여 분석하는 것이 용인됩니다. 그러므로 가능하면 5점 척도 이상으로 만드는 것이 좋다는 것을 잊지 마시기 바랍니다. 그리고 항상 빈도분석에서 변수의 각 응답보기마다 충분한 사람의 수가 할당되어 있는지를 확인해 봐야 합니다. 만일 '생활수준'을 5점, 즉 '매우 어려운 편이다', '어려운 편이다', '보통이다', '잘사는 편이다', '매우 잘산다'로 만들었다고 생각해 보세요. '생활수준' 변수의 빈도분석 결과, '매우 어려운 편이다'에 4명밖에 할당이 안 되어 있다면 사람 수가 충분하지 않은 것입니다. 그렇다면 이 응답보기는 '어려운 편이다'라는 항목과 묶어 주는 것이 좋습니다. 각 항목에 최소한 15명 이상이 할당되는 것이 바람직합니다. 많은 학자는 20~30명을 권고합니다. 항상 생각해야 하는 것은 변수는 변해야 한다는 것입니다. 따라서 각각의 값에 충분한 사람 수가 할당되고 있는가를 항상 따져 주어야 합니다. 충분한 사람 수가 없다면 범주를 묶든지, 표본을 더 확보하는 것이 바람직합니다.

제 13 장

로지스틱 회귀분석

로지스틱 회귀분석(logistic regresson)은 종속변수의 범주가 둘이나 셋으로 구성되어 있는 명목변수일 때 적용되는 통계적 기법입니다. 이분형 로지스틱 회귀분석은 단지 두 개의 값만을 가지는 종속변수(주택유무, 보험가입 여부 등)와 독립변수들 간의 인과관계를 S형 곡선을 그리는 로지스틱 함수를 이용하여 추정하는 통계기법입니다.

1 로지스틱 회귀분석의 특성

- 종속변수는 0과 1의 값을 갖는다.
- 다항 로지스틱 회귀분석의 경우 종속변수의 범주가 3개 이상이 된다.
- 다중공선성 확인은 독립변수들 간의 단순상관관계(피어슨의 r)로 확인한다. 독립변수들 간의 단순상관관계를 반드시 확인해서 너무 높은 상관관계(.8 이상, 필자는 .6 이상도 좋지 않다고 판단함)가 나타난다면 한 변수를 제거해야 한다.
- 로지스틱 회귀분석에서는 독립변수의 응답범주 한 단위가 의미 있는 단위가 되어야 한다. 로지스틱 회귀분석은 의료계통에서 개발되었는데, 환자에게 투여하는 알약 하나가 증가할 때 생기는 변화를 예측하는 경우에 활용하기 위해

서다. 사회과학에서 이러한 분석도구를 활용할 때는 주의가 요청된다. 보통 표준화된 척도를 사용하는데, 그렇게 되면 점수의 변이가 커 결론을 내릴 때 상당한 어려움이 따른다. 예를 들어, 자아존중감검사를 독립변수로 설정하였을 때, 자아존중감검사가 20문항으로 되어 있고 각 문항이 1~5점 척도로 되어 있다고 하면, 점수변화는 20~100점까지 된다. 그럼 자아존중감 점수 1점이 올라갈수록 종속변수에서 어떻게 된다고 이야기 하는 것이 의미가 있을까? 자아존중감에서 1점이 크게 의미가 있는 것인가? 그래서 로지스틱 회귀분석을 할 때에는 독립변수의 범주가 너무 많으면 좋지 않다. 로지스틱 회귀분석에서는 독립변수의 한 단위가 의미 있는 단위가 되어야 하기 때문에 로지스틱 회귀분석을 할 때 독립변수의 변이가 너무 크면 좋지 않다는 것이다. 가능한 한 독립변수를 의미 있는 단위로 범주화한 다음에 분석하는 것이 바람직하다.

- 로지스틱 회귀분석을 할 때도 이상값을 체크하고 제거해야 한다. 표준화된 잔차가 2를 넘는 사례는 제거한다.

2 분 석

이제 분석에 들어가 보겠습니다. '분석'에서 '회귀분석'으로 들어가서 '이분형 로지스틱'을 클릭하세요. 종속변수에 '각방사용'을 입력하고 독립변수에는 '의사소통'을 넣겠습니다.

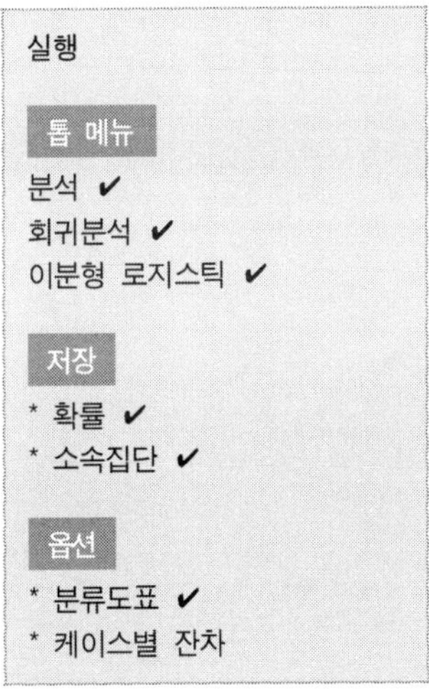

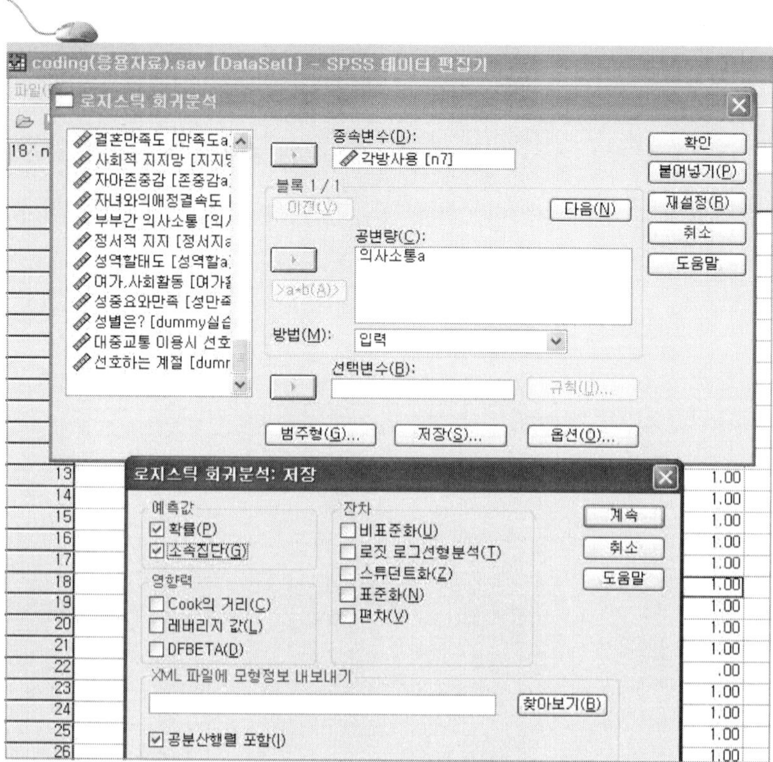

저장 메뉴에서 '확률' 과 '소속집단'을 선택하고, 옵션 메뉴에서 '분류도표'와 '케이스별 잔차'를 선택하세요.

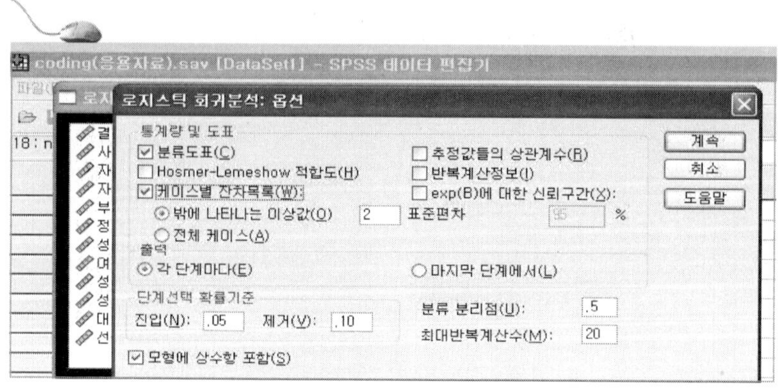

그러면 다음과 같은 결과표가 나오게 됩니다.

로지스틱 회귀분석 실습결과

종속변수 코딩

원래 값	내부 값
그렇다	0
아니다	1

블록 0: 시작 블록

분류표a,b

			예측값		
			각방사용		
관측			그렇다	아니다	분류정확 %
0 단계	각방사용	그렇다	0	67	.0
		아니다	0	172	100.0
	전체 %				72.0

a. 모형에 상수항이 있습니다.
b. 절단값은 .500입니다.

방정식에 포함된 변수

		B	S.E.	Wald	자유도	유의확률	Exp(B)
0 단계	상수	.943	.144	42.859	1	.000	2.567

방정식에 포함되지 않은 변수

			점수	자유도	유의확률
0 단계	변수	의사소통a	14.230	1	.000
	전체 통계량		14.230	1	.000

일단 전체 모형의 유의수준은 .017로서 $P<.05$이므로 통계적으로 유의합니다.

다음 장의 '모형 요약'을 보면 Nagelkerke R^2값이 .083으로서 독립변수가 종속변수의 변량을 8.3% 설명한다고 볼 수 있습니다.

다음은 승산비 Exp(B)를 해석해 보겠습니다. 종속변수의 값은 0과 1의 값을 가진다고 했는데, '1'이 될 확률이 '0'이 될 확률보다 몇 배 더 증가하는지를 보는 것입니다. 예를 들어, 내일 첫눈 올 확률이 80%라면 첫눈이 오지 않을 확률은 20%인 것입니다. 따라서 첫눈 올 확률이 그렇지 않을 경우보다 4배 높다고 할 수 있죠?

그러면 이제 다음 결과표를 해석해 보죠. 승산비에 해당하는 Exp(B)는 1을 기준으로 해석합니다. Exp(B)의 값은 각 독립변수가 1단위만큼 증가하는 경우 종속변수의 값이 0인 집단에 속할 확률보다 1인 집단에 속할 확률이 몇 배 증가하는가를 나타냅니다. 이 예에서는 '의사소통'의 승산비가 1.975라는 값이 나왔다면, 의사소통의 한 단위가 증가할수록 종속변수에서 1(각방사용 안 함)로 분류될 확률이 1.97배(97%) 증가한다는 의미입니다. 만일 승산비가 0.67로 1보다 작게 나왔다면 '의사소통'이 한 단위 증가할수록 1(각방사용 안 함)로 분류될 확률이 33%(1−.67=.33) 감소된다는 의미입니다.

블록 1: 방법 = 진입

모형 계수 전체 테스트

		카이제곱	자유도	유의확률
1 단계	단계	14,251	1	,000
	블록	14,251	1	,000
	모형	14,251	1	,000

모형 요약

단계	-2 Log 우도	Cox와 Snell 의 R-제곱	Nagelkerke R-제곱
1	269,332[a]	,058	,083

a. 모수 추정값이 ,001보다 작게 변경되어 계산반복수 4에서 추정을 종료하였습니다.

분류표[a]

관측			예측값		
			각방사용		분류정확 %
			그렇다	아니다	
1 단계	각방사용	그렇다	7	60	10,4
		아니다	4	168	97,7
	전체 %				73,2

a. 절단값은 ,500입니다.

방정식에 포함된 변수

		B	S.E.	Wald	자유도	유의확률	Exp(B)
1 단계	의사소통a	,680	,186	13,419	1	,000	1,975
	상수	-,932	,518	3,236	1	,072	,394

a. 변수가 1: 단계에 진입했습니다 의사소통a.

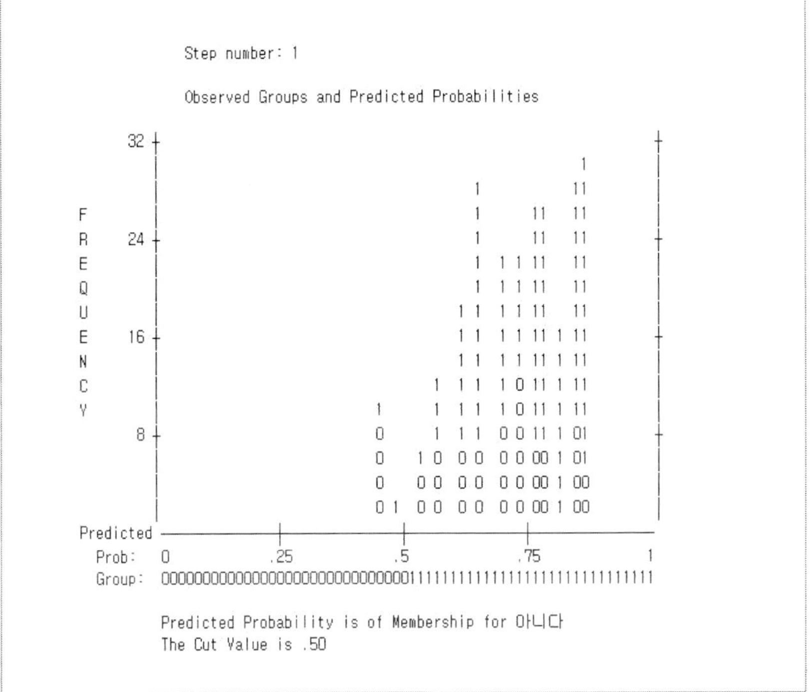
Step number: 1
Observed Groups and Predicted Probabilities
FREQUENCY
32
24
16
8
Predicted
Prob: 0 .25 .5 .75 1
Group: 000000000000000000000000000000111111111111111111111111111111
Predicted Probability is of Membership for 아니다
The Cut Value is .50

제 14 장

매개변인 검증

1 매개변인 검증의 특성

- 매개변인 검증은 경로분석을 활용한다.
- 통계기법은 그야말로 도구일 뿐이므로, 매개변인 검증은 이론에서 시작해야 한다. 이론이 뒷받침되지 않으면 아무리 좋은 결과가 나와도 소용이 없다. 연구모형 속에 단순한 호기심으로 경로를 그려 넣고 SPSS로 분석하여 증명되었다는 것은 아무런 의미가 없다. 매개변인 검증은 반드시 이론이 완벽하게 뒷받침되어야 한다.
- 매개변인을 검증하겠다는 것의 의미를 알아보자. 독립변수 X가 종속변수 Y에 영향을 미치고 있다는 것을 일반적으로 받아들이고 있다. 그런데 왜 독립변수가 종속변수로 연결되고 있는 것인가? 어떤 통로를 통해 연결되고 있는가? 예를 들어, 종교가 있으면 자원봉사활동을 많이 한다고 알려져 있다. 왜 그럴까? 종교가 있으면 무엇인가를 발생시키고 그것이 자원봉사활동을 유발시킬 것이라는 질문을 던지게 된다. 그 과정을 궁금하게 여겨 이론을 찾아보니, 종교가 있는 사람은 공동체의식이 많다는 것을 발견하게 되고, 공동체의식이 있으면 봉사활동을 많이 한다는 것을 발견한다. 연구자는 이론에서 발견된 사항을 직접 증명해 보고 싶어 한다. 즉, 공동체의식이 매개변인 역할을 하는 것인지 증명해 보고자 하는 것이다. 그러므로 매개변인 검증은 처음부터 독립변수와

종속변수가 관계가 있다는 것이 확인된 후에 하는 것이다. 먼저 이것이 확인된 후에 과연 통로가 무엇일까를 따져 나가는 것이다. 이것이 진정 매개변인을 검증하는 이유다. 경로분석을 활용하여 매개변인을 검증할 때는 이론이 뒷받침된 후에 그 분석을 한다. 이론상 독립변수에서 종속변수가 연결되어 있다는 것을 확인하고 왜 연결되어 있는지 근거를 찾은 다음 분석에 들어가야 한다.

- 매개변인 검증을 위한 가설 수립에 대해 알아보자. 보통 네 가지 가설을 검증하게 된다. 먼저 연구모형을 살펴보자.

성생활 만족(매개변인)

↗ ↘

건강(독립변인) → 결혼만족도(종속변인)

이 모형에서 첫 번째 연구가설은 '건강할수록 결혼만족도가 올라갈 것이다.'이다. 두 번째 가설은 '건강이 성생활에 영향을 줄 것이다.'이고, 세 번째 가설은 '성생활이 결혼만족도에 영향을 줄 것이다.'로 설정하게 된다. 네 번째 가설은 '성생활을 동시에 분석할 경우 건강과 결혼만족도의 관계는 줄어들 것이다.'가 된다. 다시 말해, 매개변수를 넣고 동시에 분석할 경우 독립변수와 종속변수의 관계는 처음보다 줄어들어야 한다. 이 네 가지 가설이 모두 검증되면 매개변인이 검증되는 것이다.

- 독립변수에서 종속변수로 직접 영향을 미치는 효과를 '직접효과'라 하고, 독립변수가 매개변인을 거쳐 종속변수에 미치는 효과는 '간접효과'라고 한다. '인과적 효과'는 직접효과+간접효과다.
- 매개변인 검증은 회귀분석을 활용한다. 만약 어떤 변수를 통제한 상태에서 매개변인을 분석하고자 한다면 위계적 회귀분석을 활용한다.

2 분 석

〈입력방식을 이용한 매개변인 분석〉

회귀분석을 활용하여 첫 번째 가설을 검증하겠습니다. 이제 '회귀분석'에 들어갑니다.

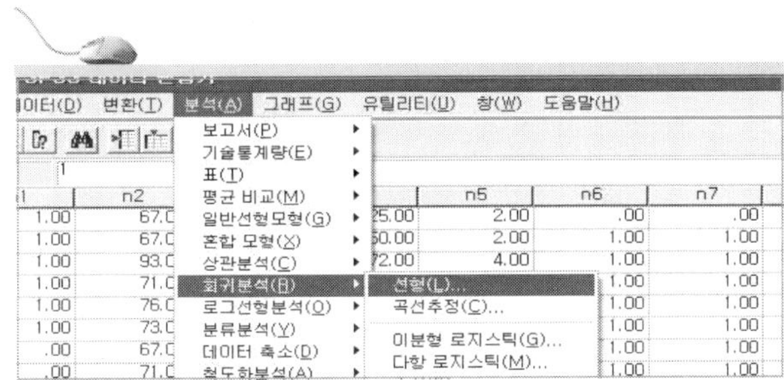

종속변수에 '결혼만족도'를 넣습니다. 독립변수는 '건강상태'가 들어갑니다. 그런 다음 '확인'을 눌러 주면 됩니다.

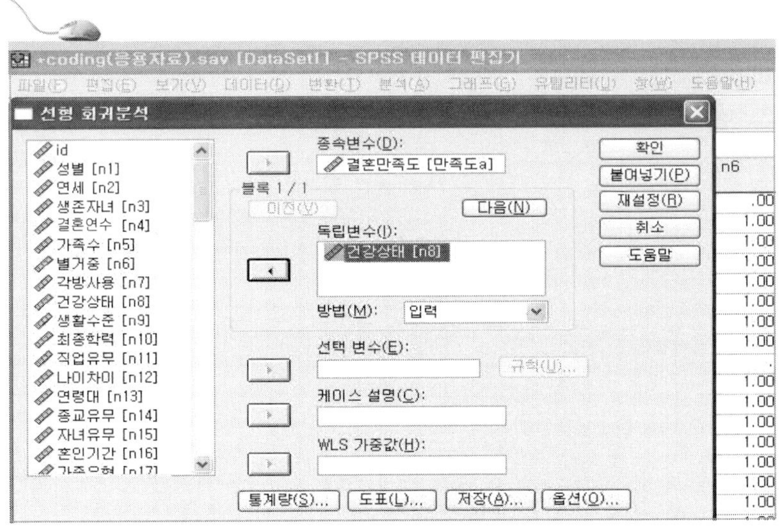

회귀분석 실습결과

베타값이 .181로 유의하여, 일단 가설이 증명되었습니다.

모형 요약

모형	R	R 제곱	수정된 R 제곱	추정값의 표준오차
1	.181[a]	.033	.029	.90818

a. 예측값: (상수), 건강상태

분산분석[b]

모형		제곱합	자유도	평균제곱	F	유의확률
1	선형회귀분석	6.639	1	6.639	8.050	.005[a]
	잔차	196.299	238	.825		
	합계	202.939	239			

a. 예측값: (상수), 건강상태

b. 종속변수: 결혼만족도

계수[a]

모형		비표준화 계수		표준화 계수	t	유의확률
		B	표준오차	베타		
1	(상수)	3.132	.220		14.261	.000
	건강상태	.221	.078	.181	2.837	.005

다음 두 번째 가설을 검증해 보겠습니다. 성중요와 만족이 종속변수가 되고, 독립변수에 건강상태를 넣은 뒤 회귀분석을 하면 베타값이 .189로 유의합니다. 두 번째 가설이 검증되었습니다.

데이터(D) 변환(T) 분석(A) 그래프(G) 유틸리티(U) 창(W) 도움말(H)
보고서(P)
기술통계량(E)
표(T)
평균 비교(M)
일반선형모형(G)
혼합 모형(X)
상관분석(C)
회귀분석(R)
로그선형분석(O)
분류분석(Y)
데이터 축소(D)
척도화분석(A)
비모수 검정(N)
시계열 분석(I)
생존분석(S)
다중응답(U)
결측값 분석(V)...
선형(L)...
곡선추정(C)...
이분형 로지스틱(G)...
다항 로지스틱(M)...
순서(D)...
프로빗(P)...
비선형(N)...
가중추정(W)...
2-단계 최소제곱(2)...
최적화 척도법(O)...

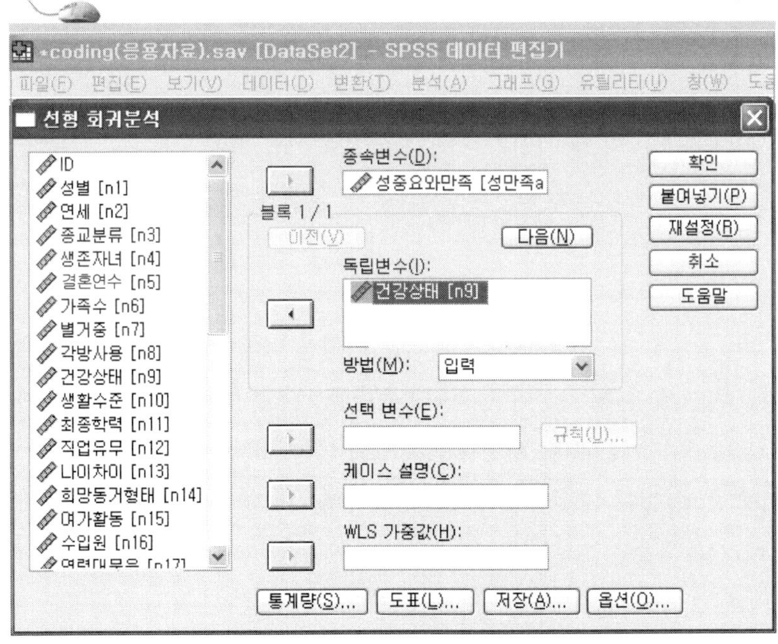

*coding(응용자료).sav [DataSet2] - SPSS 데이터 편집기
파일(F) 편집(E) 보기(V) 데이터(D) 변환(T) 분석(A) 그래프(G) 유틸리티(U) 창(W)
선형 회귀분석
ID
성별 [n1]
연세 [n2]
종교분류 [n3]
생존자녀 [n4]
결혼연수 [n5]
가족수 [n6]
별거중 [n7]
각방사용 [n8]
건강상태 [n9]
생활수준 [n10]
최종학력 [n11]
직업유무 [n12]
나이차이 [n13]
희망동거형태 [n14]
여가활동 [n15]
수입원 [n16]
종속변수(D):
성중요와만족 [성만족a
블록 1 / 1
이전(V)
다음(N)
독립변수(I):
건강상태 [n9]
방법(M): 입력
선택 변수(E):
규칙(U)...
케이스 설명(C):
WLS 가중값(H):
확인
붙여넣기(P)
재설정(R)
취소
도움말
통계량(S)...
도표(L)...
저장(A)...
옵션(O)...

모형 요약

모형	R	R 제곱	수정된 R 제곱	추정값의 표준오차
1	.189[a]	.036	.032	.98342

a. 예측값: (상수), 건강상태

분산분석[b]

모형		제곱합	자유도	평균제곱	F	유의확률
1	선형회귀분석	8.459	1	8.459	8.746	.003[a]
	잔차	229.204	237	.967		
	합계	237.663	238			

a. 예측값: (상수), 건강상태

b. 종속변수: 성중요와만족

계수[a]

모형		비표준화 계수		표준화 계수	t	유의확률
		B	표준오차	베타		
1	(상수)	2.962	.239		12.420	.000
	건강상태	.250	.084	.189	2.957	.003

a. 종속변수: 성중요와만족

세 번째 가설과 네 번째 가설은 동시에 검증합니다. 결혼만족도를 종속변수로 일단 넣습니다. 그리고 독립변수와 매개변수를 동시에 집어넣어야 합니다. 건강과 성생활 두 변수를 독립변수로 집어넣는 것입니다. 경로분석의 원칙상 모형에서 볼 때 종속변수 앞에 있는 독립변수는 모두 넣고 분석해야 하기 때문입니다. 그럼 결과를 보겠습니다. 성생활이 결혼만족도에 미치는 영향을 나타내는 베타값이 .441이 나왔고 유의합니다. 세 번째 가설이 검증되었습니다. 건강상태가 결혼만족도에 미치는 영향은 .098로 나타났습니다. 성생활을 넣기 전에는 .189였는데, .098로 줄어들었습니다. 이렇게 네 번째 가설까지 증명되었습니다.

이제 이러한 내용을 그림으로 그리겠습니다.

성생활(매개변인)

.189 ↗ ↘ .441

건강(독립변인) ———→ 결혼만족도(종속변인)

.098

건강이 성생활에 미치는 정도가 .189입니다. 그다음 성생활이 결혼만족도에 미치는 영향은 .441입니다. 건강이 결혼만족도에 미치는 영향은 .098로 줄어들었기에 .098을 써 줍니다. 최종 결과에서 나온 베타값을 써 주는 것입니다. 일단 가설은 모두 검증된 것입니다.

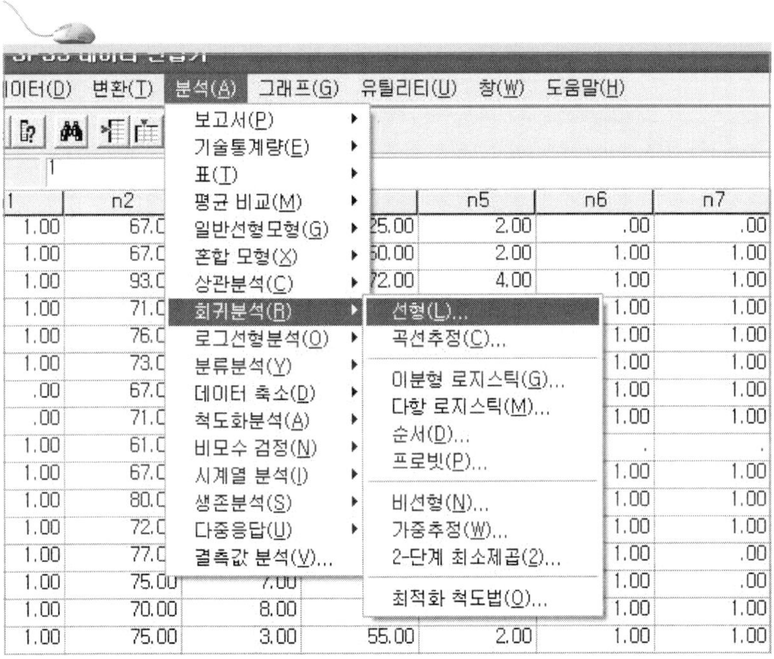

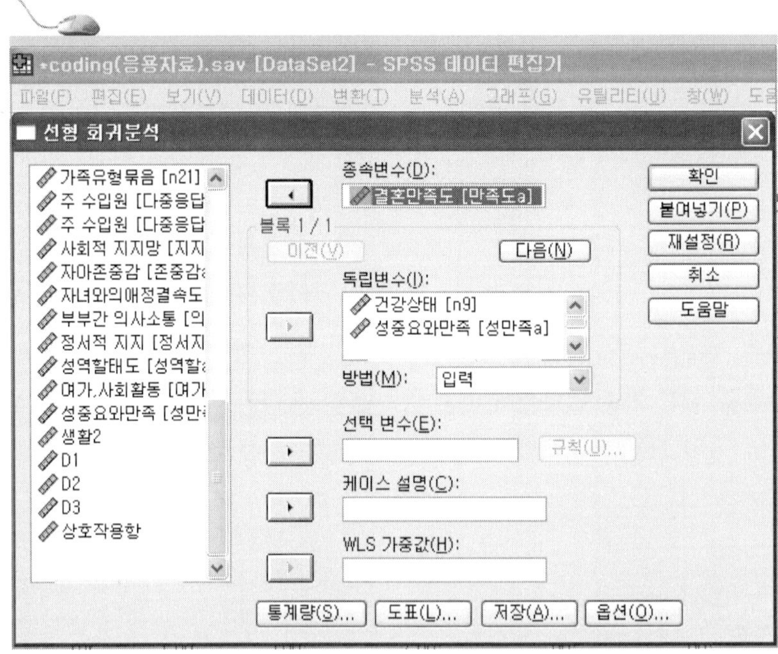

모형 요약

모형	R	R 제곱	수정된 R 제곱	추정값의 표준오차
1	.469[a]	.220	.214	.81882

a. 예측값: (상수), 성중요와만족, 건강상태

분산분석[b]

모형		제곱합	자유도	평균제곱	F	유의확률
1	선형회귀분석	44.703	2	22.352	33.337	.000[a]
	잔차	158.231	236	.670		
	합계	202.934	238			

a. 예측값: (상수), 성중요와만족, 건강상태

b. 종속변수: 결혼만족도

계수[a]

모형		비표준화 계수		표준화 계수	t	유의확률
		B	표준오차	베타		
1	(상수)	1.923	.255		7.537	.000
	건강상태	.119	.072	.098	1.670	.096
	성중요와만족	.407	.054	.441	7.534	.000

a. 종속변수: 결혼만족도

앞의 결과를 해석해 보면, 건강에서 결혼만족도로 직접 영향을 미치는 직접효과는 .098입니다. 매개변인을 거쳐 간접적으로 영향을 미치는 간접효과는 .189 ×.441 로서 .083입니다. 직접효과(.098)+간접효과(.083)는 인과적 효과(.181)가 나옵니다.

여기서 성생활이 매개변수 역할을 한다는 것이 일단은 증명되었습니다. 만약 직접효과가 작아져서 아주 미미할 정도만 남아 있다면 완전 매개를 한다고 표현합니다. 그러나 여전히 직접효과가 크게 남아 있다면 부분 매개 역할을 한다는 결론을 내게 되는 것입니다. 여기서는 건강의 직접효과가 .098로 크지 않고 유의미하지 않기 때문에 성생활이 완전 매개를 한다고 결론 내려도 좋을 것 같습니다.

〈위계적 회귀분석을 이용한 매개변인 분석〉

어떤 변수를 통제한 상태에서 매개변인을 분석한다면 위계적 회귀분석을 활용하면 됩니다. 연령과 성별을 통제하고 매개변인을 검증하길 원한다면 위계적 회귀분석에 들어가면 됩니다.

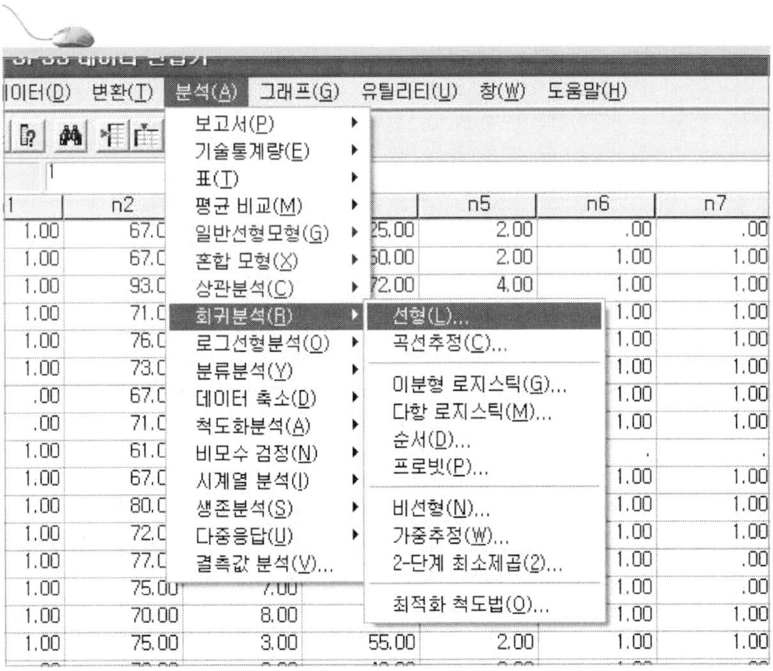

위계적 회귀분석에 들어가서 제일 먼저 연령과 성별을 통제하고 싶다면 1단계에 '연세'와 '성별'을 집어넣고, '다음'을 클릭한 뒤 2단계로 '건강상태'를 독립변수로 넣으면 됩니다.

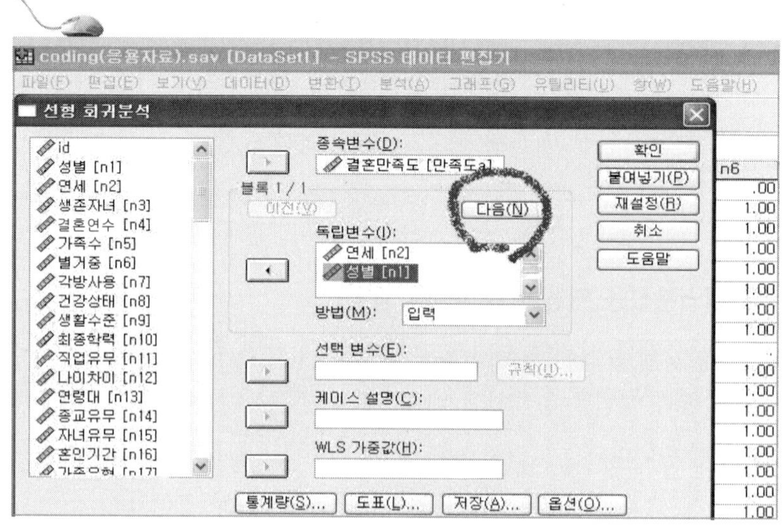

나머지 가설 검증도 모두 1단계에 '연세'와 '성별'을 넣고 시작하면 됩니다.

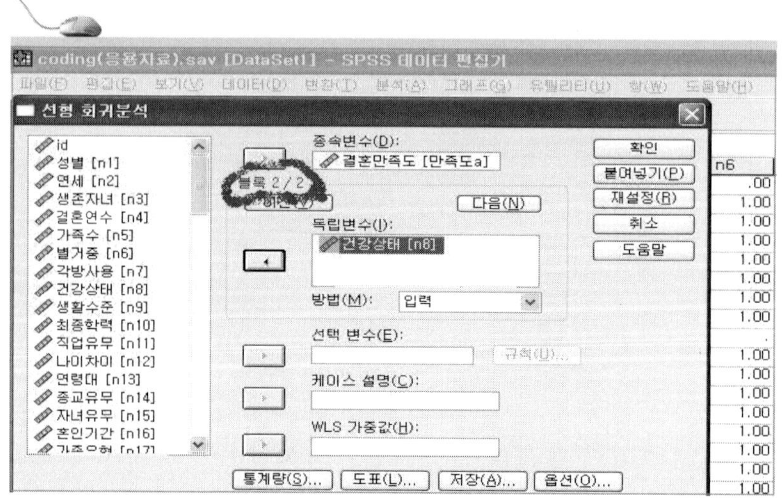

'확인'을 눌러 주면 베타값이 .157로 유의합니다. 일단 가설이 증명되었습니다.

모형 요약

모형	R	R 제곱	수정된 R 제곱	추정값의 표준오차	통계량 변화량	
					R 제곱 변화량	F 변화량
1	.168[a]	.028	.020	.91226	.028	3.427
2	.228[b]	.052	.040	.90292	.024	5.929

a. 예측값: (상수), 성별, 연세
b. 예측값: (상수), 성별, 연세, 건강상태

분산분석[c]

모형		제곱합	자유도	평균제곱	F	유의확률
1	선형회귀분석	5.705	2	2.852	3.427	.034[a]
	잔차	197.234	237	.832		
	합계	202.939	239			
2	선형회귀분석	10.538	3	3.513	4.309	.006[b]
	잔차	192.400	236	.815		
	합계	202.939	239			

a. 예측값: (상수), 성별, 연세
b. 예측값: (상수), 성별, 연세, 건강상태
c. 종속변수: 결혼만족도

계수[a]

모형		비표준화 계수		표준화 계수	t	유의확률
		B	표준오차	베타		
1	(상수)	3.860	.608		6.344	.000
	연세	-.004	.009	-.030	-.428	.669
	성별	.332	.132	.179	2.512	.013
2	(상수)	3.229	.656		4.925	.000
	연세	-.002	.009	-.015	-.214	.831
	성별	.273	.133	.147	2.047	.042
	건강상태	.192	.079	.157	2.435	.016

a. 종속변수: 결혼만족도

두 번째 가설을 검증해 보겠습니다. '성중요와 만족'이 종속변수가 되고, 1단계에 통제변수를 넣고 그다음 독립변수에 '건강상태'를 넣은 뒤 '확인'을 눌러 주세요.

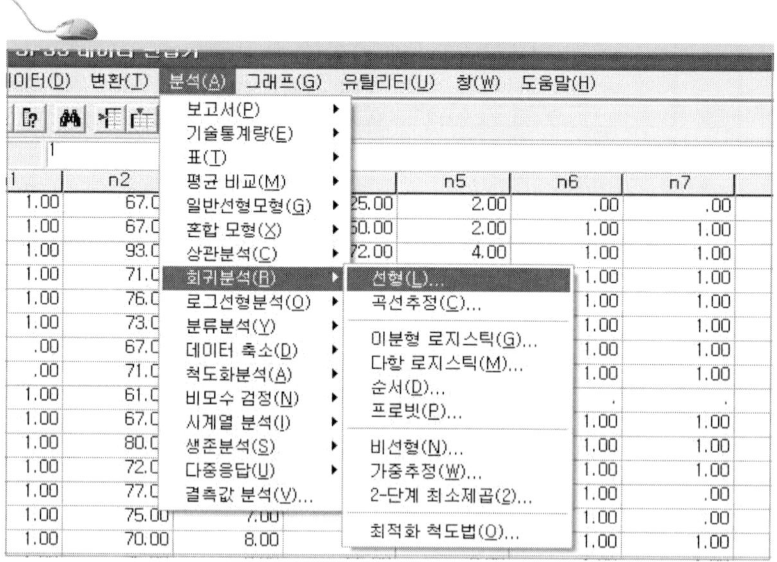

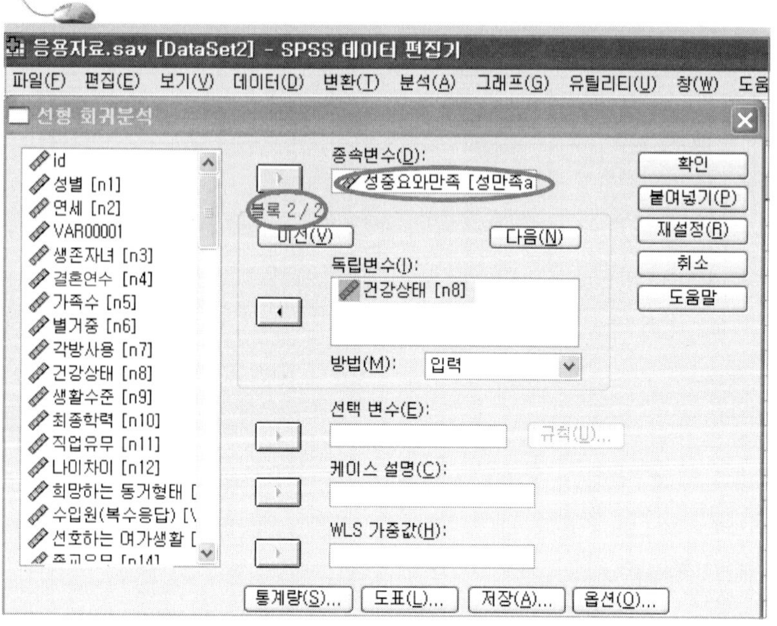

분석해 보면 베타값이 .159로 나왔고, 유의합니다. 두 번째 가설이 검증된 것입니다.

모형 요약

모형	R	R 제곱	수정된 R 제곱	추정값의 표준오차	통 R 제곱 변화량	F 변화량
1	.249[a]	.062	.054	.97194	.062	7.793
2	.294[b]	.086	.075	.96134	.024	6.232

a. 예측값: (상수), 성별, 연세
b. 예측값: (상수), 성별, 연세, 건강상태

분산분석[c]

모형		제곱합	자유도	평균제곱	F	유의확률
1	선형회귀분석	14.723	2	7.361	7.793	.001[a]
	잔차	222.940	236	.945		
	합계	237.663	238			
2	선형회귀분석	20.482	3	6.827	7.387	.000[b]
	잔차	217.181	235	.924		
	합계	237.663	238			

a. 예측값: (상수), 성별, 연세
b. 예측값: (상수), 성별, 연세, 건강상태
c. 종속변수: 성중요와만족

계수[a]

모형		비표준화 계수 B	비표준화 계수 표준오차	표준화 계수 베타	t	유의확률
1	(상수)	5.931	.648		9.148	.000
	연세	-.037	.010	-.258	-3.679	.000
	성별	.408	.141	.202	2.889	.004
2	(상수)	5.238	.699		7.495	.000
	연세	-.034	.010	-.242	-3.478	.001
	성별	.341	.142	.169	2.395	.017
	건강상태	.210	.084	.159	2.496	.013

a. 종속변수: 성중요와만족

세 번째 가설을 검증하겠습니다. '결혼만족도'를 종속변수로 일단 넣습니다. 그리고 통제변수를 넣은 후 2단계에 '건강상태'와 '성중요도와 만족' 두 개의 독립변수를 동시에 집어넣습니다.

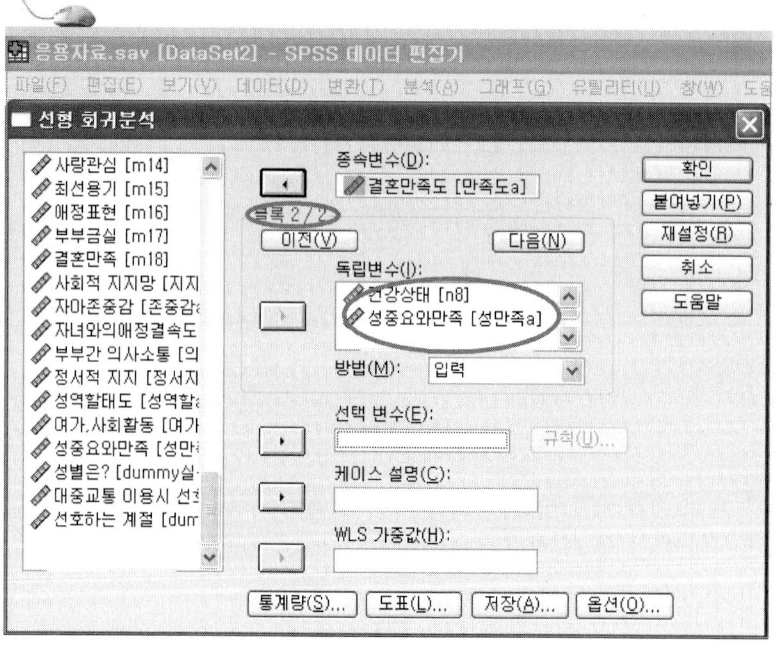
응용자료.sav [DataSet2] - SPSS 데이터 편집기
파일(F) 편집(E) 보기(V) 데이터(D) 변환(T) 분석(A) 그래프(G) 유틸리티(U) 창(W)
선형 회귀분석
사랑관심 [m14]
최선용기 [m15]
애정표현 [m16]
부부금실 [m17]
결혼만족 [m18]
종속변수(D):
결혼만족도 [만족도a]
블록 2 / 2
이전(V)
다음(N)
독립변수(I):
건강상태 [n8]
성중요와만족 [성만족a]
방법(M):
입력
선택 변수(E):
규칙(U)...
케이스 설명(C):
WLS 가중값(H):
확인
붙여넣기(P)
재설정(R)
취소
도움말
통계량(S)...
도표(L)...
저장(A)...
옵션(O)...

이제 지금까지의 결과를 보겠습니다.

성생활이 결혼만족도에 미치는 영향을 나타내는 베타값이 .453이 나왔습니다. 그리고 건강상태가 결혼만족도에 미치는 영향은 .084로 나왔습니다. 처음에는 .157이었는데, .084로 줄어들었습니다. 그래서 네 번째 가설까지 증명된 것입니다. 이를 그림으로 나타내면 다음과 같습니다.

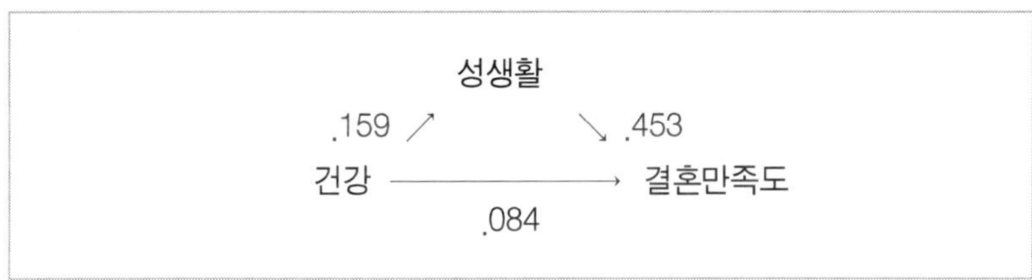

모형 요약

모형	R	R 제곱	수정된 R 제곱	추정값의 표준오차	R 제곱 변화량	F 변화
1	.169[a]	.028	.020	.91404	.028	3.4
2	.489[b]	.240	.227	.81207	.211	32.4

a. 예측값: (상수), 성별, 연세

b. 예측값: (상수), 성별, 연세, 건강상태, 성중요와만족

분산분석[c]

모형		제곱합	자유도	평균제곱	F	유의확률
1	선형회귀분석	5.763	2	2.882	3.449	.033[a]
	잔차	197.171	236	.835		
	합계	202.934	238			
2	선형회귀분석	48.623	4	12.156	18.433	.000[b]
	잔차	154.312	234	.659		
	합계	202.934	238			

a. 예측값: (상수), 성별, 연세

b. 예측값: (상수), 성별, 연세, 건강상태, 성중요와만족

c. 종속변수: 결혼만족도

계수[a]

모형		비표준화 계수		표준화 계수	t	유의확률
		B	표준오차	베타		
1	(상수)	3.863	.610		6.335	.000
	연세	-.004	.009	-.031	-.431	.667
	성별	.335	.133	.180	2.521	.012
2	(상수)	1.038	.657		1.580	.115
	연세	.012	.009	.094	1.448	.149
	성별	.131	.122	.070	1.075	.283
	건강상태	.103	.072	.084	1.435	.153
	성중요와만족	.419	.055	.453	7.599	.000

a. 종속변수: 결혼만족도

건강이 성생활에 미치는 정도가 .159입니다. 그다음에 성생활이 결혼만족도에 미치는 영향은 .453입니다. 건강이 결혼만족도에 미치는 영향은 .084로 줄어들었기에 .084를 써 줍니다. 최종 결과에서 나온 베타값을 써 주는 것입니다. 일단 가설은 모두 검증된 것입니다.

결과를 해석해 보면, 건강에서 결혼만족도로 직접 영향을 미치는 직접효과는 .084입니다. 간접적으로 영향을 미치는 간접효과는 .159×.453으로서 .072입니다. 직접효과(.084)+간접효과(.072)는 인과적 효과(.156)가 나옵니다.

여기서 성생활이 완전 매개 역할을 한다는 것이 증명되었습니다.

제 15 장

조절변인 검증

1 조절변인 검증의 특성

- 영어로 조절변인은 'moderator'이고 매개변인은 'mediator'로서 서로 다른 것이다. 조절변인은 완충요인으로 불리기도 한다.
- 조절변인이 어떤 값을 갖느냐에 따라 독립변수가 종속변수에 영향을 더 주기도 하고 덜 주기도 한다. 그래서 조절변인을 검증할 때 상호작용효과를 본다고 말하기도 한다. 예를 들어, 치매손상 정도가 부양부담에 영향을 준다는 것은 잘 알려져 있다. 그러나 제3의 변수의 값에 따라서 손상 정도가 부양부담에 더 영향을 주기도 하고 덜 줄 수도 있다. 이때 제3의 변수가 조절변수다. 조절변인이 '사회적 지지'인 경우, 사회적 지지가 높으면 손상 정도가 부양부담에 영향을 덜 주고 사회적 지지가 낮으면 더 영향을 주게 된다. 사회적 지지가 완충역할을 하거나 또는 조절역할을 한다. 다른 예를 하나 더 든다면, 아버지의 알코올중독 정도가 아동의 적응에 영향을 준다는 것은 잘 알고 있다. 그런데 항상 그런가? 문헌을 찾아보면 완충역할을 해 줄 수 있는 변수가 부모와의 애착 정도라는 것을 발견할 수 있다. 부모와의 애착이 높으면 알코올중독이 적응에 덜 영향을 주고, 부모와의 애착이 낮으면 알코올중독이 더 영향을 주게 되는 것으로 나타난다. 여기서 부모와의 애착이 조절변인의 역할을 한다고 할 수 있다. 다른 말로 완충역할을 한다고 볼 수 있다.

다른 예를 하나 더 들어 보자. 체력이 자존감에 영향을 주는 것으로 알고 있는데, 항상 그런 것인가? 성별에 따라 다르지 않겠는가? 남자의 경우는 체력이 강하면 자존감이 올라가지만, 여자의 경우는 체력이 강하다고 자존감이 올라가지 않을 수도 있다. 이런 경우 성별이 조절변인의 역할을 한다고 말할 수 있다. 주의할 점은 이와 같은 경우 완충역할을 한다고 말하는 것은 바람직하지 않다는 것이다. 어떤 부정적 효과를 완충하는 것이 아니기 때문에 이럴 때는 성별이 조절변인의 역할을 한다고 해야 한다.

- 조절변인을 검증하는 첫 번째 방법은 상호작용항을 만들어 회귀분석을 활용하는 것이다. 즉, 독립변수와 조절변인을 곱하여 새로운 변수를 만들고 회귀분석에 입력한다. 두 번째 방법은 이원변량분석(two-way ANOVA)을 활용하는 것이다. 세 번째 방법은 조절변인의 범주에 따라 케이스를 구분하고 회귀분석을 시행하는 것이다.

2 분 석

〈조절변인을 검증하는 첫 번째 방법〉

그러면 분석에 들어가 보겠습니다. '의사소통'과 '결혼만족도'의 관계에 성생활이 조절변인으로 작용하는지 분석해 보겠습니다. 먼저, 독립변수×조절변수를 해서 상호작용항을 만듭니다. 어떻게 만들 수 있을까요? '변수 계산'에 가서 '상호작용항'이라고 새로운 변수를 하나 만들고, '의사소통'×'성만족'을 입력한 뒤 '확인'을 눌러 주면 됩니다.

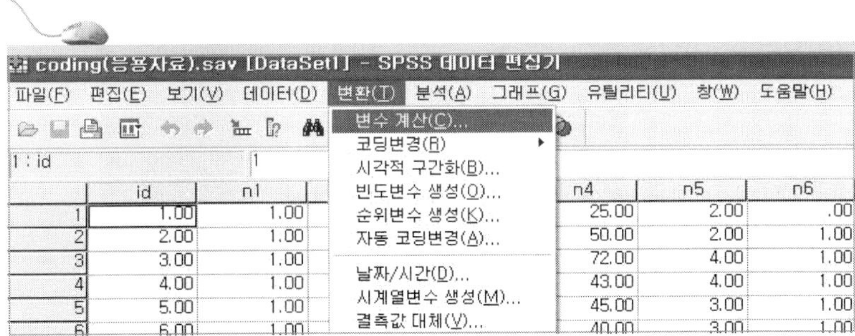

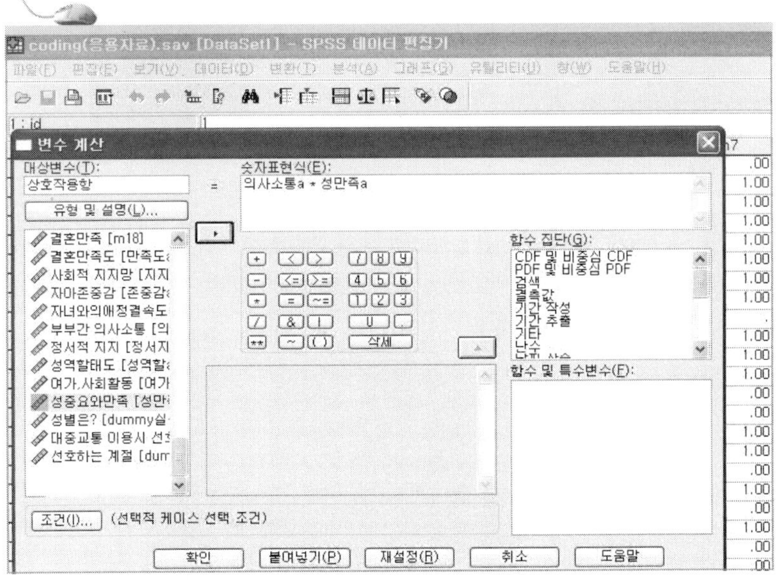

그럼 '상호작용항'이라는 변수가 만들어졌는지 데이터 보기로 가서 확인해 보세요.

SPSS 데이터 편집기

) 분석(A) 그래프(G) 유틸리티(U) 창(W) 도움말(H)

2	D1	D2	D3	상호작용항
3.00	.00	.00	.00	3.00
3.00	.00	.00	1.00	17.50
3.00	.00	1.00	.00	11.25
3.00	.00	.00	.00	7.00
3.00	.00	.00	1.00	11.25
3.00	.00	.00	.00	6.00
3.00	.00	.00	.00	2.25
3.00	.00	.00	1.00	10.00
2.00	.00	.00	1.00	12.00
3.00	1.00	.00	.00	12.38
3.00	.00	.00	1.00	9.75
2.00	.00	.00	.00	6.75
3.00	.00	1.00	.00	11.25
4.00	.00	.00	1.00	13.00
3.00	.00	.00	1.00	16.88
3.00	1.00	.00	.00	11.25
2.00	1.00	.00	.00	11.00
2.00	.00	.00	.00	5.25
3.00	1.00	.00	.00	2.25
3.00	1.00	.00	.00	8.25
3.00	1.00	.00	.00	2.25
3.00	1.00	.00	.00	4.00
3.00	1.00	.00	.00	9.00
3.00	.00	1.00	.00	9.00
2.00	.00	1.00	.00	17.50
3.00	1.00	.00	.00	12.38

이제 회귀분석에 들어가면 됩니다. '분석'에서 '회귀분석'으로 가서 종속변수는 '결혼만족도', 독립변수에는 '부부간 의사소통', '성중요와 만족', '상호작용항' 세 가지를 넣고 분석합니다. '통계량'에서 '공선성 진단'을 선택해 주세요.

데이터(D) 변환(T) 분석(A) 그래프(G) 유틸리티(U) 창(W) 도움말(H)
보고서(P)
기술통계량(E)
표(T)
평균 비교(M)
일반선형모형(G)
혼합 모형(X)
상관분석(C)
회귀분석(R)
로그선형분석(O)
분류분석(Y)
데이터 축소(D)
척도화분석(A)
비모수 검정(N)
시계열 분석(I)
생존분석(S)
다중응답(U)
선형(L)...
곡선추정(C)...
이분형 로지스틱(G)...
다항 로지스틱(M)...
순서(D)...
프로빗(P)...
비선형(N)...
가중추정(W)...

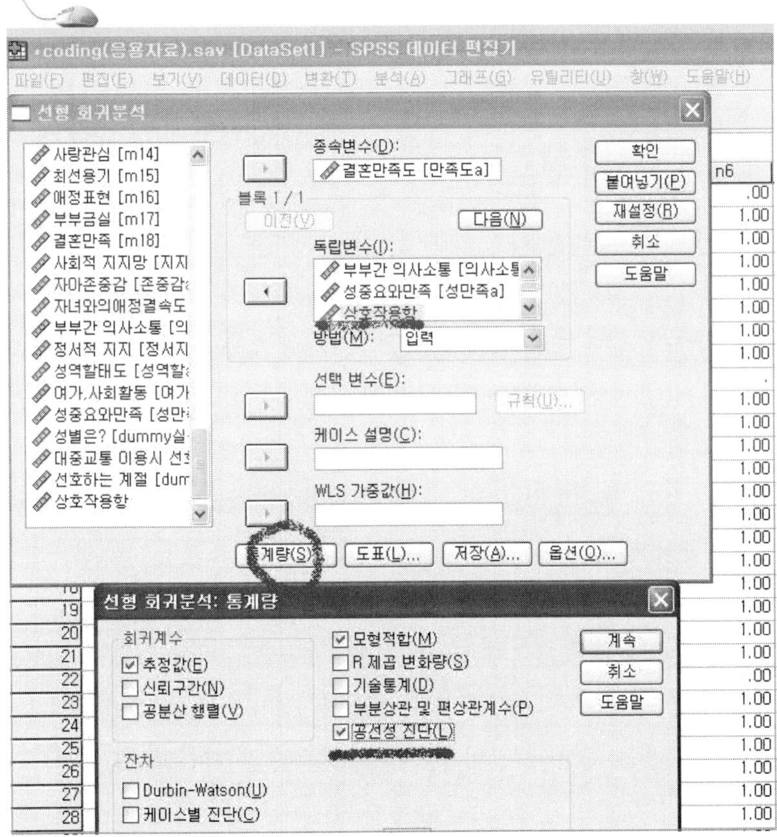

결과에서 관심 있게 볼 것은 바로 상호작용항이 유의미한가 하는 것입니다. 그런데 문제는 다중공선성입니다. 상호작용항을 만들어 입력하게 되면 항상 다중공선성이 발생하곤 합니다. 다중공선성이 있기 때문에 표에서 보듯이 조절변수의 베타값이 .37로 높아도 유의하게 나오지 않습니다. 그래서 다중공선성을 잘 해결해야 합니다.

모형 요약[b]

모형	R	R 제곱	수정된 R 제곱	추정값의 표준오차
1	.739[a]	.546	.540	.62617

a. 예측값: (상수), 상호작용항, 성중요와만족, 부부간 의사소통
b. 종속변수: 결혼만족도

분산분석[b]

모형		제곱합	자유도	평균제곱	F	유의확률
1	선형회귀분석	110.794	3	36.931	94.192	.000[a]
	잔차	92.140	235	.392		
	합계	202.934	238			

a. 예측값: (상수), 상호작용항, 성중요와만족, 부부간 의사소통
b. 종속변수: 결혼만족도

계수[a]

모형		비표준화 계수		표준화 계수	t	유의확률	공선성 통계량	
		B	표준오차	베타			공차한계	VIF
1	(상수)	.528	.512		1.031	.303		
	부부간 의사소통	.797	.187	.703	4.268	.000	.071	14.040
	성중요와만족	.348	.143	.377	2.441	.015	.081	12.323
	상호작용항	-.031	.050	-.156	-.626	.532	.031	32.168

이런 경우 다중공선성을 해결하는 방법으로 '센터링(centering)' 기법이 있습니다. 이 방법은 조절변수를 만들 때 (독립변수-평균)×(조절변수-평균)을 하는 것입니다. 단순히 곱하는 것이 아니고, 독립변수에서 독립변수의 평균을 빼고, 조절변수에서 조절변수의 평균을 빼서 곱하는 방법입니다. 독립변수와 조절변수의 평균을 구해서 각각 빼 준 다음 곱해 주면 다중공선성이 해결됩니다.

센터링 기법을 적용해서 분석해 봅시다. 먼저 평균을 구해야 하므로 '의사소통'과 '성만족'의 평균을 구합니다. '부부간 의사소통'이 2.8이 나오고 '성만족'이 3.6이 나옵니다. 그러면 '변수 계산'에 가서 '상호작용항2'를 만들어 보겠습니다.

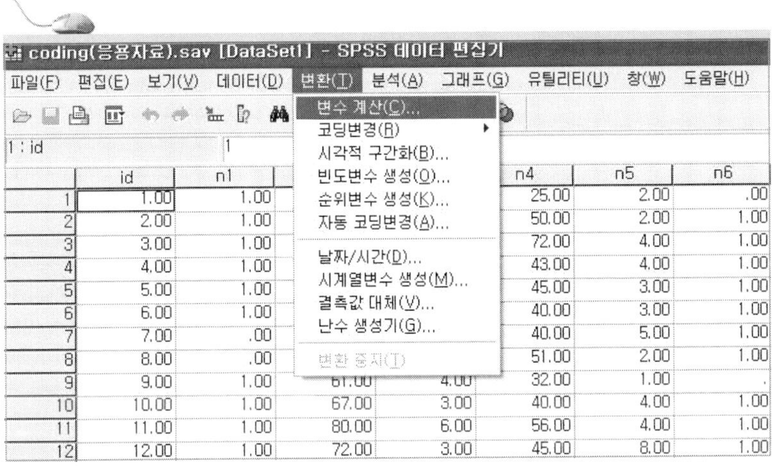
coding(응용자료).sav [DataSet1] - SPSS 데이터 편집기
파일(F) 편집(E) 보기(V) 데이터(D) 변환(T) 분석(A) 그래프(G) 유틸리티(U) 창(W) 도움말(H)
변수 계산(C)...
코딩변경(R)
시각적 구간화(B)...
빈도변수 생성(O)...
순위변수 생성(K)...
자동 코딩변경(A)...
날짜/시간(D)...
시계열변수 생성(M)...
결측값 대체(V)...
난수 생성기(G)...
변환 중지(T)
id n1 n4 n5 n6

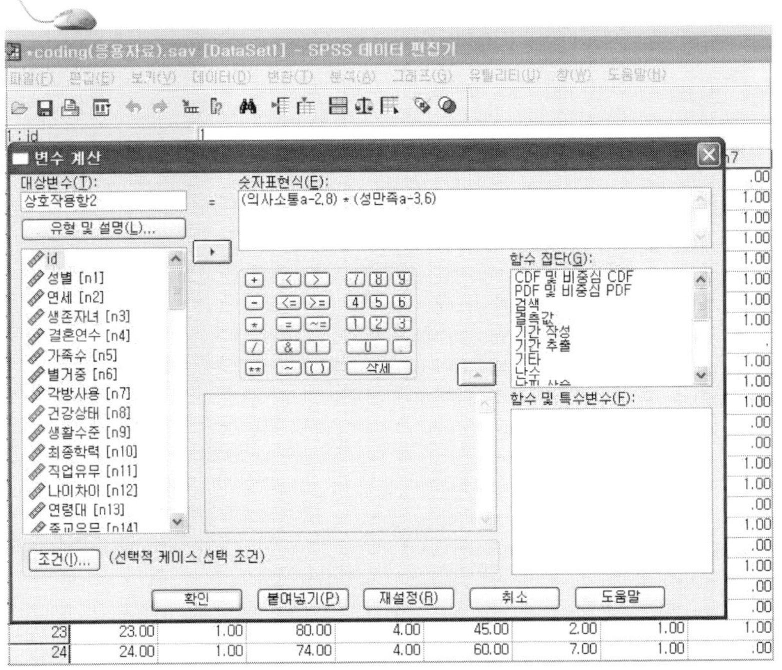
*coding(응용자료).sav [DataSet1] - SPSS 데이터 편집기
변수 계산
대상변수(T):
상호작용항2
숫자표현식(E):
(의사소통a-2.8) * (성만족a-3.6)
유형 및 설명(L)...
id
성별 [n1]
연세 [n2]
생존자녀 [n3]
결혼연수 [n4]
가족수 [n5]
별거중 [n6]
각방사용 [n7]
건강상태 [n8]
생활수준 [n9]
최종학력 [n10]
직업유무 [n11]
나이차이 [n12]
연령대 [n13]
함수 집단(G):
CDF 및 비중심 CDF
PDF 및 비중심 PDF
검색
결측값
기간 작성
기간 추출
기타
난수
함수 및 특수변수(F):
조건(I)... (선택적 케이스 선택 조건)
확인 붙여넣기(P) 재설정(R) 취소 도움말

상호작용항2=(의사소통-2.8)×(성만족-3.6)을 하면 됩니다. 이렇게 해서 '상호작용항2'가 만들어졌습니다.

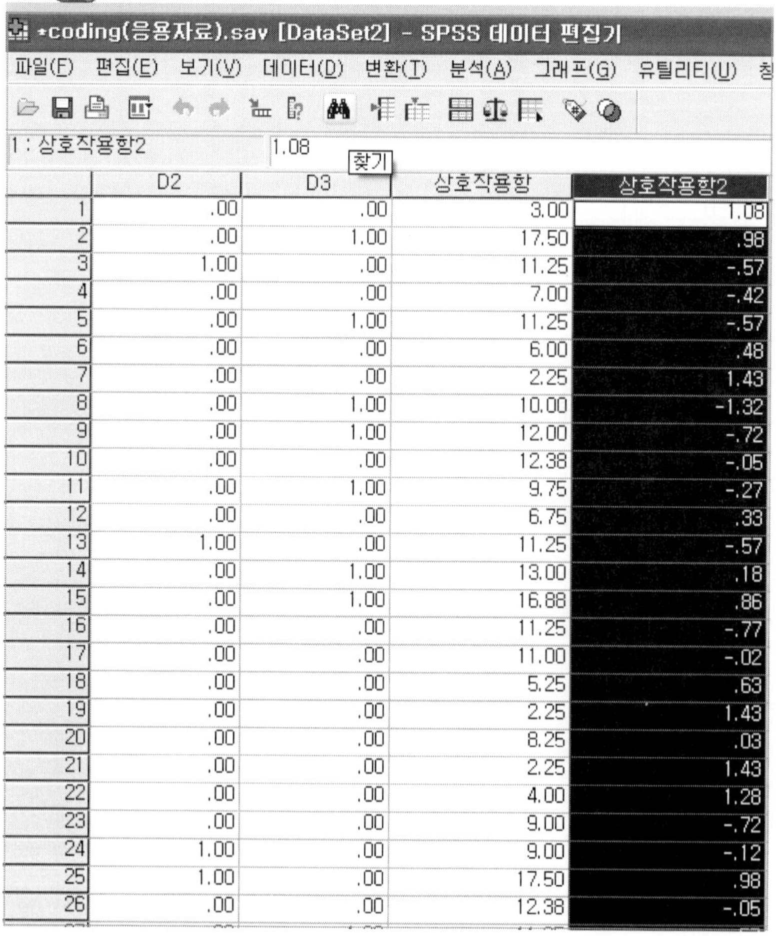

*coding(응용자료).sav [DataSet2] - SPSS 데이터 편집기

파일(F) 편집(E) 보기(V) 데이터(D) 변환(T) 분석(A) 그래프(G) 유틸리티(U) 창

1 : 상호작용항2 1.08 찾기

	D2	D3	상호작용항	상호작용항2
1	.00	.00	3.00	1.08
2	.00	1.00	17.50	.98
3	1.00	.00	11.25	-.57
4	.00	.00	7.00	-.42
5	.00	1.00	11.25	-.57
6	.00	.00	6.00	.48
7	.00	.00	2.25	1.43
8	.00	1.00	10.00	-1.32
9	.00	1.00	12.00	-.72
10	.00	.00	12.38	-.05
11	.00	1.00	9.75	-.27
12	.00	.00	6.75	.33
13	1.00	.00	11.25	-.57
14	.00	1.00	13.00	.18
15	.00	1.00	16.88	.86
16	.00	.00	11.25	-.77
17	.00	.00	11.00	-.02
18	.00	.00	5.25	.63
19	.00	.00	2.25	1.43
20	.00	.00	8.25	.03
21	.00	.00	2.25	1.43
22	.00	.00	4.00	1.28
23	.00	.00	9.00	-.72
24	1.00	.00	9.00	-.12
25	1.00	.00	17.50	.98
26	.00	.00	12.38	-.05

이 상태에서 회귀분석에 들어가 보겠습니다. 종속변수는 '결혼만족도', 독립변수는 '의사소통', '성만족', '상호작용항2'가 됩니다.

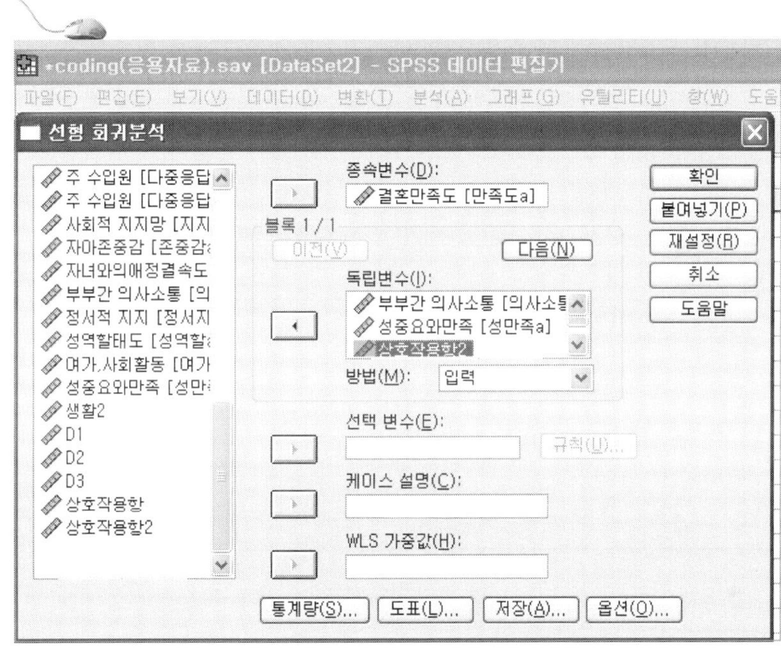

결과를 보면, 공선성 문제가 해결되었습니다. 그런데 결론은 조절변수가 유의하지 않게 나왔습니다. 성중요와 만족이 조절역할을 못하고 있다는 결과입니다.

만일 조절변인이 유의하게 나왔다면 어떻게 해석해야 할까요? 결과에는 조절변수의 베타값이 마이너스로 나왔습니다. 이 같은 경우에 어떻게 해석하는지 알아보겠습니다. 일단 독립변수와 종속변수의 관계를 보면, 의사소통이 잘 될수록 결혼만족도가 높다는 결과가 나왔는데, 조절변수가 마이너스로 나왔다는 것은 바로 성중요와 만족이 떨어질수록(마이너스이기 때문에) 독립변수가 종속변수에 더 영향을 미친다는 뜻이 됩니다. 즉, 성만족이 안 좋을수록 의사소통이 결혼만족도에 더 영향을 준다는 것입니다. 바꾸어 말하면 성만족이 안 좋을수록 의사소통의 영향이 크다는 것이죠. 성만족이 잘 되는 사람은 의사소통이 덜 중요하고, 성만족이 안 좋은 사람은 의사소통이 결혼만족도에 더 중요하다고 해석할 수 있습니다.

만일 조절변인의 베타값이 '+'로 나왔다면 성만족이 긍정적일수록 의사소통이 결혼만족도에 더 중요하다고 해석되는 것입니다.

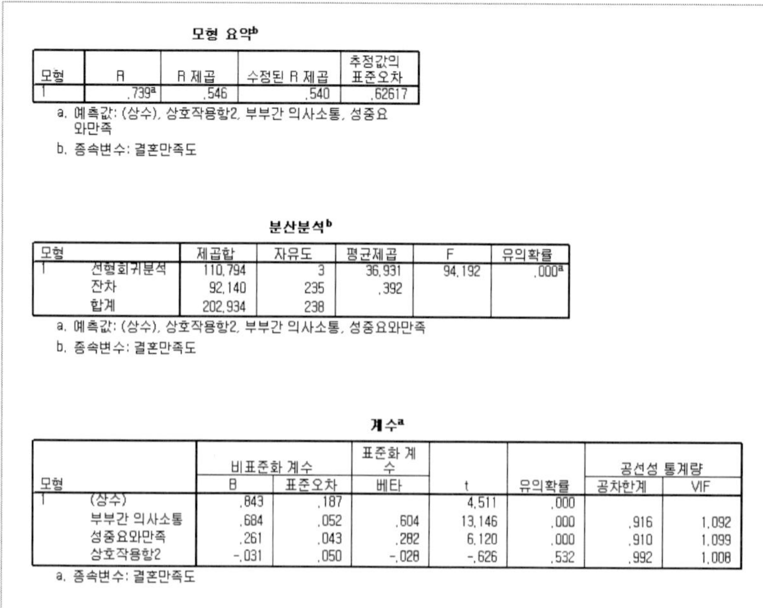

모형 요약[b]

모형	R	R 제곱	수정된 R 제곱	추정값의 표준오차
1	.739[a]	.546	.540	.62617

a. 예측값: (상수), 상호작용항2, 부부간 의사소통, 성중요와만족

b. 종속변수: 결혼만족도

분산분석[b]

모형		제곱합	자유도	평균제곱	F	유의확률
1	선형회귀분석	110.794	3	36.931	94.192	.000[a]
	잔차	92.140	235	.392		
	합계	202.934	238			

a. 예측값: (상수), 상호작용항2, 부부간 의사소통, 성중요와만족

b. 종속변수: 결혼만족도

계수[a]

모형		비표준화 계수		표준화 계수	t	유의확률	공선성 통계량	
		B	표준오차	베타			공차한계	VIF
1	(상수)	.843	.187		4.511	.000		
	부부간 의사소통	.684	.052	.604	13.146	.000	.916	1.092
	성중요와만족	.261	.043	.282	6.120	.000	.910	1.099
	상호작용항2	-.031	.050	-.028	-.626	.532	.992	1.008

a. 종속변수: 결혼만족도

〈조절변인을 검증하는 두 번째 방법〉

두 번째 검증방법은 이원변량분석(two-way ANOVA)을 활용하는 것입니다. 회귀분석 방법을 활용하기가 어렵다고 판단되면 이 방법으로 바꿔 주세요. 이원분량분석의 조건은 독립변수와 조절변수가 범주로 되어야 한다는 것입니다. 따라서 먼저 의사소통을 범주화시켜 주고 성생활을 범주화시켜 주어야 합니다. 일단 코딩변경을 통해서 범주화시켜야 합니다. 의사소통을 평균 이하는 '낮다', 평균 이상은 '높다'로, 성생활도 평균 이하는 '낮다', 평균 이상은 '높다'로 범주화합니다.

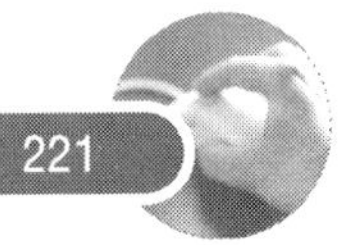

'코딩변경'의 '새로운 변수로'로 가서 '의사소통'을 범주화합니다.

'의사소통2'를 입력하고 '기존값 및 새로운 값'에서 '범위'를 활용하여 평균 2.85 이하는 0으로 한 다음, '추가'를 눌러 주고, 다음에 2.86부터 최대값까지는 1로 합니다. 이후 '계속'을 눌러 주면 됩니다. '확인'을 눌러 주면 '의사소통2'가 만들어집니다.

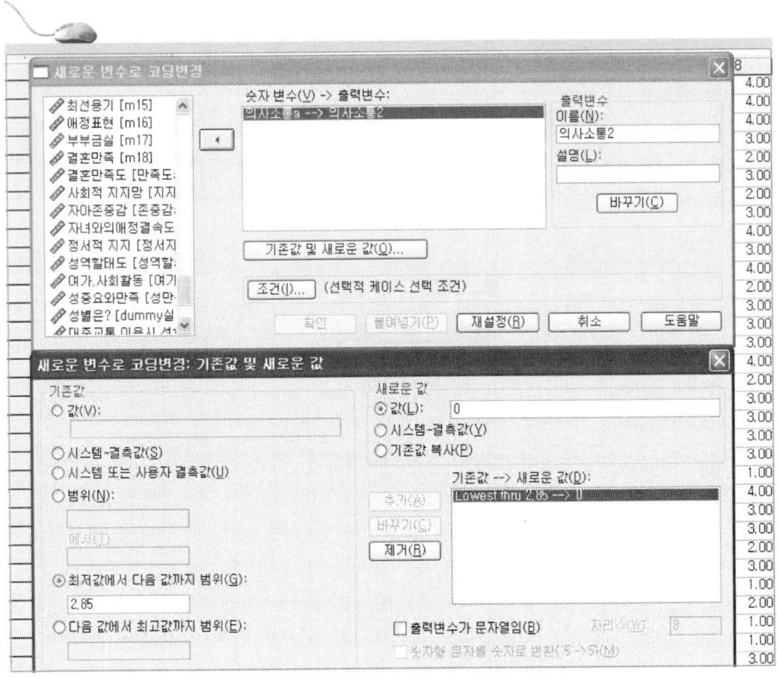

그다음에 '성생활2'를 만듭니다. '코딩변경'에서 '새로운 변수로'로 들어가셔서 '성생활2'를 만듭니다.

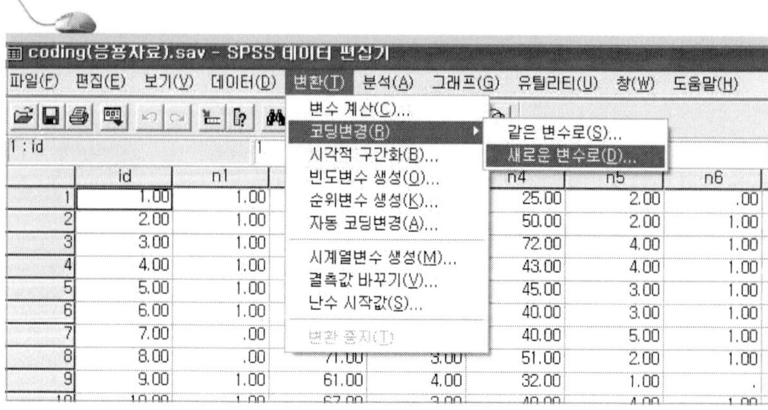

'범위'를 활용해서 최소값에서 평균인 3.64까지는 '0'으로 하고, 3.65부터 최대값까지는 '1'로 합니다. '계속'을 눌러 주면 '성생활2'가 만들어집니다.

새로운 변수로 코딩변경

자아존중감 [존중감
자녀와의애정결속도
부부간 의사소통 [의
정서적 지지 [정서지
성역할태도 [성역할
여가,사회활동 [여기
생활2
D1
D2
D3
상호작용항
상호작용항2

숫자 변수(V) -> 출력변수:
성만족a --> 성생활2

출력변수
이름(N):
성생활2
설명(L):
바꾸기(C)

기존값 및 새로운 값(O)...
조건(I)... (선택적 케이스 선택 조건)
확인 붙여넣기(P) 재설정(R) 취소 도움말

새로운 변수로 코딩변경: 기존값 및 새로운 값

기존값
○ 값(V):
○ 시스템-결측값(S)
○ 시스템 또는 사용자 결측값(U)
○ 범위(N):
에서(T)
◉ 최저값에서 다음 값까지 범위(G):
3.64
○ 다음 값에서 최고값까지 범위(E):

새로운 값
◉ 값(L): 0
○ 시스템-결측값(Y)
○ 기존값 복사(P)

기존값 --> 새로운 값(D):
추가(A)
바꾸기(C)
제거(R)
Lowest thru 3.64 --> 0

☐ 출력변수가 문자열임(B) 자리수(W): 8
☐ 숫자형 문자를 숫자로 변환('5'->5)(M)

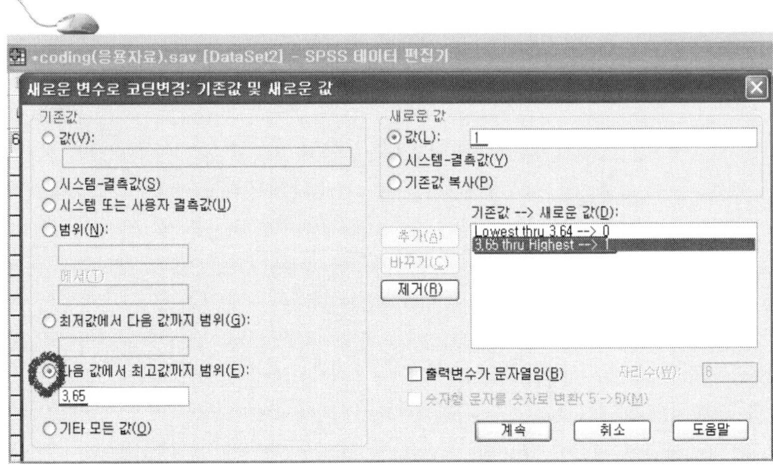

이 상태에서 이원변량분석으로 들어가겠습니다. '일반선형모형'에서 '일변량'을 클릭하세요.

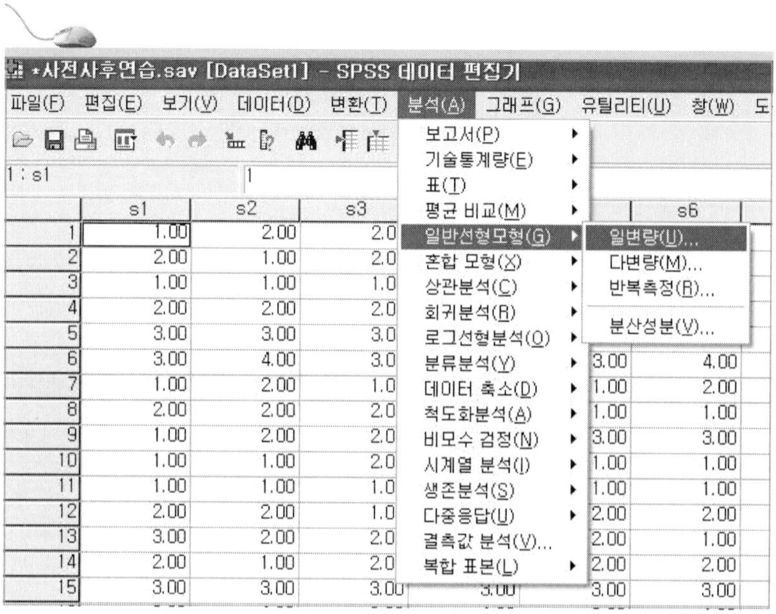

종속변수는 결혼만족도, 모수요인에 '의사소통2'와 '성생활2'를 넣어 주세요. 만일 통제시키고 싶은 변수가 있다면 그 변수를 '공변량' 칸에 넣으면 됩니다(만약 연령을 통제시키고 분석하겠다면 연령을 공변량 칸에 넣으면 됩니다). '옵션'에 가서 '기술통계량'을 선택하고 '확인'을 눌러 주세요.

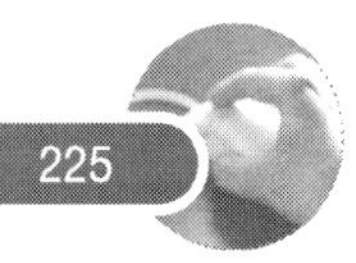

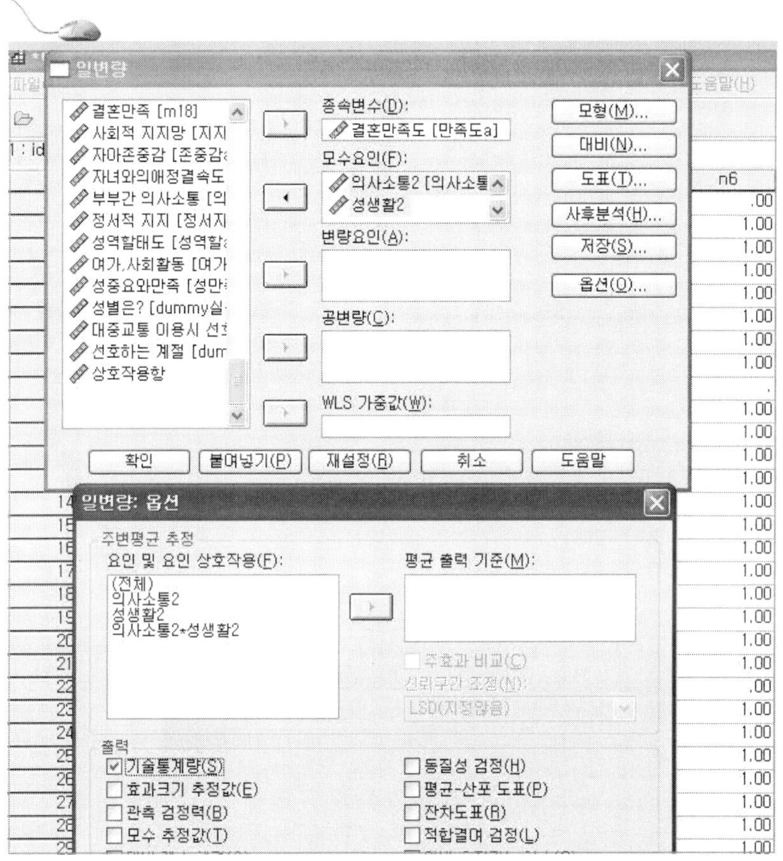

결과를 보면 상호작용 변수가 자동으로 만들어진 것을 볼 수 있습니다. '의사소통2'와 '성생활2'의 상호작용 변수가 만들어졌는데, 이것이 유의한가 그렇지 않은가를 보겠습니다. 현재 표에서는 유의확률이 .16으로 유의하지 않게 나오고 있습니다.

기술통계량

종속변수: 결혼만족도

의사소통2	성생활2	평균	표준편차	N
,00	,00	2,8972	,80201	67
	1,00	3,6179	,74169	50
	합계	3,2052	,85238	117
1,00	,00	3,9754	,70018	52
	1,00	4,4349	,58374	70
	합계	4,2391	,67306	122
합계	,00	3,3683	,92742	119
	1,00	4,0945	,76661	120
	합계	3,7329	,92340	239

개체-간 효과 검정

종속변수: 결혼만족도

소스	제 III 유형 제곱합	자유도	평균제곱	F	유의확률
수정 모형	85,013[a]	3	28,338	56,472	,000
절편	3254,860	1	3254,860	6486,436	,000
의사소통2	52,483	1	52,483	104,590	,000
성생활2	20,352	1	20,352	40,558	,000
의사소통2 * 성생활2	,997	1	,997	1,987	,160
오차	117,922	235	,502		
합계	3533,366	239			
수정 합계	202,934	238			

a. R 제곱 = ,419 (수정된 R 제곱 = ,411)

이원변량분석의 장점은 그래프를 그릴 수 있다는 것인데, 이 그래프를 통해 상호작용이 있는지 없는지를 나타낼 수 있습니다. 그래프가 나오면 해석을 잘해야 합니다. 그래프에서 두 직선의 기울기가 확연히 달라야 상호작용이 있는 것입니다. 두 직선의 기울기가 달라야만 조절효과, 완충효과가 증명되는 것이죠. 기울기가 다르게 나왔다면, 기울기가 큰 쪽에서 독립변수가 종속변수에 더 영향을 미친다고 해석하게 됩니다.

이제는 도표가 나오게 하는 방법을 연습해 보겠습니다. '분석'에서 '일반선형모형'에서 '일변량'으로 가서 '도표'를 클릭하세요. 수평축 변수에 독립변수(의사소통2)를, 선구분 변수에는 조절변수(성생활2)를 넣고 '추가', '계속', '확인'을 눌러 주면 상호작용 도표가 나옵니다. 그래프에는 기울기의 차이가 거의 없으므로 상호작용이 없다. 즉, 조절변인 역할을 못한다는 결론이 나오는 것입니다.

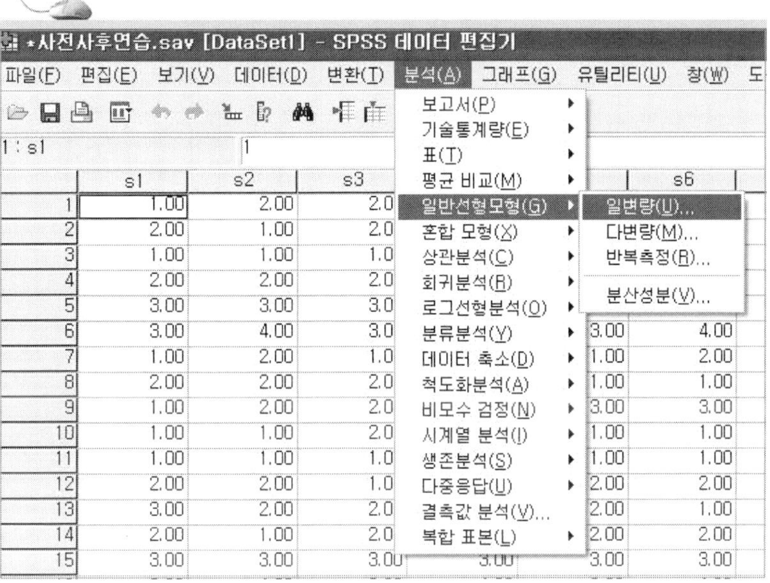
*사전사후연습.sav [DataSet1] - SPSS 데이터 편집기
파일(F) 편집(E) 보기(V) 데이터(D) 변환(T) 분석(A) 그래프(G) 유틸리티(U) 창(W)
보고서(P)
기술통계량(E)
표(T)
평균 비교(M)
일반선형모형(G)
혼합 모형(X)
상관분석(C)
회귀분석(R)
로그선형분석(O)
분류분석(Y)
데이터 축소(D)
척도화분석(A)
비모수 검정(N)
시계열 분석(I)
생존분석(S)
다중응답(U)
결측값 분석(V)...
복합 표본(L)
일변량(U)...
다변량(M)...
반복측정(R)...
분산성분(V)...

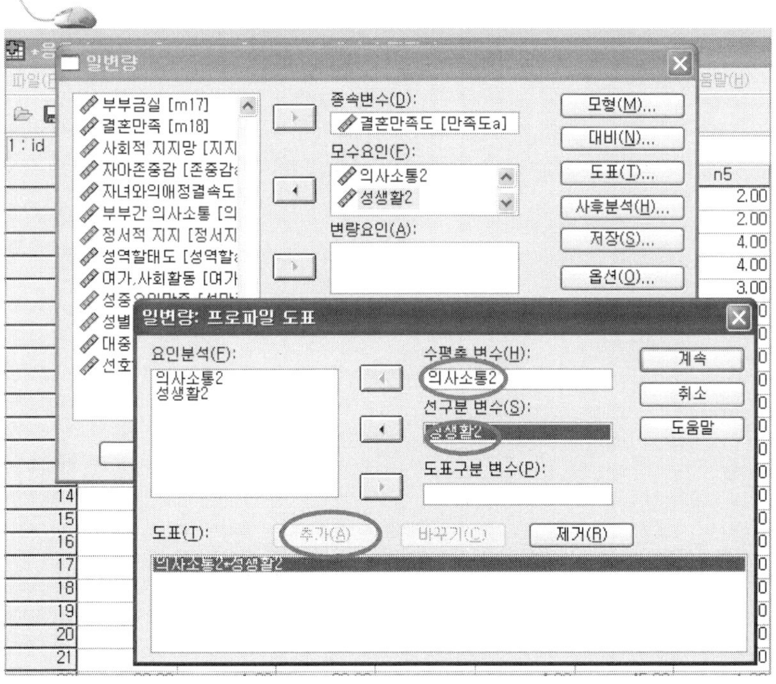
일변량
종속변수(D):
결혼만족도 [만족도a]
모수요인(F):
의사소통2
성생활2
변량요인(A):
모형(M)...
대비(N)...
도표(T)...
사후분석(H)...
저장(S)...
옵션(O)...
일변량: 프로파일 도표
요인분석(F):
의사소통2
성생활2
수평축 변수(H):
의사소통2
선구분 변수(S):
성생활2
도표구분 변수(P):
계속
취소
도움말
도표(T):
추가(A)
바꾸기(C)
제거(R)
의사소통2*성생활2

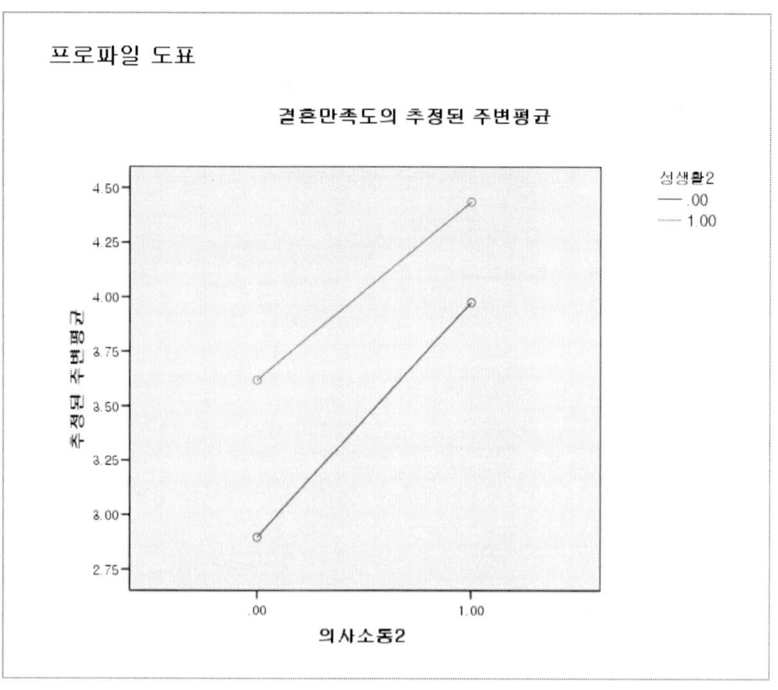

다음의 그래프 중에서 상호작용을 보여 주는 그래프는 무엇일까요?

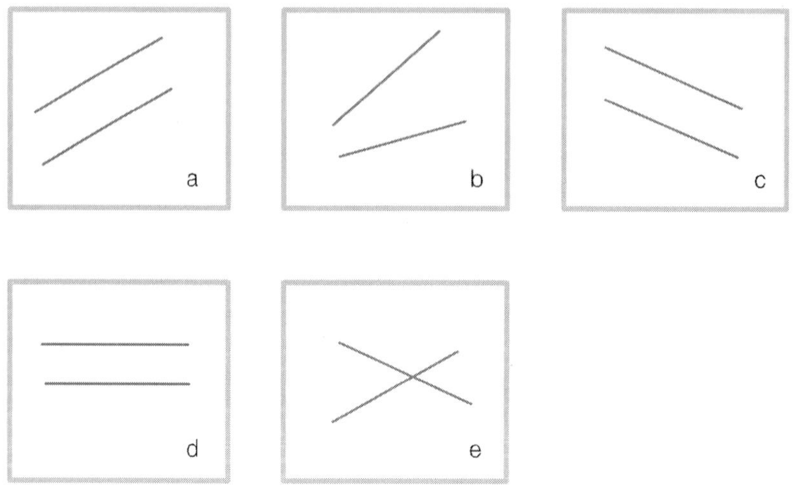

그렇습니다. 기울기의 차이가 현저히 다른 b와 e가 상호작용이 있는 그래프입니다.

〈조절변인을 검증하는 세 번째 방법〉

상호작용 효과를 보는 세 번째 방법은 조절변수의 값에 따라 집단을 선정해서 회귀분석을 하는 것입니다. 일단 조절변수를 두 집단으로 구분합니다. 조절변수가 '성만족'인 경우, 성만족을 두 집단으로 구분하고, 성만족이 낮은 집단만 먼저 선정해서 독립변수와 종속변수 간의 회귀분석을 시행합니다. 다음은 성만족이 높은 집단만 선정해서 종속변수와 독립변수 간의 회귀분석을 하면 됩니다.

그럼, 케이스 선택을 해 보겠습니다. 메뉴에서 '케이스 선택', '조건을 만족하는 케이스'를 클릭하고, '조건'을 클릭하세요. 먼저 성만족이 평균 이하, 즉 3.64 이하인 사람들만 뽑습니다. 그리고 '확인'을 눌러 주세요.

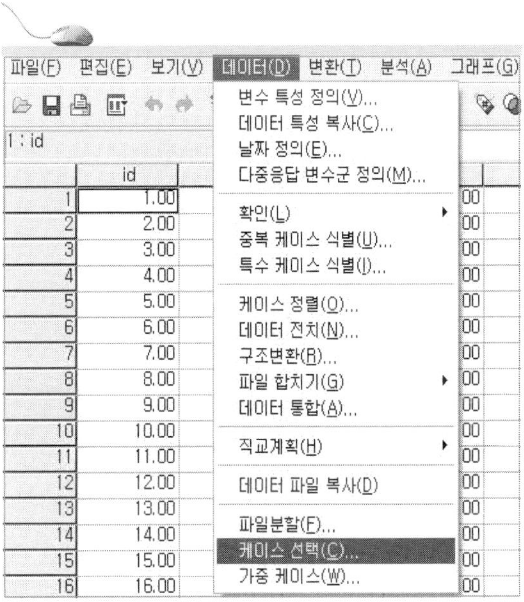

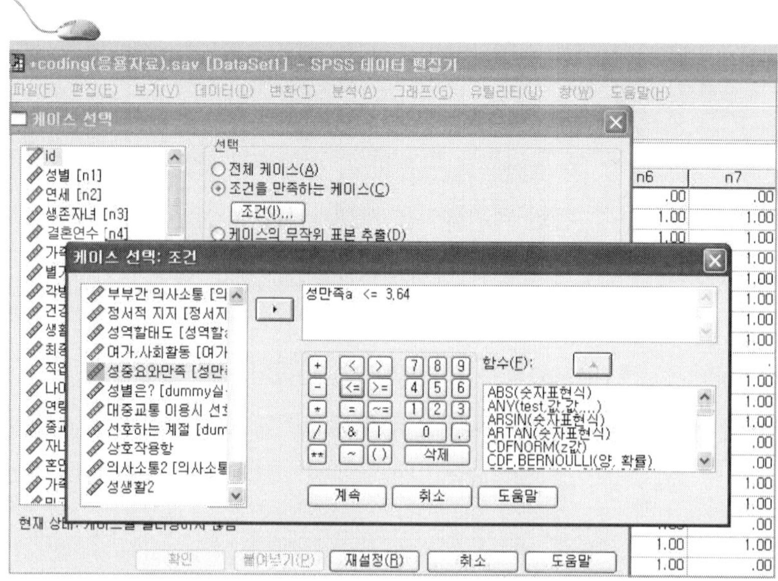

성만족이 낮은 사람만 뽑은 상태에서 회귀분석에 들어가는 것입니다. 종속변수는 결혼만족도, 독립변수는 의사소통입니다.

*coding(응용자료).sav [DataSet2] - SPSS 데이터 편집기

파일(F) 편집(E) 보기(V) 데이터(D) 변환(T) 분석(A) 그래프(G) 유틸리티(U)

보고서(P)
기술통계량(E)
표(T)
평균 비교(M)
일반선형모형(G)
혼합 모형(X)
상관분석(C)
회귀분석(R)
로그선형분석(O)
분류분석(Y)
데이터 축소(D)
척도화분석(A)
비모수 검정(N)
시계열 분석(I)
생존분석(S)
다중응답(U)
결측값 분석(V)...
복합 표본(L)

선형(L)...
곡선추정(C)
이분형 로지
다항 로지스
순서(D)...
프로빗(P)...
비선형(N)...
가중추정(W)
2-단계 최소
최적화 척도

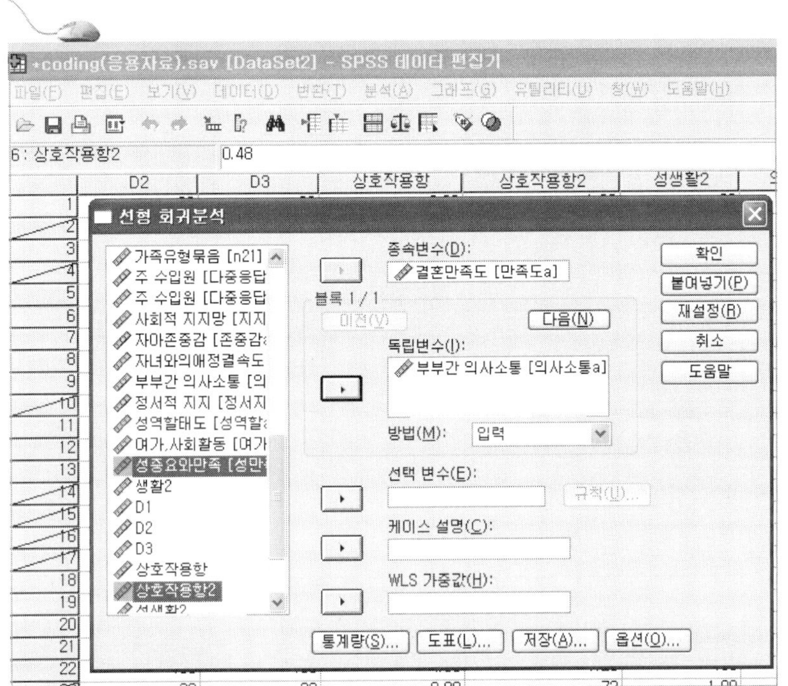

결과를 보면, 성만족이 낮은 사람에게서 부부간 의사소통의 베타값은 .69로 나왔습니다. 다음에 성만족이 높은 사람을 선정해 분석해 보겠습니다. 여기서 베타값은 .64로 나왔습니다. 결과가 서로 비슷합니다. 베타값이 거의 차이가 나지 않으므로 상호작용이 없다고 결론을 내릴 수 있습니다. 조절변인의 역할을 하지 못한다는 것이죠. 우리가 시행한 세 가지 분석방법에서 결과가 모두 일관되게 나왔습니다.

모형 요약[b]

모형	R	R 제곱	수정된 R 제곱	추정값의 표준오차
1	.694[a]	.481	.477	.67066

a. 예측값: (상수), 부부간 의사소통

b. 종속변수: 결혼만족도

분산분석[b]

모형		제곱합	자유도	평균제곱	F	유의확률
1	선형회귀분석	48.869	1	48.869	108.650	.000[a]
	잔차	52.624	117	.450		
	합계	101.493	118			

a. 예측값: (상수), 부부간 의사소통

b. 종속변수: 결혼만족도

계수[a]

모형		비표준화 계수		표준화 계수	t	유의확률
		B	표준오차	베타		
1	(상수)	1.311	.207		6.342	.000
	부부간 의사소통	.772	.074	.694	10.424	.000

a. 종속변수: 결혼만족도

제 16 장
실험설계분석

실험설계를 분석(비모수 검정 포함)하는 방법에는 대응표본 t-검정을 활용하는 방법과 독립표본 t-검정을 활용하는 방법, 그리고 공분산분석을 활용하는 방법, 위계적 회귀분석을 활용하는 방법이 있습니다. 이 네 가지 방법에 대해 소개합니다.

1 실험설계분석의 특성

보통 실험설계할 때에 가장 많이 쓰는 실험형태가 실험집단을 사전조사하고, 프로그램을 돌린 다음, 사후조사를 한다. 비교집단은 프로그램 없이 사전조사와 사후조사만 하는 것이다. 이것이 가장 많이 쓰는 실험설계모형으로서, 실험집단과 비교집단에 무작위할당을 하지 않았기에 유사실험설계라고 부른다.

실험집단: 01 X 02
통제집단: 01   02

X: 프로그램이나 개입
01: 사전조사
02: 사후조사

무작위 할당(random assignment)을 뜻하는 R 표시가 되어 있으면 무작위로 할당을 하였다는 뜻이다. 무작위 할당을 하면 순수실험설계가 가능하지만 실제로 무작위 할당을 하기가 어렵기 때문에 보통 유사실험설계를 하는 경우가 많다. 무작위 할당이 되어야만 두 집단이 비슷한 조건에서 시작했다는 것이 충족되는데, 그렇게 하기는 현실적으로 어렵다.

무작위 할당(R)	실험집단: 01 X 02 통제집단: 01 02

X: 프로그램이나 개입
01: 사전조사
02: 사후조사

실험설계에 대한 가장 기초적인 분석방법은 실험집단만 뽑아서 대응표본 t-검정을 하는 것이고, 그다음에 비교집단만 뽑아서 대응표본 t-검정을 하는 것이다. 대응표본 t-검정(paired samples t-test)은 동일한 표본에서 두 변수의 평균 차이(사전검사와 사후검사 비교 등)를 비교할 경우 사용한다. 독립표본은 서로 다른 두 집단을 비교하지만 대응표본은 동일한 집단을 비교한다. 따라서 프로그램 진행 전에 사전검사를 하고 프로그램을 진행한 후에 사후검사를 하여 사전검사와 사후검사 간의 차이를 볼 때 사용된다. 이를 활용해서 실험집단은 변화가 일어났는데, 비교집단은 변화가 없었다는 결론이 나오면 가장 바람직한 것이다.

문제는 비교집단도 좋아지는 경우가 많다. 예를 들어, 역사적 사건, 성숙, 회귀효과, 사전검사효과 등 내적 타당도를 위협하는 요소들 때문이다. 이렇게 비교집단에 아무 프로그램이 없었는데 좋아진 경우가 많으면, 실험집단도 좋아지고 비교집단도 좋아져서 결론을 내리기가 쉽지 않다. 이런 경우는 다른 방법을 한 번 더 사용하는 것이 좋다. 즉, 사후조사와 사전조사의 차이를 가지고 분석하는 독립표본 t-검정을 하는 것이다.

변환에 가서 사후조사와 사전조사의 차이를 계산하여 새로운 변수를 만들어 놓고 독립표본 t-검정을 한다. 그러면 실험집단이 비교집단에 비해 더 많이 좋아졌다는 것을 증명할 수 있다. 이것은 두 번째로 추천하는 방법이다.

그런데 이것도 불완전한 방법이다. 왜? 나중에 결과표에서 보면 알겠지만 사전조사와 사후조사 간의 상관관계가 높게 나오는 경우가 많기 때문이다. 즉, 사전조사의 점수

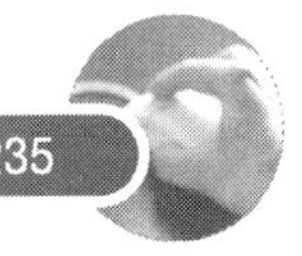

에 따라 사후조사의 점수가 달라진다는 뜻이다. 예를 들어, 처음부터 사전조사에서 높은 점수를 받은 사람은 사후조사에서 많이 좋아지고, 처음부터 상태가 안 좋았던 사람은 사후조사에서 별로 안 좋아지게 된다는 것이다.

프로그램의 효과 외에 사전조사의 점수에 따라 사후조사가 달라진다면 문제가 된다. 이런 영향을 배제하여야 순수한 프로그램의 효과가 나타나기 때문에 사전조사의 영향이 통제될 필요가 있다. 그래서 사전조사를 통제하는 세 번째 방법, 즉 공분산분석인 ANCOVA를 소개한다. 공분산분석은 모수요인이 범주형 척도이고, 통제변수(공변량)가 연속척도일 경우 사용한다. 따라서 집단의 지위는 모수요인에 넣고, 통제하고자 하는 사전조사를 공변량으로 넣어 통제하는 방법이다. 공분산분석의 장점은 통계적 검증력이 올라간다. 다른 방법보다 더 유의하게 결과가 나오기 때문에 사전조사를 통제하면서 더 좋은 결과가 나오는 ANCOVA로 실험설계를 분석하는 것이다. 또 다른 장점은 이 방법을 쓰면 유사실험설계에서 나왔던 문제가 해결이 가능하다. 즉, 무작위 할당을 하지 않아서 두 집단이 처음부터 서로 다른 측면이 있는데, 그 다른 측면들(성별, 수입 등)을 통제할 수 있다. 두 집단 간에 차이가 나는 변수들을 통제하면서 프로그램만의 영향력을 끌어낼 수 있다는 것이 장점이다.

같은 맥락에서 위계적 회귀분석도 시행할 수 있다. 사전조사와 연구자가 통제시키고 싶은 변수들을 모두 1단계로 집어넣고, 2단계에서는 집단의 지위(실험집단과 비교집단 여부)를 집어넣는 위계적 회귀분석을 한다. 장점은 역시 통제하고자 하는 변수를 넣을 수 있다는 것이다.

실험설계분석 시 양측검정을 할 것인가 아니면 단측검정을 할 것인가? 실험에서의 가설은 방향이 있는 가설이다. 즉, 프로그램을 받은 집단이 향상된다는 가정을 하고 실험한다. 왜냐하면 프로그램을 구성할 때 이론을 가지고 만들므로 이론이 강력히 뒷받침되고 있기 때문이다. 호기심으로 프로그램을 만들었다면 물론 양측검정을 해야 하지만, 일반적으로 이론을 바탕으로 프로그램을 만들기 때문에 방향이 있는 가설이 되고 단측검정을 하게 된다. 컴퓨터는 일단 양측검정에 의한 유의확률을 계산한다. 연구자는 양측 유의확률을 반으로 나누어 단측 유의확률을 계산하고 이에 따라 결론을 내야 한다. 예를 들어, 양측 유의확률이 .08이었다면 단측 유의확률은 .04가 되어 통계적으로 유의미한 결과가 된다. 양측에서는 유의하지 않았지만 단측에서는 유의하게 되는 결과가 많다. 특히, 실험에서는 표본 수가 적어 유의하지 않은 결과가 많이 나오게 되는데, 연구자는 단측검정을 하여 2종 오류를 범하지 않도록 각별히 주의해야 한다.

2 분 석

그러면 앞의 방법들을 실행해 보겠습니다. 다음 데이터 창을 보면 실험설계분석 시 자료를 입력한 결과를 보여 주고 있습니다. 'Coding 3(사전사후연습)' 파일을 불러와 주세요.

사전사후연습.sav [DataSet1] - SPSS 데이터 편집기

파일(F) 편집(E) 보기(V) 데이터(D) 변환(T) 분석(A) 그래프(G) 유틸리티(U) 창(W) 도움말(H)

1 : s1 1

	s1	s2	s3	s4	s5	s6	s7
1	1.00	2.00	2.00	2.00	2.00	1.00	2.00
2	2.00	1.00	2.00	2.00	2.00	2.00	1.00
3	1.00	1.00	1.00	1.00	2.00	1.00	2.00
4	2.00	2.00	2.00	2.00	2.00	2.00	2.00
5	3.00	3.00	3.00	3.00	3.00	3.00	3.00
6	3.00	4.00	3.00	4.00	3.00	4.00	3.00
7	1.00	2.00	1.00	2.00	1.00	2.00	1.00
8	2.00	2.00	2.00	1.00	1.00	1.00	2.00
9	1.00	2.00	2.00	3.00	3.00	3.00	2.00
10	1.00	1.00	2.00	2.00	1.00	1.00	2.00
11	1.00	1.00	1.00	2.00	1.00	1.00	1.00

실험 후 자료를 입력할 때 주의할 점이 있습니다. 반드시 사전조사 자료와 사후조사 자료가 어느 사람의 것인지 알아야 한다는 것입니다. 이를 위해 사전조사를 할 때 클라이언트의 이름 내지 그 사람의 독특한 아이디를 쓰도록 해야 합니다. 그리고 사후조사를 할 때 역시 이름을 쓰도록 해야 합니다. 그래서 같은 사람의 사전·사후조사 자료를 나란히 확보해 놓아야 합니다.

입력할 때는 실험에 참여한 사람의 사전조사 자료를 입력하고, 바로 뒤이어 그 사람의 사후조사 자료를 입력해야 합니다. 화면에 있는 자료는 자아존중감을 검사한 자료를 입력한 것입니다.

첫 번째 사람의 자아존중감 사전조사 7문항(s1~s7)을 입력한 뒤, 이어서 사후조사 7문항(s1.1~s7.1)을 입력한 것입니다. 같은 사람의 사전과 사후를 나란히 입력하는 것이 중요합니다. 앞에 10명은 실험에 참여한 사람들이고 11번째부터는 비교집단에 참여한 사람들입니다.

사전사후연습.sav [DataSet3] - SPSS 데이터 편집기

파일(F) 편집(E) 보기(V) 데이터(D) 변환(T) 분석(A) 그래프(G) 유틸리티(U) 창(W) 도움말(H)

21 : s3.1

	s5	s6	s7	s1.1	s2.1	s3.1	s4.1
1	2.00	1.00	2.00	4.00	5.00	4.00	5.00
2	2.00	2.00	1.00	3.00	4.00	3.00	4.00
3	2.00	1.00	2.00	5.00	4.00	5.00	4.00
4	2.00	2.00	2.00	3.00	3.00	3.00	3.00
5	3.00	3.00	3.00	4.00	4.00	4.00	4.00
6	3.00	4.00	3.00	4.00	5.00	4.00	5.00
7	1.00	2.00	1.00	3.00	4.00	3.00	4.00
8	1.00	1.00	2.00	4.00	4.00	4.00	5.00
9	3.00	3.00	2.00	5.00	5.00	5.00	5.00
10	1.00	1.00	2.00	3.00	3.00	4.00	4.00

집단유형이라는 변수를 보면 실험집단에 속한 사람은 1을, 비교집단은 0을 입력하였습니다.

SPSS 데이터 편집기

변환(T) 분석(A) 그래프(G) 유틸리티(U) 창(W) 도움말(H)

s2.1	s3.1	s4.1	s5.1	s6.1	s7.1	집단유형
5.00	4.00	5.00	4.00	5.00	4.00	1.00
4.00	3.00	4.00	4.00	4.00	3.00	1.00
4.00	5.00	4.00	4.00	4.00	3.00	1.00
3.00	3.00	3.00	3.00	3.00	3.00	1.00
4.00	4.00	4.00	4.00	4.00	4.00	1.00
5.00	4.00	5.00	4.00	5.00	4.00	1.00
4.00	3.00	4.00	3.00	4.00	3.00	1.00
4.00	4.00	5.00	5.00	4.00	4.00	1.00
5.00	5.00	5.00	5.00	5.00	5.00	1.00
3.00	4.00	4.00	3.00	3.00	4.00	1.00
1.00	1.00	2.00	1.00	2.00	1.00	.00
2.00	1.00	2.00	2.00	3.00	2.00	.00

1) 대응표본 t-검정

그럼 첫 번째 방법을 해 보겠습니다. 실험집단만 뽑아서 대응표본 t-검정을 하겠습니다. 분석에 앞서 먼저 표준화된 척도인 자아존중감을 묶어 총점을 내야 합니다. 따라서 먼저 사전과 사후 자아존중감 검사를 묶겠습니다. '변수 계산'에 가서 '사전자존감'을 만드세요.

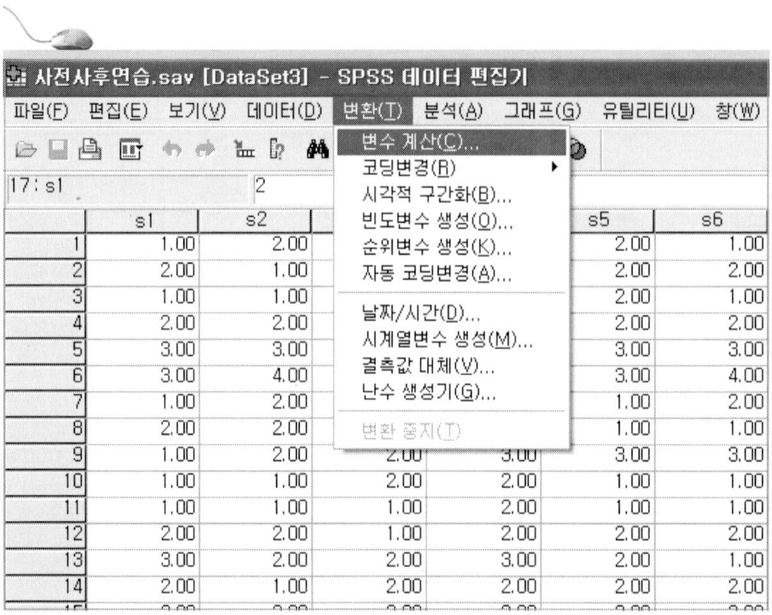

함수 창에서 sum을 이용해서 사전조사에서 얻은 자아존중감 항목 7개를 묶어 '사전자존감'을 만들어 보았습니다. 즉, 첫 번째 문항부터 일곱 번째 문항을 묶어 준 것입니다.

사후자존감도 만들어야죠? '변수 계산'으로 가서 '사후자존감'을 입력하고, sum을 이용해서 항목들을 묶은 다음, '확인'을 눌러 주면 사후자존감 변수가 만들어집니다.

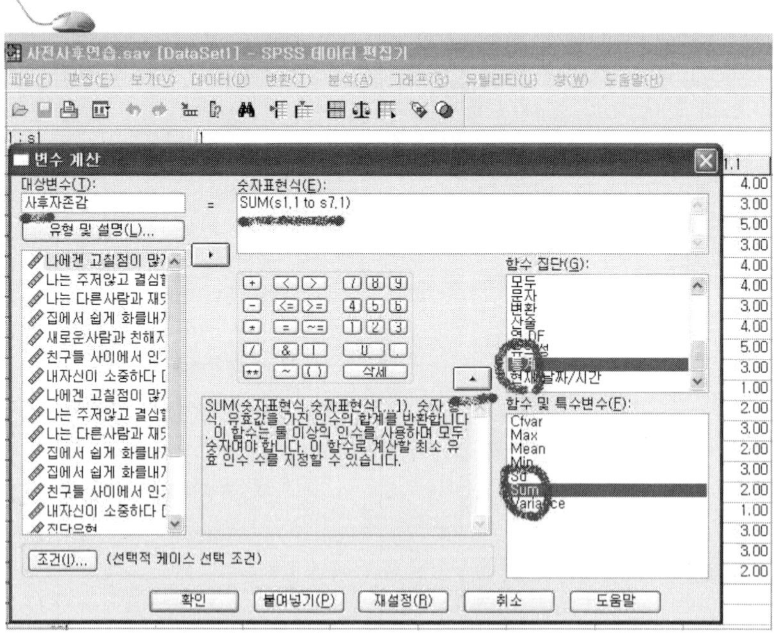

이번에는 실험집단만 선택하여 분석하겠습니다. '케이스 선택'으로 가서 '조건을 만족하는 케이스'를 선택하세요. '집단유형=1'을 넣습니다. '계속', '확인'을 눌러 주세요. 그럼 실험집단만 10명이 뽑히게 됩니다.

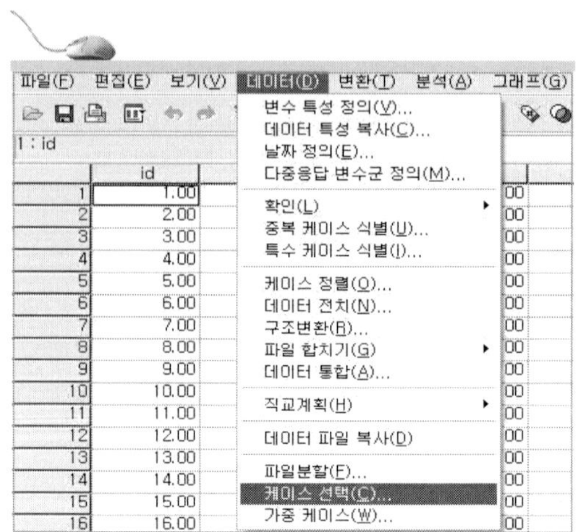

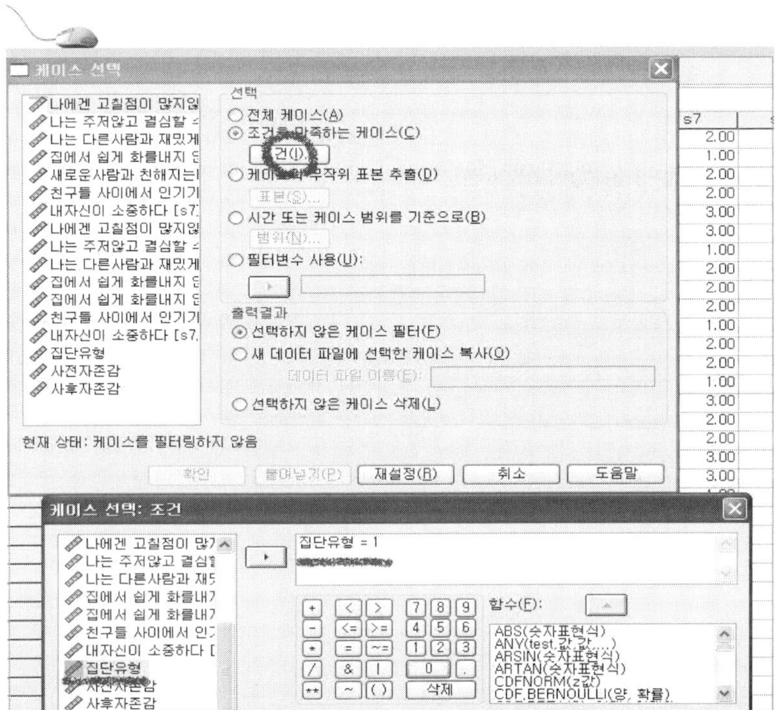

이 상태에서 '대응표본 t-검정'에 들어가 보겠습니다. '분석'으로 가서 '평균 비교', '대응표본 T 검정'을 클릭하세요. 그리고 '사전자존감', '사후자존감'을 동시에 클릭해서 옮겨 주세요. 그리고 '확인'을 눌러 주면 됩니다.

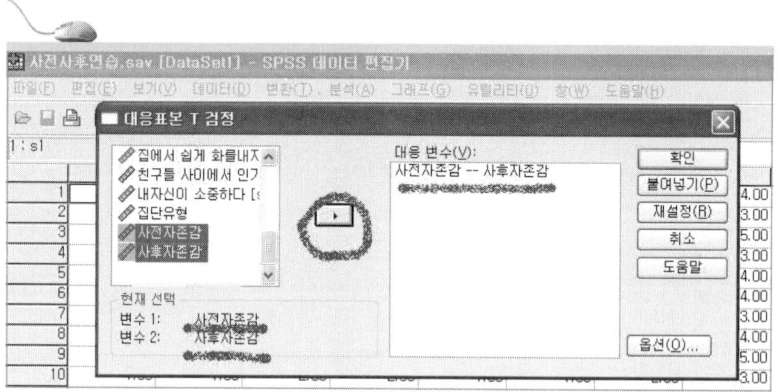

결과가 나왔습니다. 사전자존감의 평균은 13.9, 사후자존감의 평균은 27.8입니다. 양측검증으로 유의확률 값이 .000으로 나오고 있죠? 사전조사와 사후조사의 차이가 있는 것입니다. 사후조사값이 높고, 그 차이가 통계적으로 의미 있는 차이라는 것을 알 수 있습니다.

대응표본 통계량

		평균	N	표준편차	평균의 표준오차
대응 1	사전조사	13.9000	10	5.02107	1.58780
	사후조사	27.8000	10	4.23740	1.33998

대응표본 상관계수

	N	상관계수	유의확률
대응 1 사전조사 & 사후조사	10	.338	.339

대응표본 검정

	대응차					t
	평균	표준편차	평균의 표준오차	차이의 95% 신뢰구간 하한	차이의 95% 신뢰구간 상한	
대응 1 사전조사 - 사후조사	-13.90000	5.36346	1.69607	-17.73679	-10.06321	-8.195

다음에는 비교집단을 뽑아 보겠습니다.

'재설정'을 눌러서 일단 전체 케이스가 선택된 상태로 만들어 놓고 시작하죠. '케이스 선택'으로 가서 '조건을 만족하는 케이스'에서 '집단유형=0'을 만든 뒤 '계속', '확인'을 눌러 주면 비교집단만 10명이 뽑힙니다.

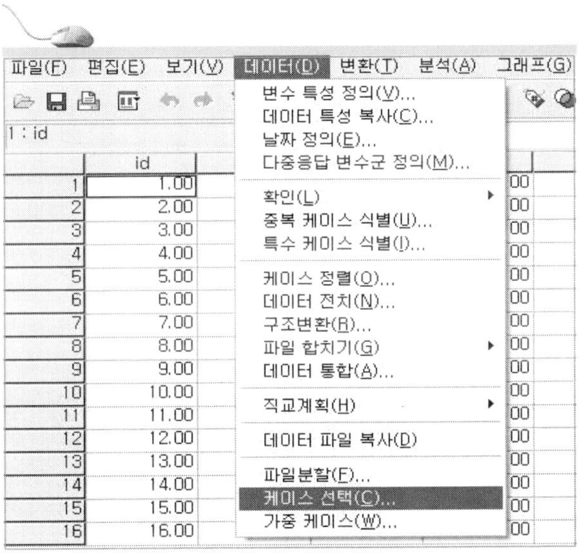

이 상태에서 대응표본 T 검정을 하면 됩니다. 절차는 실험집단에서 한 것과 같습니다.

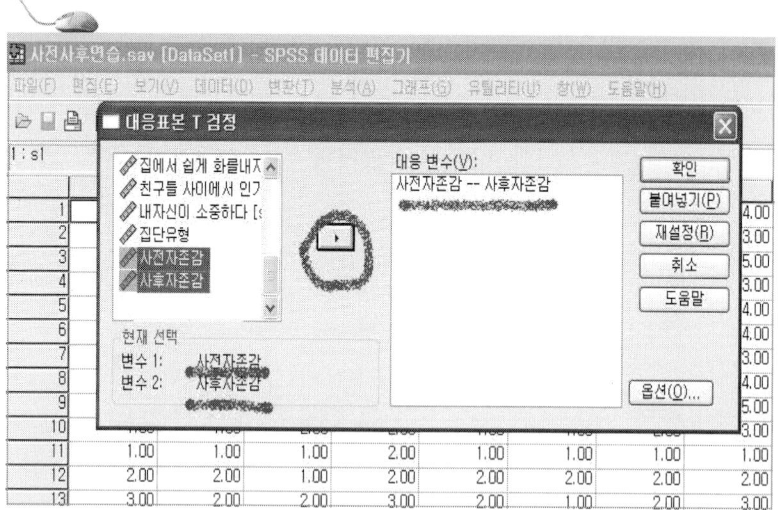

그런데 결과를 보니 비교집단은 사전조사와 사후조사의 차이가 거의 없죠? 통계적으로도 유의하지 않다는 결론을 내릴 수 있습니다. 프로그램을 적용받은 실험집단은 사전과 사후가 차이가 있는데, 비교집단은 사전과 사후가 차이가 없으니, 프로그램이 효과가 있다는 결론을 내리게 되는 것입니다.

대응표본 통계량

균	N	표준편차	평균의 표준오차
5.8000	10	5.37070	1.69837
6.2000	10	4.70933	1.48922

대응표본 상관계수

	N	상관계수	유의확률
조사	10	.951	.000

대응표본 검정

	대응차					t	자유도	유의확률 (양쪽)
	평균	표준편차	평균의 표준오차	차이의 95% 신뢰구간 하한	차이의 95% 신뢰구간 상한			
조사	-.40000	1.71270	.54160	-1.62519	.82519	-.739	9	.479

2) 독립표본 t-검정

두 번째 방법은 독립표본 t-검정입니다. '변환'에 가서 '변수 계산'을 클릭하세요.

사전사후연습.sav [DataSet3] - SPSS 데이터 편집기

파일(F) 편집(E) 보기(V) 데이터(D) 변환(T) 분석(A) 그래프(G) 유틸리티(U) 창(W)

변수 계산(C)...
코딩변경(R)
시각적 구간화(B)...
빈도변수 생성(O)...
순위변수 생성(K)...
자동 코딩변경(A)...
날짜/시간(D)...
시계열변수 생성(M)...
결측값 대체(V)...
난수 생성기(G)...

	s1	s2	s5	s6
1	1.00	2.00	2.00	1.00
2	2.00	1.00	2.00	2.00
3	1.00	1.00	2.00	1.00
4	2.00	2.00	2.00	2.00
5	3.00	3.00	3.00	3.00
6	3.00	4.00	3.00	4.00

새로운 변수 '사후사전차이'를 만들어 보겠습니다. '사후자아존중-사전자아존중'을 입력하면 됩니다. '확인'을 눌러 주세요.

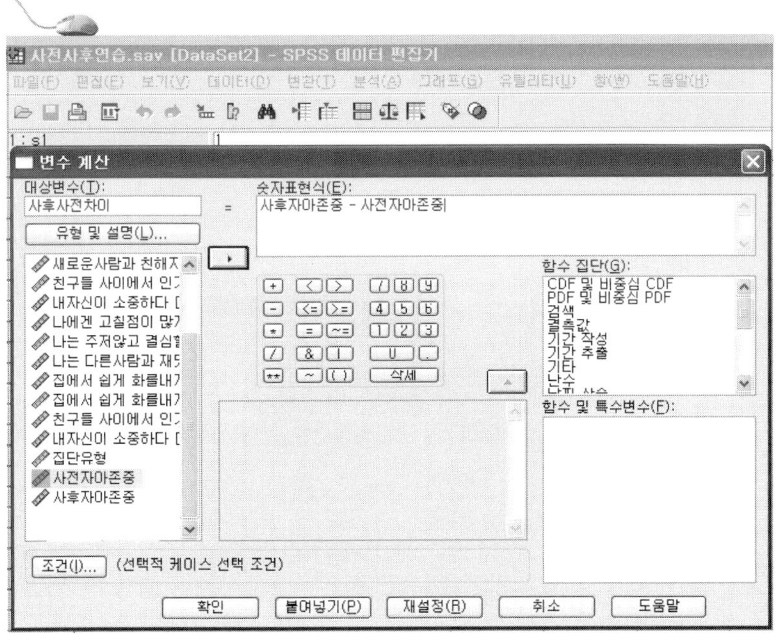

다음은 '분석'에서 '평균 비교', '독립표본 T 검정'을 클릭하세요. 검정변수는 '사후사전차이'를 옮겨 주면 됩니다. 그다음에 집단변수로 '집단유형'을 클릭해서 옮겨 넣어 주고, 집단정의에는 0과 1을 넣어 주면 됩니다(비교집단이 0, 실험집단이 1로 코딩되어 있습니다). '확인'을 눌러 주면 독립표본 t-검정 결과가 나옵니다.

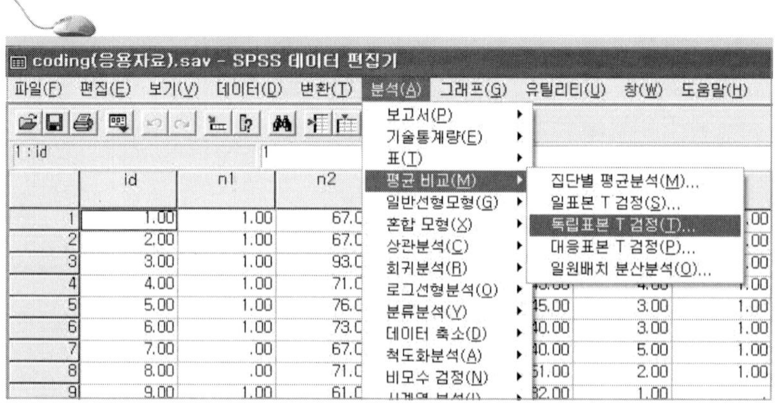

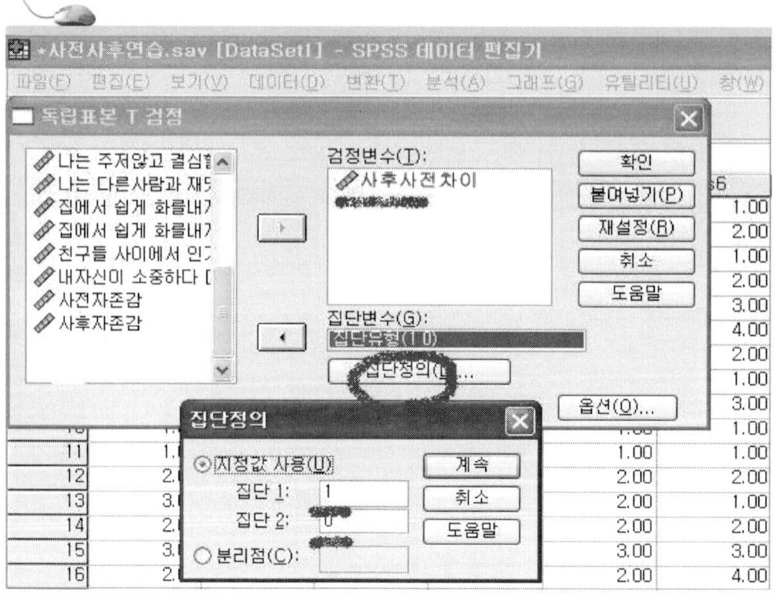

독립표본 t-검정을 분석할 때 기억해야 할 것은 먼저 등분산 검정결과를 봐야 하는데, 그 결과 유의값이 .05보다 커야 합니다. 현재 .05보다 작기 때문에 등분산이 가정되지 않았다고 보아야 합니다. 등분산이 가정되지 않았기 때문에 표의 아래 부분을 보고 해석해야 합니다. 결론은 통계적으로 유의한 결과가 나왔습니다. 비교집단은 사전과 사후조사의 차이가 .4점으로 거의 없는데, 실험집단은 사전과 사후의 점수차이가 13.9점으로 큽니다. 그러므로 통계적으로 유의미한 차이가 있는 것으로 결론을 내릴 수 있습니다.

집단통계량

	집단유형	N	평균	표준편차	평균의 표준오차
사후사전차이	통제집단	10	.4000	1.71270	.54160
	실험집단	10	13.9000	5.36346	1.69607

독립표본 검정

		Levene의 등분산 검정		평균의		
		F	유의확률	t	자유도	유의확률 (양쪽)
사후사전차이	등분산이 가정됨	10.249	.005	-7.582	18	.000
	등분산이 가정되지 않음			-7.582	10.817	.000

3) 공분산분석(ANCOVA)

세 번째 방법인 공분산분석으로 가겠습니다. '분석'에서 '일반선형모형', '일변량'을 클릭하세요.

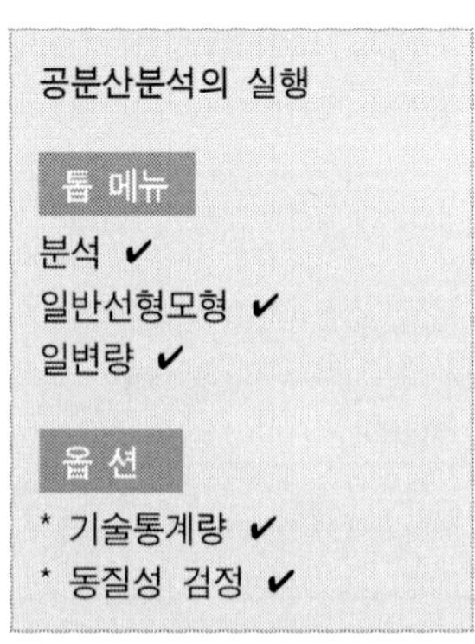
공분산분석의 실행

톱 메뉴

분석 ✔
일반선형모형 ✔
일변량 ✔

옵 션

* 기술통계량 ✔
* 동질성 검정 ✔

*사전사후연습.sav [DataSet1] - SPSS 데이터 편집기

파일(F) 편집(E) 보기(V) 데이터(D) 변환(T) 분석(A) 그래프(G) 유틸리티(U) 창(W) 도

보고서(P)
기술통계량(E)
표(T)
평균 비교(M)
일반선형모형(G) ▸ 일변량(U)... / 다변량(M)... / 반복측정(R)... / 분산성분(V)...
혼합 모형(X)
상관분석(C)
회귀분석(R)
로그선형분석(O)
분류분석(Y)
데이터 축소(D)
척도화분석(A)
비모수 검정(N)
시계열 분석(I)
생존분석(S)
다중응답(U)
결측값 분석(V)...
복합 표본(L)

1 : s1 1

	s1	s2	s3		s6
1	1.00	2.00	2.0		
2	2.00	1.00	2.0		
3	1.00	1.00	1.0		
4	2.00	2.00	2.0		
5	3.00	3.00	3.0		
6	3.00	4.00	3.0	3.00	4.00
7	1.00	2.00	1.0	1.00	2.00
8	2.00	2.00	2.0	1.00	1.00
9	1.00	2.00	2.0	3.00	3.00
10	1.00	1.00	2.0	1.00	1.00
11	1.00	1.00	1.0	1.00	1.00
12	2.00	2.00	1.0	2.00	2.00
13	3.00	2.00	2.0	2.00	1.00
14	2.00	1.00	2.0	2.00	2.00
15	3.00	3.00	3.00	3.00	3.00

종속변수는 자아존중감의 사후조사에 해당되는 '사후자존감'이 됩니다. 그다음 독립변수는 '집단유형'으로 모수요인에 넣어 주면 됩니다. 통제변수는 사전조사에 해당되는 '사전자존감'이므로 이를 공변량에 넣어 줍니다. '옵션'을 클릭하여 '기술통계량', '효과크기 추정값', '동질성 검정'을 선택하고 '확인'을 눌러 줍니다.

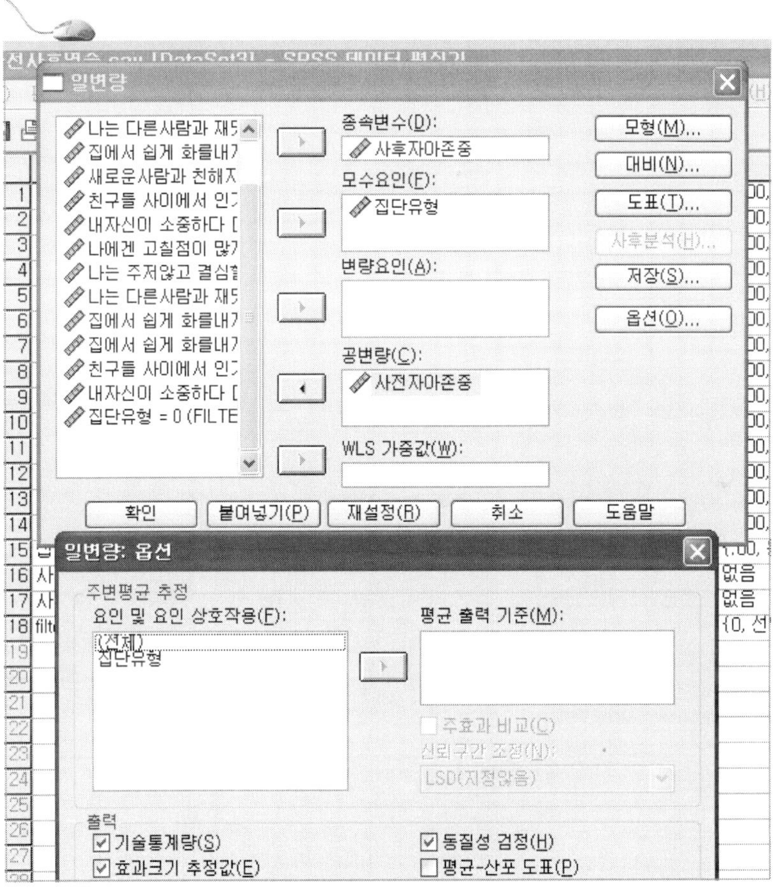

이렇게 되면 '사전자존감'이 통제된 상태에서 '집단유형'이 유의한지를 보아야 합니다. 결과를 보면 집단유형의 유의확률이 .000으로 유의합니다. 사전조사값의 영향력을 통제한 상태에서도 집단의 영향력이 나타나고 있습니다.

개체-간 요인

		변수값 설명	N
집단유형	.00	통제집단	10
	1.00	실험집단	10

기술통계량

종속변수: 사후조사

집단유형	평균	표준편차	N
통제집단	16.2000	4.70933	10
실험집단	27.8000	4.23740	10
합계	22.0000	7.37706	20

개체-간 효과 검정

종속변수: 사후조사

소스	제 III 유형 제곱합	자유도	평균제곱	F	유의확률	부분 에타 제곱
수정 모형	835.335[a]	2	417.668	35.740	.000	.808
절편	357.662	1	357.662	30.606	.000	.643
사전조사	162.535	1	162.535	13.908	.002	.450
집단유형	777.381	1	777.381	66.522	.000	.796
오차	198.665	17	11.686			
합계	10714.000	20				
수정 합계	1034.000	19				

a. R 제곱 = .808 (수정된 R 제곱 = .785)

다시 정리를 하자면, 공분산분석을 할 때는 종속변수에 사후조사를 넣고, 독립변수에는 집단을, 공변량에 사전조사를 넣습니다. 그러면 사전조사의 영향이 통제된 상태에서 순수하게 실험의 효과가 나타나게 됩니다.

4) 회귀분석

회귀분석에서도 마찬가지입니다. '분석'에서 '회귀분석'의 '선형'으로 가서 종속변수는 '사후자존감'을 넣고, 독립변수는 '사전자존감'과 '집단유형'을 넣습니다.

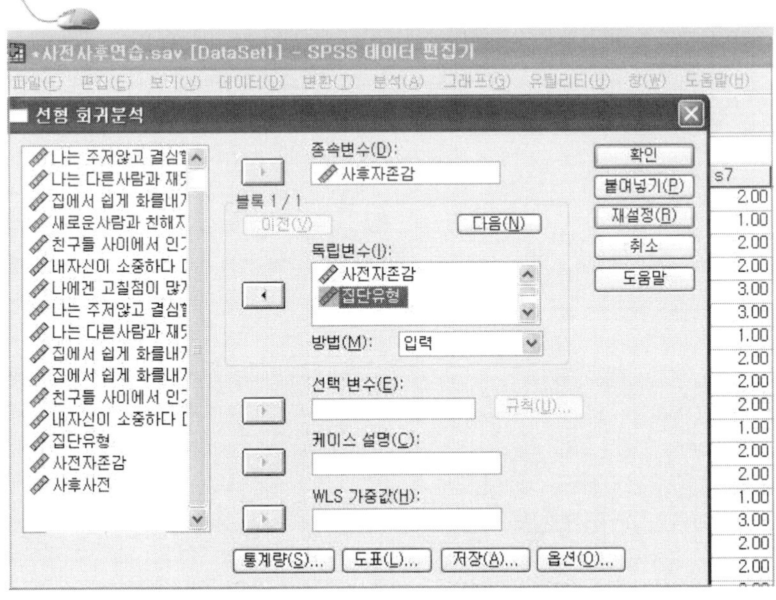

집단의 표준화 회귀계수는 .883으로 유의합니다. 사전조사값인 '사전자아존중감'의 베타값은 .404이고 집단유형의 베타값은 .883입니다. 사전조사의 영향을 통제하고도 집단유형이 영향을 미치는 것으로 나오고 있죠. 다시 말해, 프로그램이 효과가 있었다는 것을 알 수 있습니다.

모형 요약

모형	R	R 제곱	수정된 R 제곱	추정값의 표준오차
1	.899[a]	.808	.785	3.41850

a. 예측값: (상수), 집단유형, 사전자아존중

분산분석[b]

모형		제곱합	자유도	평균제곱	F	유의확률
1	선형회귀분석	835.335	2	417.668	35.740	.000[a]
	잔차	198.665	17	11.686		
	합계	1034.000	19			

a. 예측값: (상수), 집단유형, 사전자아존중

b. 종속변수: 사후자아존중

계수[a]

모형		비표준화 계수		표준화 계수	t	유의확률
		B	표준오차	베타		
1	(상수)	7.068	2.677		2.640	.017
	사전자아존중	.578	.155	.404	3.729	.002
	집단유형	12.698	1.557	.883	8.156	.000

a. 종속변수: 사후자아존중

5) 비모수 검정

다음은 비모수 검정으로 실험설계를 분석하는 방법을 해 보겠습니다. 보통은 실험할 때 많은 표본을 구하지 못하는 경우가 많습니다. 그래서 비모수 검정을 하게 되는 경우가 많습니다. 모수통계를 가지고 실험설계를 분석하기 위해서는 보통 한 집단에 최소한 15명 이상이 필요합니다. 하지만 비교집단까지 포함해 30명 이상을 모집하기가 어렵죠. 그래서 보통은 10명 내외로 프로그램을 진행하는 경우가 많은데, 표본의 수가 적은 경우에는 비모수 검정을 활용합니다. 비모수 검정은 정규분포 가정을 할 필요가 없기 때문에 샘플이 적어도 가능합니다.

〈비모수 검정의 대응표본 t-검정〉

비모수 검정의 대표적인 두 가지 방법 중 대응표본 t-검정에 해당하는 'Wilcoxon 사인' 검정을 해 보겠습니다. 같은 집단을 앞뒤로 비교하는 경우에는 Wilcoxon 부호 검정 같은 대응 2-표본 검정이 됩니다. 즉, 사전조사와 사후조사를 비교하는 것입니다.

먼저, 실험집단만 선택하고 분석하겠습니다. '케이스 선택'으로 가서 '조건을 만족하는 케이스'를 클릭하세요. '집단유형=1'을 넣습니다. '계속', '확인'을 눌러 주세요. 그럼 실험집단만 10명이 뽑히게 됩니다.

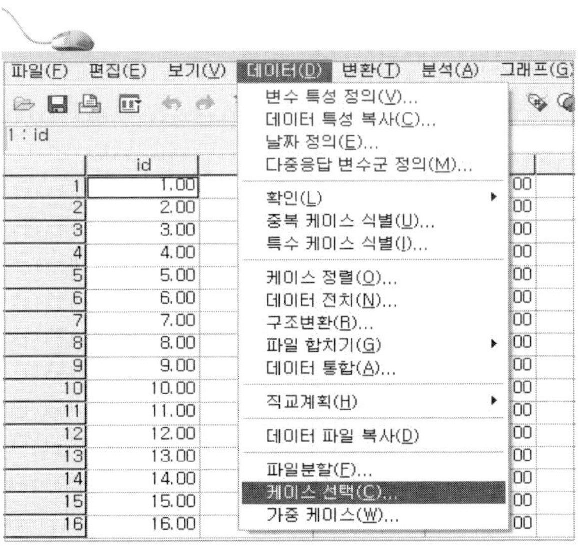

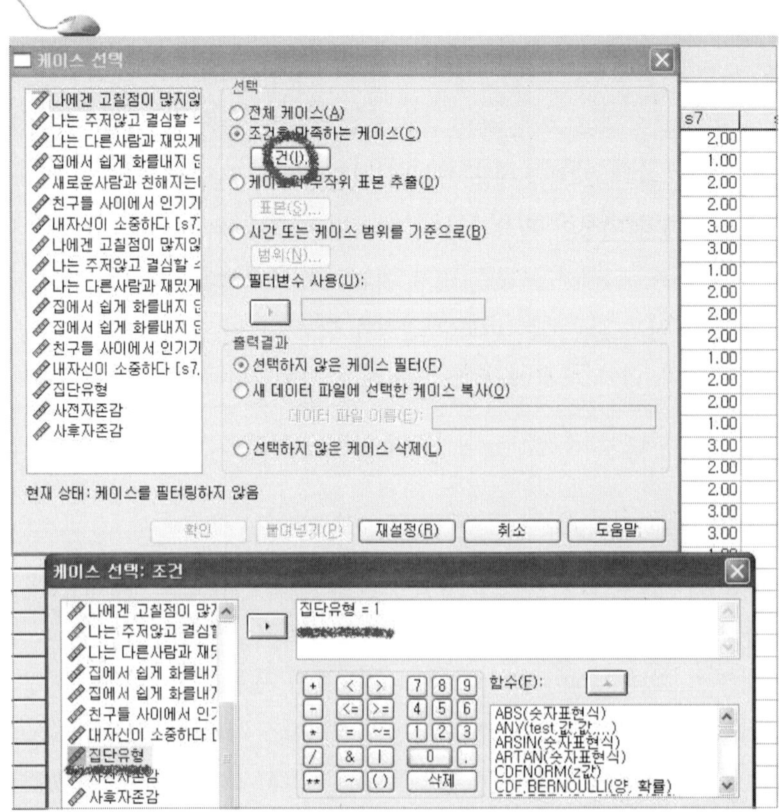

이 상태에서 비모수 대응표본 검정에 들어가 보겠습니다. '분석'에서 '비모수 검정'으로 가서 '대응 2-표본'을 클릭합니다. 다음에는 '사전자존감', '사후자존감'을 동시에 클릭해서 옮겨 주어야 합니다. 그리고 검정유형에서 'Wilcoxon'을 선택하세요. 그리고 '확인'을 눌러 주면 됩니다.

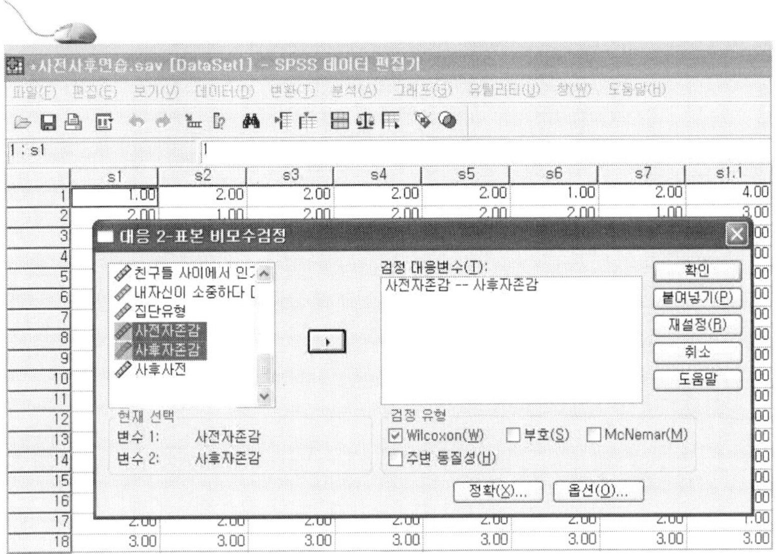

결과를 보면 사후조사에서 높은 값을 얻은 사례는 10명이고, 사전조사에서 높은 값을 얻은 사례는 0명입니다. 양측 유의확률이 .005로 나타났는데, 단측으로 하였다면 유의확률이 .0025로 나오게 됩니다. 유의확률을 볼 때, 실험설계에서는 가능한 단측 유의확률을 보아야 합니다. 프로그램의 효과를 보는 가설은 방향이 있는 가설이고 방향이 있는 가설은 단측검정을 해야 합니다. 양측 유의확률을 반으로 나누면 단측 유의확률이 나옵니다. 결론적으로 실험집단에서는 사후조사에서 참여자들이 좋아졌다는 것을 알 수 있습니다.

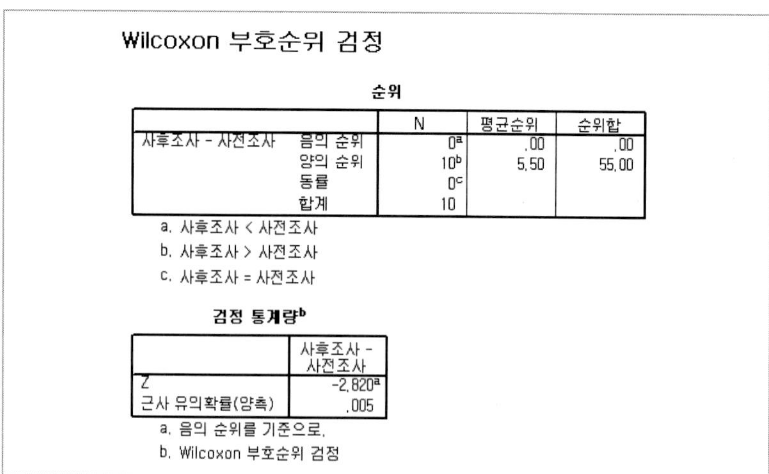

Wilcoxon 부호순위 검정

순위

		N	평균순위	순위합
사후조사 - 사전조사	음의 순위	0[a]	.00	.00
	양의 순위	10[b]	5.50	55.00
	동률	0[c]		
	합계	10		

a. 사후조사 < 사전조사
b. 사후조사 > 사전조사
c. 사후조사 = 사전조사

검정 통계량[b]

	사후조사 - 사전조사
Z	-2.820[a]
근사 유의확률(양측)	.005

a. 음의 순위를 기준으로.
b. Wilcoxon 부호순위 검정

다음은 비교집단만 뽑아서 분석해 보겠습니다. 화면에서처럼 '조건'을 누르고 '집단유형=0'을 넣어 주면 비교집단이 뽑힙니다.

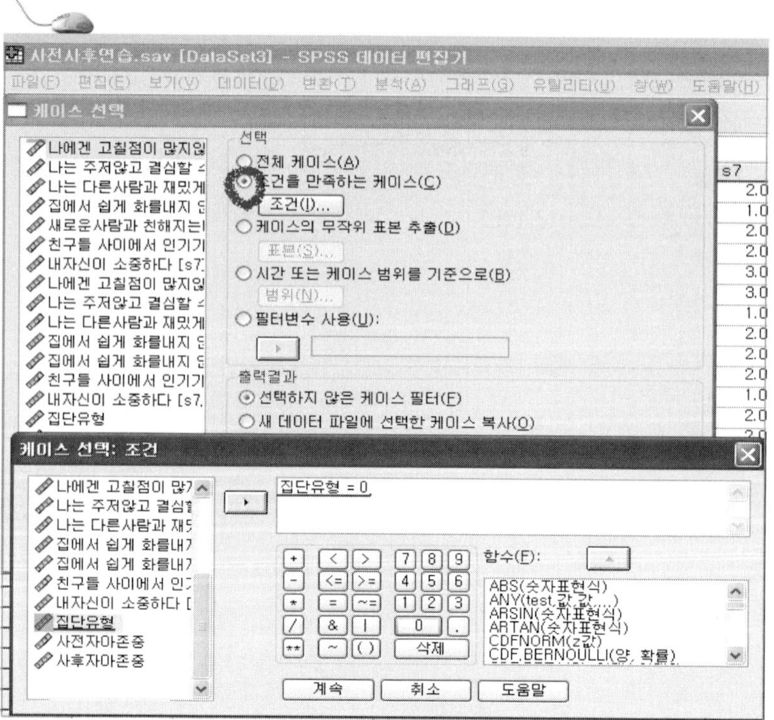

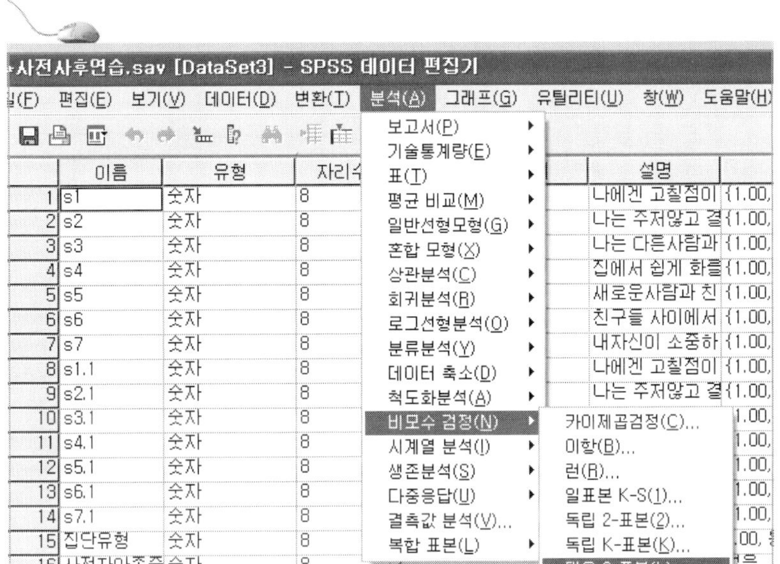
*사전사후연습.sav [DataSet3] - SPSS 데이터 편집기
편집(E) 보기(V) 데이터(D) 변환(T) 분석(A) 그래프(G) 유틸리티(U) 창(W) 도움말(H)
보고서(P)
기술통계량(E)
표(T)
평균 비교(M)
일반선형모형(G)
혼합 모형(X)
상관분석(C)
회귀분석(R)
로그선형분석(O)
분류분석(Y)
데이터 축소(D)
척도화분석(A)
비모수 검정(N)
시계열 분석(I)
생존분석(S)
다중응답(U)
결측값 분석(V)...
복합 표본(L)
카이제곱검정(C)...
이항(B)...
런(R)...
일표본 K-S(1)...
독립 2-표본(2)...
독립 K-표본(K)...
대응 2-표본(L)...
대응 K-표본(S)...

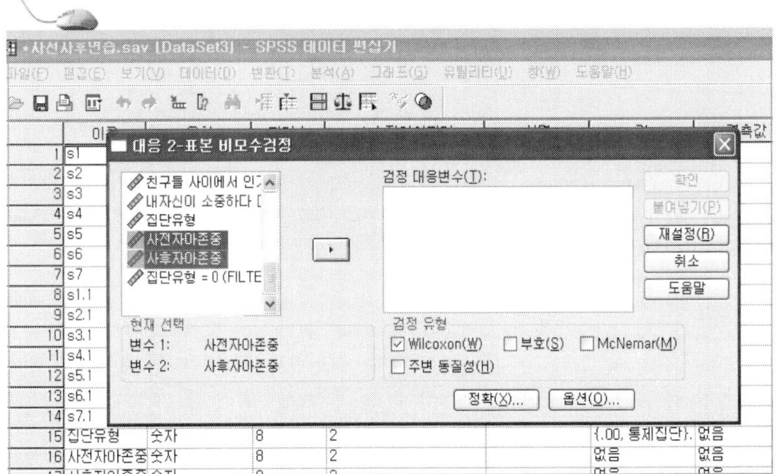
대응 2-표본 비모수검정
친구들 사이에서 인기
내자신이 소중하다
집단유형
사전자아존중
사후자아존중
집단유형 = 0 (FILTE
검정 대응변수(T):
확인
붙여넣기(P)
재설정(R)
취소
도움말
현재 선택
변수 1: 사전자아존중
변수 2: 사후자아존중
검정 유형
Wilcoxon(W)
부호(S)
McNemar(M)
주변 동질성(H)
정확(X)...
옵션(O)...

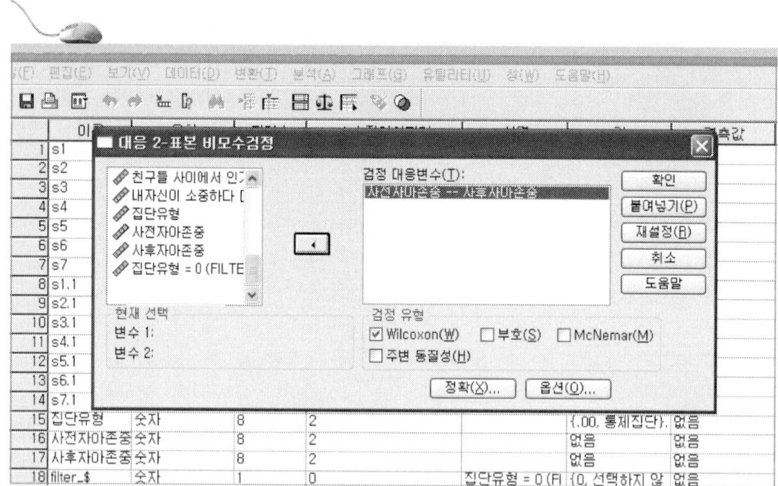

비교집단을 뽑아서 대응 2-표본 검정을 한 결과는 다음과 같습니다.

Wilcoxon 부호순위 검정

순위

		N	평균순위	순위합
사후자아존중 - 사전자아존중	음의 순위	2[a]	7.75	15.50
	양의 순위	7[b]	4.21	29.50
	동률	1[c]		
	합계	10		

a. 사후자아존중 < 사전자아존중

b. 사후자아존중 > 사전자아존중

c. 사후자아존중 = 사전자아존중

검정 통계량[b]

	사후자아존중 - 사전자아존중
Z	-.857[a]
근사 유의확률(양측)	.392

a. 음의 순위를 기준으로.

b. Wilcoxon 부호순위 검정

결과를 보면 유의확률이 .392로 통계적으로도 유의하지 않다는 결론이 나오고 있습니다. 실험집단은 사전과 사후가 차이가 있는데, 비교집단은 사전과 사후의 차이가 없으니, 프로그램을 적용받은 실험집단이 효과가 있다는 결론을 내릴 수 있습니다.

〈비모수 검정의 독립표본 t-검정〉

다음은 비모수 검정의 하나인 Mann-Whitney 검정을 해 보겠습니다. 이는 비모수 검정의 독립표본 t-검정에 해당되는 것입니다. Mann-Whitney 검정은 독립적인 두 집단 간에 차이를 검정하는 방법입니다.

두 집단 간의 차이를 검정하는 Mann-Whitney 검정을 하기 위해 먼저 변수 계산에서 사후조사값에서 사전조사값을 빼 '사전사후차이'라는 변수를 만들어야 합니다.

여기서는 이미 앞에서 독립표본 t-검정 시 만들어 놓은 것이 있기 때문에 이를 활용하겠습니다. 그러면 분석에 들어가도록 하겠습니다. '분석'에서 '비모수 검정'으로 가서, '독립 2-표본'을 클릭하세요. 독립검정변수는 '사후사전차이'이고 집단변수는 '집단유형'입니다. 집단정의를 클릭하고 0과 1을 넣어 주세요. 그다음에 검정유형에서 'Mann-whitney의 U'를 선택하고 '확인'을 눌러 주세요.

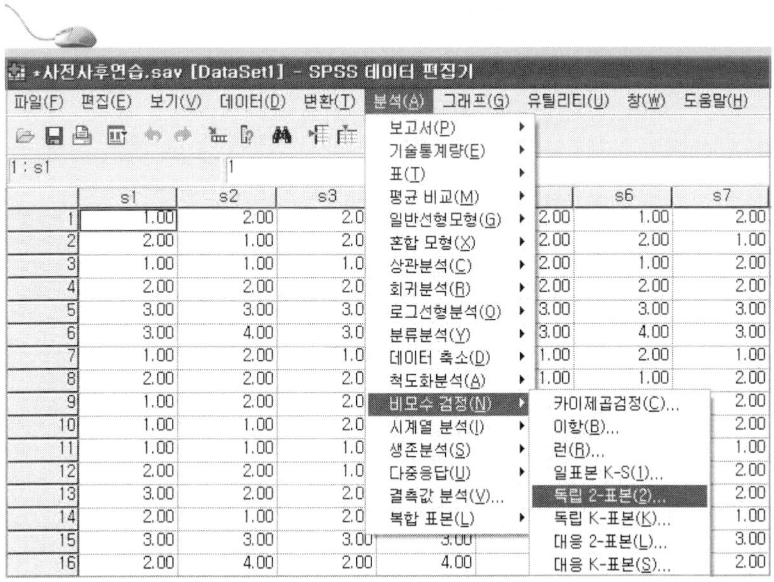

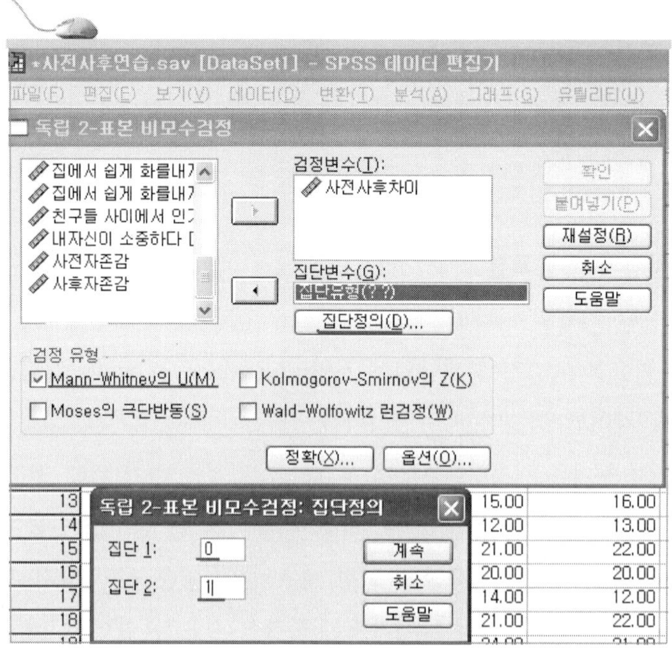

Mann-Whitney 검정 결과는 다음과 같습니다. 실험집단의 순위합이 155.0이고 비교집단은 55.0으로 차이가 큽니다. 유의확률은 .00으로 통계적으로 유의합니다. 따라서 프로그램이 효과가 있었다는 결론을 내릴 수 있습니다.

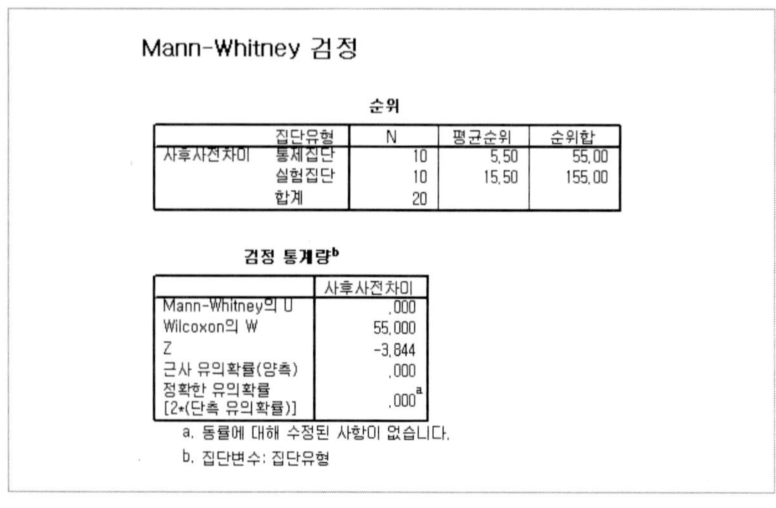

Mann-Whitney 검정

순위

	집단유형	N	평균순위	순위합
사후사전차이	통제집단	10	5.50	55.00
	실험집단	10	15.50	155.00
	합계	20		

검정 통계량[b]

	사후사전차이
Mann-Whitney의 U	.000
Wilcoxon의 W	55.000
Z	-3.844
근사 유의확률(양측)	.000
정확한 유의확률 [2*(단측 유의확률)]	.000[a]

a. 동률에 대해 수정된 사항이 없습니다.
b. 집단변수: 집단유형

저자 소개

이윤로

- 연세대학교 사회복지학과 졸업(B.A.)
- 미국 University of Wisconsin-Madison 사회복지학 석사(M.S.S.W.)
- 미국 University of Texas at Austin 사회복지학 박사(Ph.D.)

〈경력〉

- 2004년 2월~현재 한국임상사회사업학회 회장
- 1995년 9월~현재 서울여자대학교 사회복지학과 교수

〈저서〉

- 이윤로(2008) 『최신 사회복지실천론』(2판), 학지사
- 이윤로 외 3인(2008) 『정신보건사회복지론』, 학현사
- 이윤로(2007) 『사회복지실천기술론』(2판), 학지사
- 이익섭, 이윤로(2007) 『사회복지 조사방법의 이해』(2판), 학지사
- 이윤로(2006) 『인간행동과 사회환경』, 창지사
- 이윤로 외 4인(2006) 『사례관리』, 창지사
- 김동배, 이윤로(2004) 『집단사회사업의 실천과 평가』, 21세기사

유시순

- 서울여자대학교 경영학과 졸업
- 서울여자대학교 사회복지대학원 사회복지학 석사
- 서울여자대학교 사회복지대학원 사회복지학 박사 수료

〈경력〉

- 2004년 11월~2006년 12월 두레지역복지센터 지역사회복지사
- 2006년 9월~현재 서울여자대학교 강사

사회복지사를 위한 SPSS

2009년 1월 20일 1판 1쇄 발행
2021년 9월 20일 1판 12쇄 발행

지은이 • 이윤로 · 유시순
펴낸이 • 김 진 환
펴낸곳 • (주) 학지사
04031 서울특별시 마포구 양화로 15길 20 마인드월드빌딩 5층
대표전화 • 02) 330-5114 팩스 • 02) 324-2345
등록번호 • 제313-2006-000265호
홈페이지 • http://www.hakjisa.co.kr
페이스북 • https://www.facebook.com/hakjisabook

ISBN 978-89-93510-30-0 93330

정가 **13,000원**

자료분석을 위한 연습용파일은
학지사 홈페이지(hakjisa.co.kr)의 자료실에서 다운로드하세요.